魏寿昆院士

魏寿昆，1907年9月16日生于天津市。1923年毕业于天津市第三中学。1923~1929年就读于北洋大学，获矿冶系工学学士学位。1930年考取天津市公费留德。1935年获德国德累斯顿工业大学化学系工学博士学位，1935~1936年在德国亚琛工业大学钢铁冶金研究所进修一年。

魏寿昆为北京科技大学冶金与生态工程学院教授、博士研究生导师，曾任九三学社第十一届中央委员会顾问，上海大学及北方工业大学名誉教授，《材料研究学报》、《中国有色金属学报》和*Transactions of Non-ferrous Metals Society of China*编委顾问。1980年被选为中国科学院技术科学部院士（学部委员），现为资深院士。1956~1985年任中国金属学会常务理事，1979~1985年任冶金物理化学分会理事长，1985年被选为日本钢铁学会名誉会员。

魏寿昆先后进行过钢铁脱硫、钢液脱磷、高温活度理论、选择性氧化、固体电解质电池定氧和冶金热力学在我国特有矿产综合提取金属中的应用等研究，在冶金理论和工艺、资源综合利用、冶金熔体理论方面取得了开创性成果。曾获国家教育委员会科学技术进步奖一等奖、二等奖，国家自然科学奖三等奖，何梁何利基金科学与技术进步奖，国家教育委员会高校教材优秀奖等。魏寿昆自1930年任北洋大学助教起，从事教学科研工作已逾80年，培养了大量的冶金、科技和管理人才，为我国的高等工程教育做出了卓越贡献。

① 1919年，就读于天津市铃铛阁官立中学
② 1931年4月，赴德国留学之前，摄于天津
③ 1937年夏，与夫人杨英梅，摄于天津西沽北洋大学旁的北运河堤
④ 1937年1月2日在天津与毕业于天津女子师范学院音乐系的杨英梅女士结婚
⑤ 1945年8月，家人合影
⑥ 1961年8月，全家合影

①	④
②	⑤
③	⑥

①
②
④ ③

① 1922年，铃铛阁官立中学教师领学生赴北平旅游，在北平中央公园留影。中排左三为魏寿昆，时年15岁

② 1929年4月15日，北洋大学矿冶系学生毕业前实习，在本溪钢铁公司的本溪湖第三坑斜井口外留影。站立者右三为魏寿昆

③ 1937年10月17日，在西安南秦岭的南五台山顶与西安临时大学老师们的合影。前排右一为魏寿昆

④ 1949年春，带领天津北洋大学冶金系1949年毕业班参观抚顺炼油厂合影。后排站立者右二为魏寿昆

①

② ③

④

① 1980年夏，与德国柏林工业大学著名冶金学教授奥特斯游览承德时合影。左二为魏寿昆，左三为金属学会理事长陆达，右一为奥特斯教授

② 魏寿昆陪同美国麻省理工学院著名冶金物理化学教授艾洛特参观北京钢铁学院图书馆

③ 1979年，随冶金部赴联邦德国教育考察团在亚琛与国际著名冶金物理化学家申克教授合影。右一为魏寿昆，左一为冶金部教育司唐南屏司长

④ 1985年，魏寿昆（前排右五）当选日本钢铁学会荣誉会员

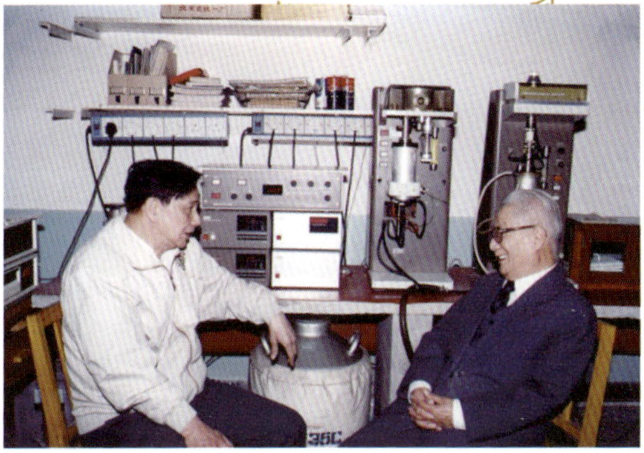

①	②
③	④
⑤	⑥

① 1986年，魏寿昆（右）与张沛霖院士合影。

② 20世纪90年代初，魏寿昆（右）与钟香崇院士在北京科技大学实验室

③ 1994年，在两院院士大会上魏寿昆（右）与黄汲清院士在一起

④ 2005年，在北京科技大学家中，魏寿昆（右）与原冶金部副部长殷瑞钰院士合影

⑤ 1990年2月，魏寿昆（左）与邵象华院士一同出席学术活动

⑥ 2006年，在北京科技大学家中，魏寿昆（左）与全国政协副主席、中国工程院院长徐匡迪院士交谈

① ②

③

① 1990年，主持学术会议期间，与老友合影。左二为邵象华，左三为魏寿昆，右三为肖纪美，右二为师昌绪，右一为柯俊

② 1992年，85岁寿辰，魏寿昆夫妇在家中会见前来祝寿的九三学社中央常务副主席徐采栋院士（左一）和九三学社中央副主席赵伟之（右一）

③ 1993年，时任冶金部部长的刘淇来北京科技大学视察工作。左四为刘淇，左五为魏寿昆

①

③ ②

④

① 1992年，北京科技大学建校四十周年庆祝大会上，钱伟长（左）、魏寿昆（中）和柯俊（右）等在一起亲密交谈

② 1984年，北京钢铁学院三位资深中国科学院院士愉快交谈。中为魏寿昆，左为柯俊，右为肖纪美

③ 1997年，北京科技大学45周年校庆学术会议上魏寿昆（右）提问，左为师昌绪院士

④ 1996年，两院院士大会魏寿昆与从事冶金工作的院士合影。前排左起：殷瑞钰、师昌绪、魏寿昆、徐匡迪；后排左起：王淀佐、周国治、何季麟、李依依

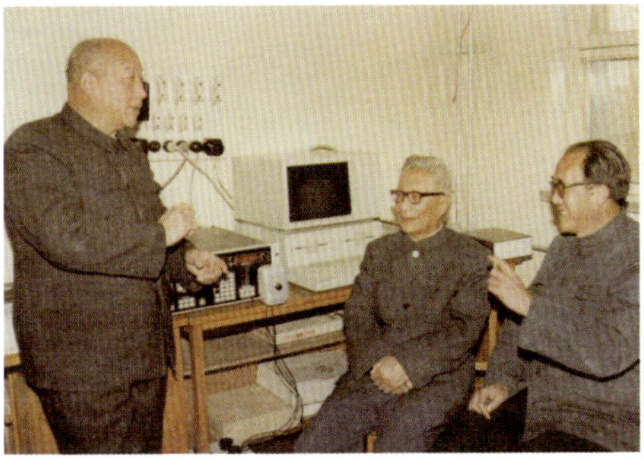

躬耕不輟
悉育桃李

為《魏壽崑院士百歲華誕紀念文集》題

韓啓德
二〇〇六年六月十六日

心系祖國鋼鐵事業
胸懷青年人才成長

恭祝 魏寿崑老师百岁华诞

学生徐匡迪敬贺

祝賀魏壽崑院士百年華誕

鶴髮紅心 仍葆青雲之志
老當益壯 勇攀科學高峰

學生師昌緒鞠躬
二〇〇六年〇月

学富五車为师楷模

刘建平
二〇〇六年〇月

魏寿崑院士百岁华诞

宗师大家
桃李天下

学生
殷瑞钰敬贺
二〇〇六年四月十六日

庆贺魏寿昆院士百岁華诞

寿比南山
一生輝煌

周国治敬贺
二〇〇六年六月

殊勋茂绩，道德文章

贺魏先生百岁华诞
学生罗维东

十秩荣庆 千秋师表

贺魏先生百岁华诞
学生徐金梧敬贺

① ② ③
⑤ ⑥
④

① 韩启德贺词
② 徐匡迪贺词
③ 师昌绪贺词
④ 刘建平贺词
⑤ 殷瑞钰贺词
⑥ 周国治贺词
⑦ 罗维东贺词
⑧ 徐金梧贺词

图书在版编目(CIP)数据

魏寿昆传/吴石忠，姜曦编著 .—北京：科学出版社，2011
（科学与人生：中国科学院院士传记）
ISBN 978-7-03-032277-7

I. ①魏… II. ①吴…②姜… III. ①魏寿昆-传记 IV. ①K826.16

中国版本图书馆 CIP 数据核字（2011）第 181136 号

丛书策划：胡升华　侯俊琳／责任编辑：侯俊琳　樊　飞　王昌凤
责任校对：赵桂芬／责任印制：李　彤／封面设计：黄华斌　陈　敬

科学出版社 出版
北京东黄城根北街 16 号
邮政编码：100717
http://www.sciencep.com
涿州市般润文化传播有限公司 印刷
科学出版社发行　各地新华书店经销
*
2011 年 9 月第　一　版　开本：B5（720×1000）
2022 年 6 月第五次印刷　印张：14 3/4　插页：6
字数：270 000

定价：78.00 元

（如有印装质量问题，我社负责调换）

总序

中国科学院学部科普和出版工作委员会决定组织出版《科学与人生：中国科学院院士传记》丛书，这是一件很有意义的文化工程。首批入传的22位院士都是由各学部常委会认真遴选推荐的。他们中有学科领域的奠基者和开拓者，有做出过重大科学成就的著名科学家，也有毕生在专门学科领域默默耕耘的一流学者。每一部传记，既是中国科学家探索科学真理、勇攀科学高峰的真实情景再现，又是他们追求科学强国、科教兴国的一部生动的爱国主义教材。丛书注重思想性、科学性与可读性相统一，以翔实、准确的史料为依据，多侧面、多角度、客观真实地再现院士的科学人生。相信广大读者一定能够从这套丛书中汲取宝贵的精神营养，获得有益的感悟、借鉴和启迪。

中国科学院学部成立于1955年，经过50多年的发展，共选举院士千余人，荟萃了几代科学精英。他们中有中国近代科学的奠基人，新中国的主要学科领域的开拓者，也有今天我国科技领域的领军人物，他们在中国的各个历史时期为科学技术的发展做出了历史性的贡献。“五四”新文化运动以来，一批中国知识精英走上了科学救国的道路，他们在政治动荡、战乱连绵的艰难岁月里，在中国播下了科学的火种，推动中国科技开始了建制化发展的历程。新中国成立后，大批优秀科学家毅然选择留在大陆，一批海外学子纷纷回到祖国，在中国共产党的领导下，开创了中国科学技术发展的新篇章。广大院士团结我国科技工作者，发扬爱国奉献、顽强拼搏、团结合作、开拓创新的精神，勇攀世界科技高峰，创造了举世瞩目的科技成就，为增强我国综合国力、提升自主创新能力做出了重要贡献，为国家赢得了荣誉。他们的奋斗历程，是中国科学技术发展的历史缩影；他们的科学人生，是中华民族追求现代化的集中写照。

当今世界，科学技术已成为支撑、引领经济社会发展的主要动力和人类文明进步的主要基石。广大院士不仅是科学技术发展的开拓者，同时也是先进文化的传播者，在承担科技研究工作重任的同时，还承担着向全社会传播科学知识、科学方法、科学思想、科学精神的社会责任。希望这套丛书的出版能够使我国公众走近科学、了解科学、支持科学，为全民族科学素养的提高和良好社会风尚的形成做出应有的贡献。

科学技术本质是创新，科技事业需要后继有人。广大院士作为优秀的科技工作者，建设并领导了一个个优秀的科技创新团队；作为教育工作者，诲人不倦，桃李满天下。他们甘当人梯、提携后学的精神已成为我国科技界的光荣传统。希望这套丛书能够为广大青年提供有益的人生教材，帮助他们吸取院士们追求真理、严谨治学的科学精神与方法，领悟爱国奉献、造福人民的科技价值观和人生观，激励更多的有志青年献身科学。

记述院士投身我国科学技术事业的历程和做出的贡献，不仅可为研究我国近现代科学发展史提供生动翔实的新史料，而且对发掘几代献身科学的中国知识分子的精神文化财富具有重要意义。希望《科学与人生：中国科学院院士传记》丛书能够成为广大读者喜爱的高品位文化读物，并以此为我国先进文化的发展做出一份特有的贡献。

是为序。

2010年3月

序

我怀着十分崇敬的心情为《魏寿昆传》一书作序。

魏先生是我国教育界、科技界声誉卓著的知名学者，是中国冶金物理化学学科的奠基人，还是中国金属学会的发起人之一。先生从事科研、教学工作凡77年，躬耕不辍、悉育桃李，培育了中国冶金界几代专业俊才。他们中间不仅有十几位两院院士，更有数以百计的大型企业、科研院所、设计单位和行业部门的领军人物，可以说魏先生是现代中国冶金学与冶金物理化学界的一代宗师。

按中国传统的师执之道，我应称呼先生为太老师。因为当我于1954年到钢院（北京钢铁工业学院，1960年更名为北京钢铁学院，现北京科技大学）求学时，多数冶金专业和专业基础课的老师，如陶少杰先生、周荣章先生、曲英先生、关玉龙先生等都是魏先生任教北洋大学时的学生。从他们和曾直接听过先生讲课的高年级同学的讲述中得知，先生曾讲授过28门课程，其内容不仅涵盖整个钢铁冶金的专业课与专业基础课，还包括工科学生的若干公共基础课，先生学养之深真是非同一般。大约是在1956年的秋天，我曾在南楼阶梯教室听过先生的一次学术讲座，内容为“活度在冶金中的应用”，能容纳150人的大教室中挤满了人，连台阶上、窗台上都坐着学生，虽然时间已过去半个多世纪，当时的情况大都模糊不清了，但有两件事始终深印我的记忆之中：一是时间一到先生手执讲稿走上讲台，随手把它放在讲台上，却再也未打开来看过，随即便声音洪亮、条理清晰、逻辑分明地侃侃而述。二是为照顾远处听众，他在黑板上写板书特别用力，字体也大，以致好几次折断了粉笔，引起听讲师生会心的笑声。一个半小时的精彩报告很快过去了，但先生对学术的执著，及对学生的关爱之情，以其言传身教深深地感染了我，使我看到一个真正的科学工作者、一个教书育人的教师崇高的学养和情操，成为我终身学习的楷模。

我和先生有直接接触是在留校任教之后。当时，正好是困难时期，曾经喧闹的校园暂时沉寂下来，住在一斋单身宿舍的我，晚上常去图书馆期刊室浏览各种刊物，有一次心血来潮把两年的《美国冶金汇刊》抱来桌上漫无目的地翻看，一会儿忽然感到有人站在身后，抬头一看原来是魏先生，他和气地说：“你一下子也看不了这么多，中间有几册是不是让我先用?”我连声说：“好，好。”他拣起要用的三册到对面桌上边看边做摘记，很快沉浸在工作之中。在阅览室关门时我们一起往回走，路上我为自己的不当行为道歉，他却微笑着说：“爱看书是好事，但总得一本一本地看嘛。”言谈中充满了对后辈的关爱，让我如沐春风，感动不已。

1963 年以后，我从钢院调到上海工业大学任教，只能在学术刊物和专业学术会上看到、听到先生科研活动的信息，得知先生虽已年逾花甲，但仍心系祖国钢铁事业，站在学科最前沿，在冶金热力学、高温熔体活度理论及应用、炉渣脱硫的离子理论、铁液中元素选择氧化与转化温度等方面均取得了卓著成就，为我国乃至世界冶金领域增添了熠熠光辉！

1972 年初夏，我刚从安徽凤阳山区的“五七干校”返沪，就协助钢院理化系安排“钢液直接定氧”课题组到上海市第三钢铁厂进行现场测试与教改调研，并让他们暂住在上海工业大学的集体宿舍，让我大出意外的是魏先生居然也在其中，而且他还坚持要和其他中青年老师同住在一起，不肯单独住招待所，还说“这样好，我们早晚可以讨论交流”，一起来的中青年教师也认为可就近照顾先生的起居，我也就不再坚持了。当时从上海工业大学到上钢三厂单程就需一个半小时，平炉、转炉车间的平台又高又陡，真担心先生的身体吃不消，但先生和其他同志一起坚持上下班，成天乐呵呵地与测试组讨论、分析实验结果。正是在先生等母校老一辈教育家的悉心倡导与身体力行之下，北京钢铁学院形成了“学风严谨、崇尚实践”的优良校风，使我们这些毕业生能够具有坚实的理论基础，良好的品格、素质，以及经过实践锤炼的钢铁般的意志与体魄。

魏先生以其勤勤恳恳、兢兢业业的百年人生，成为中国工程教育史上一位杰出的大家，从“钢铁摇篮”走出来的莘莘学子，都因受到他的栽培与教诲而受益终身。

当前，我国正在实施科教兴国、人才强国和可持续发展战略。国家科教事业的发展离不开像先生这样一代又一代高层次、创新型的科学家和教育家。相信记录了先生一生丰功伟绩和不平凡历程的《魏寿昆传》一书的出版，一定会在广大科技、教育工作者心中引起强烈的共鸣。而作为后辈的我们，也将永远以先生为榜样，在他的科学精神与高尚情操鼓舞下，坚持不懈、勇于创新，为把我们伟大的祖国建成社会主义的现代化强国而努力奋斗！

徐匡迪

2010年4月于北京

目　录

第六篇　静水深流显本真

第一篇

寒门学海书作舟(1907~1936)

贫寒家庭出身的魏寿昆一进入学校，便显示出浓厚的学习兴趣和聪慧天资。他惜时如金、好学不倦，每年都取得优异的成绩，在北洋大学学习期间屡次获得奖学金。蔡元培先生说：『知识者，人事之基本。』魏寿昆有幸得到多位良师的教导、鼓励。在他求学期间正逢军阀混战，进步书籍和爱国运动，使他立志：用知识来报效国家、振兴中华，使祖国不受列强欺侮，这为他铺就了一条人生之路。

（摄于 1923 年）

楔子　十秩华诞同庆贺

一、人民大会堂河北厅

2006年9月6日上午，人民大会堂河北厅高朋满座，欢聚一堂，庆贺魏寿昆院士百岁华诞暨从教77周年。

魏寿昆先生是我国著名的冶金学家、工程教育家，中国科学院资深院士，曾任北京科技大学（原北京钢铁学院）教务长、副校长，北京市政协常委，九三学社中央委员会常委等职。

此前，罗干、刘淇、路甬祥、韩启德、黄孟復等党和国家领导人向魏寿昆先生发来贺信；国务委员陈至立于9月4日下午在教育部部长周济的陪同下亲临北京科技大学看望了魏寿昆先生，祝他生日快乐、健康长寿。

中国工程院院长徐匡迪，教育部部长周济，中国科学院副院长李静

2006年9月6日，庆贺魏寿昆院士百岁华诞暨从教77周年座谈会，
在人民大会堂举行

海，北京市副市长赵凤桐，两院资深院士师昌绪、邵象华，九三学社中央委员会副主席邵鸿，中国金属学会副理事长殷瑞钰院士等贵宾，以及中国金属学会、中国钢铁工业协会、欧美同学会、兄弟院校、冶金企业等单位和北京科技大学师生、校友代表180余人参加庆祝活动并出席座谈会。

罗干同志于9月6日发来的贺信写道：

尊敬的魏寿昆先生：

喜迎先生百岁华诞暨从教77周年，我谨以一名北京科技大学校友的身份，向先生百岁华诞暨从教77周年表示热烈的祝贺！并向先生表示深深的敬意和诚挚的问候！

先生自青年时代求学海外，归国后一直致力于我国冶金科学与教育事业，胸怀祖国，追求真理，虽处逆境而毅弥坚，遇曲折而志不挠。作为我国近代冶金学的开拓者和学界德高望重的一代宗师，先生把全部精力都献给了中国冶金科技和教育事业，为我国冶金工业和科技教育事业建立了不朽的功勋。

作为一位杰出的教育家，先生为新中国的高等教育事业殚精竭虑，呕心沥血。77年来，先生曾先后任教于北洋大学、唐山交通大学等多所高校，并参与组建北京钢铁学院。先生教课程之精细，导研究之巅峰，育品格之健全，师德风范，殊为楷模。70多年来，先生培养教导了大批优秀人才，声誉四海，桃李天下。我本人也为曾在母校聆听先生的教诲而深感荣幸和收益颇丰。

见证一世纪，耕耘七十载。先生是中国冶金工业界的光荣和骄傲，也是中国科技教育界的光荣和骄傲。今先生虽年届百岁，仍身体健康，精神矍铄，心系学校发展，关注国计民生，实为世人敬仰。

“大德必得其寿。”衷心祝愿先生生日快乐、福寿安康！

中共北京市委书记刘淇在贺信中写道：“先生作为冶金领域的一代宗师，为我国的钢铁冶金工业的许多重要发展领域做了大量的奠基性工作，取得了许多开创性的成就。特别是改革开放以来，作为国家资深专家，先生积极参与我国冶金、港口等大型项目建设，深入开展资源综合利用等重大问题的调查研究和科学论证，为我国现代冶金工业和国民经济持续、快速发展做出了重要贡献。”“1952年参与组建北京钢铁工业学院，为国家的高等工程教育事业辛勤耕耘、呕心沥血。先生从教77年来，严谨治学，严格治教，积极倡导‘学风严谨、崇尚实践’的办学方针，为我们国家教育培养了大批优秀科技和管理人才。我有幸于母校聆听先生的教诲，先生的学问道德，使我受益终身。”

全国政协副主席、中国工程院院长徐匡迪以“十秩荣庆，千秋师表”为题发表了深情的谈话。他说：“作为魏先生的一名学生，我更要深深感谢魏先生的培育之恩。先生从事教育工作77年，是中国教育史上一位杰出的教育家。先生讲授过28门基础课程和专业课程，为我国培养了四五代冶金科技人才，他们奉献社会，卓为英才，堪称栋梁。我也为得到先生的栽培和教诲而深感荣幸。正是在先生等老一辈教育家的悉心栽培和母校‘学风严谨，崇尚实践’优良传统的熏陶之下，我们这些毕业生才能有坚实的专业基础，良好的品格、素质，以及钢铁般的意志和体魄。在这里，我要再次代表所有的毕业生向魏先生和母校说一声‘谢谢’!”

在座谈会上与徐匡迪亲切交谈

中国科学院、中国工程院资深院士师昌绪先生为了表达他对魏寿昆先生的崇敬之情，特请中国书法家协会会员、现在在国家自然科学基金委员会工作的周大民同志画了一幅中堂，编写一副对联，中堂画的是金光闪闪的大寿

徐匡迪深情发言，左为教育部部长周济

桃；对联写的是：“德仁启瑞寿，昆仑蕴翘楚。”师昌绪先生解释说：“品德高尚才有天寿，有昆仑高山大的学问才可培养出学术大师；上联之‘寿’接下联之‘昆’——寿昆。”这幅中堂及楹联意蕴深丰，情深意切。

教育部部长周济、首钢集团董事长朱继民在座谈会上相继发表了热情洋溢的讲话。

北京科技大学教师代表、中国科学院院士周国治教授畅谈了他在魏先生既作为父辈又作为导师的双重关怀、指导和鼓励下，从一个物理化学教师逐渐成长为院士的学术之路。他说，一个好的导师不仅要会“教书”，而且还要会“育人”。每位教师天天都在做这两件事，只是做法不同而已。至于怎样“育人”可分为两类：一是“言传”，二是“身教”。魏老不善于长篇大论的“说教”，却身体力行，作榜样，影响年轻的一代。他治学严谨是出了名的，他对那些在实验上马马虎虎、概念上稀里糊涂的人尤为反感，他以他的论文说明了这一切，他以他的行动赢得了全体师生的尊敬！

最后，魏寿昆先生做了长篇答谢发言。他说：“我们可以说新中国现在已经到了太平盛世，我们可以说党已经领导我们从过去的烂摊子进入了民富国强的康庄大道！现在在座的同志都感谢我们党，我们可以说已经到了黄金时代，以后我们要更加努力，加快完成全社会小康化，我们学校的老师、同学和校友，大家要共同努力，努力为民富国强好好地工作。”

座谈会由北京科技大学党委书记罗维东主持，徐金梧校长介绍了魏寿昆先生的生平、学术成就及对冶金理论和工程教育的贡献。

《人民日报》、《光明日报》、《中国青年报》、《中国教育报》、《科学时报》、《中国冶金报》、中国新闻网等 15 家中国主流媒体登载了各界人士的庆贺文章或座谈会的消息、特写、言论。

二、“魏寿昆科技教育基金”设立

“魏寿昆科技教育基金”启动于 2006 年 4 月，基金筹资工作开展以来得到全国各钢铁公司、校友会、事业单位及个人的广泛响应、热情关怀和鼎力支持。魏寿昆先生个人捐款 10 万元。截至 2006 年 9 月 6 日，基金管理委员会已接受 31 家捐赠单位、11 位捐赠个人的捐款，总额达 1010 万元。

在庆祝魏寿昆院士百岁华诞暨从教 77 周年座谈会上，徐匡迪和周济共同为基金揭牌，标志着“魏寿昆科技教育基金”正式启用。

“魏寿昆科技教育基金”是我国冶金系统首次以个人名字设立的奖励

首届“魏寿昆科技教育基金”颁奖现场合影

基金，一定会对冶金科技创新、优秀人才培养起到积极的推动作用。

2009年9月11日，由10位两院院士及鞍钢、首钢等国内几家大型钢铁企业高层主管组成的评委会评出的首届“魏寿昆科技教育奖”颁奖典礼在北京科技大学举行。魏寿昆院士亲自为张寿荣院士颁发“魏寿昆冶金奖”、为朱鸿民教授和教授级高级工程师王利同志颁发“魏寿昆青年冶金奖”的奖金及奖章。

三、《魏寿昆院士百岁寿辰纪念文集》问世

《魏寿昆院士百岁寿辰纪念文集》由中国科学院院长路甬祥作序。他写道：

> 人生百年，非人力所求，实乃修养使然。魏寿昆先生对我国冶金科学及工程教育做出了卓越的贡献，先生的治学之道、做人之本、育人之贤，风范照人。《魏寿昆院士百岁寿辰纪念文集》的出版，将教育年轻学人严谨治学、创新报国，对促进冶金、材料等相关学科的发展有重要意义。

四、《师者如兰》出版

《师者如兰》一书是北京科技大学团委为庆祝魏寿昆院士百岁华诞活动而编著出版的传记体著作。

北京科技大学校长徐金梧教授怀着浓浓的师生情谊为《师者如兰》作序。他写道：

> 先生育人一生，恩泽和影响的学子不胜枚举，多已成为国家政治经济、科技和教育等领域的栋梁和中坚力量，先生的事业可谓后继有人。先生教龄之长、恒心之坚、树人之丰，实为世人敬仰。先生志行诚笃、勤奋探索的态度，讲信修睦、磊落光明的好品格，求真务实、严谨好学的学风，爱国奉献、拼搏创新的精神，仁和关爱、诲人不倦的德行，为我校注入了深厚的文化血液，为我校形成“学风严谨、崇尚实践”的传统做出了奠基性贡献，使得无数睿智的思想得以交流、碰撞出创意的火花，这就是大师的独特魅力。“芝兰生幽谷，不以无人而不芳，君修道立德，不为穷困而改节”，古人常用“兰”比喻君子之风，又用“兰德”来比喻“师德”。先生就是兰的化身：空灵而恬静、高贵而内敛，严谨求实的治学态度，赤诚报国的道德情操，不求名利的高洁品质，儒雅淡然的为人处事，简洁平淡的生活作风。

参考文献

《师者如兰》编委会 . 2006. 师者如兰 . 北京：冶金工业出版社

《魏寿昆院士百岁寿辰纪念文集》编委会 . 2006. 魏寿昆院士百岁寿辰纪念文集 . 北京：科学出版社

第一章　贫家学子，求学路难

一、乱世家衰

魏家祖居南京，家道曾经殷实富足，人丁兴旺。

南京是繁华的水陆码头。南京所汇集的绸缎、粮食、棉花、布匹、铁器及茶、盐、糖等通过车辆经南北旱路或通过船舶经过长江、大运河，几乎销遍全国。长江码头，通街市镇，运河两岸，车声马迹，日夜络绎不绝，舟楫聚泊，弦歌阵阵不断。商品流通顺畅使南京及其周围城市百姓生活富裕，商贾人家快速致富。

然而，乾隆中叶以后，清室即步入衰途。“自京师始，概乎四方，大抵富户变贫户，贫户变饿者。四民之首，奔走下贱。各省大局，岌岌乎皆不可以支月日，奚暇问年岁？”魏家随南京繁华不再而衰落。

魏家先祖决定举家北迁，选定在当时水陆交通发达的津要之地——天津落脚。魏家在天津东郊赤土乡置一户大院，安顿全家。家中长者商议决定在人地两疏、举目无亲的天津，从祖传的木工活做起，再替别人挑水以补贴生活。

魏家祖上形成的勤俭致富、诚信守义的家风，代代传承。魏家生意日益兴隆，苦挣了两三代，家业渐渐发达起来。于是在天津城内购房置业，恢复了昔年殷富的日子。

魏家于鼎盛的年月在天津城里购房置业，从事经商活动，曾拥有杂货店、小银号、木板厂等多家铺子，数十口人分住在两处四进院落，着实是一门殷实的大户人家。

对魏家再次造成毁灭性打击的是八国联军入侵天津。八国联军所到之处，烧杀淫掠，犯下骇人听闻的累累罪行。大沽繁华地区被夷为平地。原有 5 万多居民的塘沽已无华人足迹。天津城内尸体遍地，沿南面城墙一带尸如山积。从南门到北门的大街两旁的房屋已全部被烧毁。自城内鼓楼迄北门外水阁，积尸数里、高数尺。

国破家难保，覆巢之下岂有完卵。魏家与天津百姓一样陷入水深火热、兵凶战危的苦难中，侥幸保全了全家人的安全，但魏家几代人辛苦积攒的家业几乎又一次被毁之殆尽，昔日风光不再，和美的大家庭迫于生计只得商议解体。祖父一辈的兄弟分家各自谋生，寻求自身出路。1907 年 9 月 16 日，魏寿昆就出生在这种灾难年代。

祖父带着他这一系血脉十数口人，拖家带口地搬到天津西头大夥巷沿河二大街王家胡同的一户院落中，大院宽敞，10 间房都是用草坯砖砌成的，虽然很旧，但大家还算满意。他是祖父的长孙，父亲的长子。魏家幸得长男，全家高兴。从此，魏寿昆被长辈寄予复兴家业的厚望，这厚望沉重地压在他的心上。

父魏恩俞，字允堂　1929 年春去世，享年 44 岁

母魏周氏，1945 年春去世，享年 61 岁

当时家中人员众多，有曾祖父、祖父母、父母、二叔二婶、三叔三婶、姑母及大姐，四世同堂。后来魏寿昆母亲又相继生育二妹、二弟、三弟等人，兄弟姊妹共 9 人。

魏寿昆的父亲魏恩俞，字允堂，因患精神分裂症早已丧失工作能力，赋闲在家。母亲魏周氏，没有读过书，贤惠勤俭，含辛茹苦，任劳任怨。侍候公婆、服侍丈夫、照料子女，这些家常琐事主要都落在母亲的肩上。但她把家庭料理得井然有序，相处和睦。二叔二婶婚后没有生育，二叔在外做工补贴家里。三叔自小过继给本家叔祖，经常回来探望亲生父母，帮助祖父出主意，是祖父的好帮手。

“那时候全靠祖父一个人微薄的薪水养活这个十几口人的家庭是十分

艰苦的。平日里主要吃棒子面及少许四号面粉，就是一种最便宜的面粉，北京人叫‘杂和面’，只有在过年的时候才能吃一顿红烧猪肉，大家还舍不得吃。几年后，祖父因年老而被辞退。祖父主家很有远虑，生怕退休后没有经济来源，已在银行里存下一笔数目不大的积蓄，往后的日子主要依靠银行利息维持简朴的生活，即便这样，仍然不时感到拮据。”魏寿昆回忆道。

魏寿昆从小天资聪明又明事达理，淳厚稳重又勤奋好学。魏家长辈从魏寿昆身上看到了复兴家业的希望，因此对他管教得很严格，同时也对他多了一份格外的关怀。

二、不从商，要上学

1914年农历春节刚过完，祖父领着六岁半的魏寿昆来到金宅私塾读书。从魏家到金宅私塾只相隔两条胡同，魏寿昆每天清晨步行上学，中午回家吃饭。

开学的第一堂课，先生手里拿着一本线装本《孟子》，让学生翻到第一页，文章题目是“梁惠王章句上凡七章”。“章句”是汉代经学家、训诂家常用的术语，就是分析古书章节句读的意思。《孟子》共七章，各分成上下两部分，上部分题为“章句上”。“凡七章”是指文章分成七段。私塾先生没有讲题目的意思，因而他不明白“章句”和“凡七章”是指什么。私塾先生大声朗读一句，学生跟读一句，如此反复直到背熟为止。

私塾先生没有按“章句”要求解读词意和句义，因此学生们读后仍似云遮雾罩，胡乱猜测，各有各的解读和理解。

魏寿昆的悟性超群，尽管他不很懂章句的词意，但他读懂了这篇文章中孟子倡导的思想。原文如下：

> 孟子见梁惠王。王曰：“叟！不远千里而来，亦将有以利吾国乎?”孟子对曰：“王！何必曰利？亦有仁义而已矣。王曰‘何以利吾国?’大夫曰‘何以利吾家?’士庶人曰‘何以利吾身?’上下交征利而国危矣。万乘之国，弑其君者，必千乘之家；千乘之国，弑其君者，必百乘之家。万取千焉，千取百焉，不为不多矣。苟为后义而先利，不夺不餍（满足）。未有仁而遗其亲者也，未有义而后其君者也。王亦曰仁义而已矣，何必曰利?”

在这篇文章中，孟子与梁惠王讨论治国方案时说：“王！何必曰利？亦有仁义而已矣。”“何必曰利”，就是问为什么一定要讲利呢？孟子认为不必讲利，但不是说他不要利。他认为只要实行仁义就行了，其中也就有利了。“上下交征利而国危矣”，即上上下下都互相追逐私利，国家就危险了。孟子把国家危殆的主要原因归为“上下交征利”。

当时，少年的魏寿昆还不懂得“上下交征利国危矣”是什么意思，但他记住了这句名言。后来上中学时，从历史书上读到朝代更迭、政权兴亡，他认为“上下交征利”是其主要原因。他想，如果人人都贪图个人的利益，做官，一定是贪官，做事，一定会相互钩心斗角。他立志要做一个正派的人。从此，“上下交征利国危矣”他一直记在心中，而“做正派的人”成为他一生坚持的座右铭。

1994年4月，魏寿昆在回答《院士心迹》问卷中将“做正派人”的理念再一次表露。

> 问：您最钦佩的人？
>
> 答：学风正派的人。
>
> 问：您不愿意做的事？
>
> 答：违背良心，丧失道德的事。
>
> 问：您什么时候开始读书，第一本书是什么？哪本书对您影响最大？
>
> 答：最初读私塾，读过《孟子》，“上下交征利而国危矣”很有影响。

已年近九十的耄耋老者，时过80余年，对当年许下的诺言，践行一生。他虽经过多次荣辱贵贱，却都能矢志不移，以仁义爱国之心报效祖国，成为后辈的榜样。

辛亥革命后，南京临时国民政府废除私塾，兴办学校教育。金宅私塾改授小学用的语文课本，又开设算术、珠算及书法等课程。私塾同班学生原有20余人，两三年中大多数学生相继中途退学，据说都当学徒去了。当学徒是贫民家庭男子谋生养家的一条很好的出路。这时的魏寿昆站在求学与当学徒的十字路口。

祖父原本打算让魏寿昆读完3年私塾，学会识文断字后再送他到一家光景好的商铺，跟东家学习经商本领，而后自己开一家商店。凭借魏寿昆的聪明才智，祖父相信他一定会继承祖业，而且还会把祖业复兴光大。

读完私塾3年，不满10岁的魏寿昆思考着一个问题：继续在私塾完成小学学业，而后去“学买卖”经商呢，还是转入普通小学，继续上中学、读大学？他说：“我自幼喜欢读书，深愿弃商就学。”于是他把“弃商就学”的想法诚恳地向主家的祖父和三叔讲了出来，得到两位长辈的支持，并鼓励他勤奋读书。

为了尽量省钱，他考进离家最近的育德庵小学，1917 年 7 月毕业，而后考入直隶一中。魏家祖祖辈辈从来没有出过一位中学生。读私塾、学买卖、当老板是条祖辈走过的从商道路。魏寿昆抛弃从商道路，这是魏家的一场革命。

这场“弃商就学”的家庭革命，以后的事实证明，它不但改变了魏寿昆的人生道路，而且也改变了魏家人的观念。在那个军阀混战的动荡年代，从商致富、兴办实业对魏家来说实在是难以实现的梦想。

三、难忘的三位启蒙老师

1919 年 8 月魏寿昆在天津铃铛阁官立中学上学，学制 4 年。

铃铛阁官立中学是俗名，其官名是直隶（今河北省）省立第一中学，即直隶一中，国民政府期间改为河北省立第一中学，新中国成立后再次改名为天津市第三中学，即现在的天津三中。

铃铛阁官立中学位于天津西北角太平街南的一条宽阔的胡同里。据说这里原先有一座名叫“铃铛阁”的古迹，后毁于战乱，后来在旧址上扩建成铃铛阁官立中学。因此虽然遗迹已不复存在，当地居民依然喜欢称她为“铃铛阁中学”。

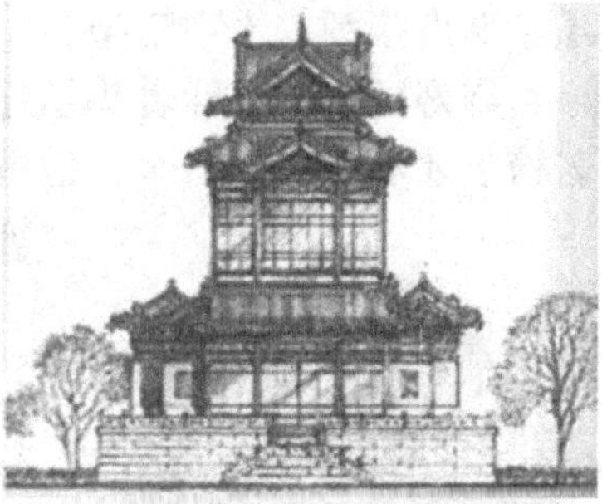

铃铛阁官立中学复原图

当时在天津有多所知名中学。魏寿昆思考着：新学书院位于法租界，离家路程很远，需要住校；南开中学是所私立学校，学杂费很贵，家庭无力承担；唯有铃铛阁官立中学，学杂费便宜，离家很近，从家只需步行 20 分钟就可到校，中午回家用餐，既省钱还能上学，况且他听说师资阵容很强，于是他选定考这所中学完成中等学业。

那是 1919 年的夏天，考场设在校内的大礼堂。300 余名考生把这座偌大的礼堂坐得满满的。上午考数学和英语，离开考场时他很得意，自信会得高分。下午考语文，监考老师只给考生发试卷，不发试题，把试题用斗大的字写在黑板上。

魏寿昆的座位偏后，离黑板较远，即使瞪大眼睛也无法看清黑板上的字。监考老师把试题念了数遍，但声音不高，魏寿昆听不清楚老师念的是什么。他举手发问，老师没有看到。他急得满头大汗，身子也不由自主地颤抖起来，这才知道自己近视了。无奈之下他轻声地问邻桌的同学，那位同学低声告诉他考题是“议论‘贵平实论’”。

魏寿昆没有读过这篇文章。他猜想“贵平实论”一定是某位古代名士写的文章，让考生读后试论一番。古代文人儒士喜欢借用“论”的文体评论历史人物的得失、政策利弊，继而抒发自己的见解，如贾谊的《过秦论》，苏洵的《辨奸论》和《管仲论》等都是古代脍炙人口的历史名篇。

然而，这位名士是哪朝哪代的人？他搜肠刮肚也搞不清楚作者是何许人。魏寿昆不敢再次动问邻桌同学，生怕被监考老师发现而受到无端的冤枉。更使他惶然的是，他竟不懂“平实”一词的意思，因而无从落笔。无奈之下，他只好胡编乱造地做完试题，交卷后惴惴不安地离开考场。他一路想着：语文肯定不及格了！

以后几天他的情绪一直不快乐，过着忐忑不安的日子。

几天后他到学校看榜。这届中学考试学校从300余名考生中只录取了60人。张贴录取榜的墙壁前，黑压压地挤着看榜的家长和学生，进进出出，摩肩接踵，人声嘈杂。

魏寿昆挤进去仰着头从第一名开始快速寻找自己的名字，直到第53名榜上才出现他的名字。他倒抽了一口气，此时一颗悬着的心才落了地，跑回家告诉家人自己被考取的消息。

1923年夏，中学时代的魏寿昆

魏寿昆想起那场有惊无险的中考时，至今仍心有余悸：“中考被录取得益于数学、英语得到高分，弥补了语文的不及格，使平均分数超过60分。如果按每门功课都要超过60分，我就被淘汰了。那时祖父一定会送我去当学徒、学做买卖的。隔年能否允许我再次投考就很难说了。如果弃学，那就一定会完全改变我的一生的命运。”

中考的经历是魏寿昆成长过程中经受的一次挫折。他说这次挫折使他时时警示自己平日绝不可有丝毫懈怠，务必要多读书，而且做每一件事必须要“预则立”，不能心存半点侥幸。

铃铛阁官立中学的校舍是一座三进庭院。前院北楼开着一扇坐南朝北的校门，楼上是教师宿舍，住着家在外地的教师，楼下为学校校务办公室；前院西边是饭厅；前院东楼很长，一直延伸到中院，分为上下两层，住着外地的学生及路远的教师，部分房间是教师备课室，南楼是两层教学楼，用于课堂教学及物理、化学、生物实验，此外还设置标本陈列室。

中院是一个大操场，它的南面是一座仿欧式风格建筑的大礼堂；操场的左右两侧各有教室楼一栋；中院西面也是一栋两层教室楼，共有4间教室。后院是一个小操场。

全校共有10个班，每个班有学生40～60名不等。在校学生约500人。学校设置普通科春秋两季始业，各有4个班，还设置商科2个班。魏寿昆入普通科秋季班。

铃铛阁官立中学的课程设置，基本上与蔡元培任南京临时政府教育总长于1913年颁布的《普通教育暂时课程之标准》中规定的科目相同，即修身、国文、英语、数学、物理、化学、历史、地理、博物、法制、图画、体育等课程。

铃铛阁官立中学教师阵容是很强的，都是教学经验很丰富的中年教师。魏寿昆喜欢中年教师讲课，因为他们讲课能做到深入浅出，语言生动而引人入胜。

国文华老师讲授唐、宋、明古代文学及少量清代文学；数学4个学年都由邢文魁老师一人执教，包括算术、代数、平面几何及平面三角；英语4个学年学习《英语读本》、《泰西五十轶事》、《林肯传》、《天方夜谭》、《莎士比亚故事》及故事小说集等书的节录；语法学习《纳氏语法》一、二册，三、四册则择要阅读；另有英语会话、英语尺牍（即书信）及英语修辞学，每周1小时，各学一个学期。

铃铛阁官立中学有三位老师令魏寿昆终生难忘。

一位是教化学的王宗鲁（字效曾）老师。有一次王宗鲁老师在课堂上做电解水实验，当电解槽阴阳两极通电后，电解槽中冒出气泡。王宗鲁老师分别用两支试管装进氢气和氧气，然后用一根点着的火柴放入装氧气的试管，试管口立即燃起明亮耀眼的火焰；他再把另一支试管的氢气冲进一个扁瘪的气球，瞬时间气球鼓了起来，然后用绳子捆牢气球口，一松手气球马上升入空中。魏寿昆感到化学特别神奇，开始喜欢化学。1952年魏寿昆重回母校参加铃铛阁官立中学建校50周年校庆庆典活动，与王宗鲁老师重逢，阔别近30年后，王老师仍在为培养英才工作。

另一位是陈永寿老师，他在第4学年教授英语语法，教科书是《纳氏语法》。陈永寿老师善于把学生容易混淆的语法关系，用简单的比喻使学生很快搞懂而且很难忘记。魏寿昆说，陈永寿老师讲到过去完成时时态用法时，幽默地说：在过去某一时候有两件事情发生，一件事在前，另一件事在后，当用一句英语表示时，英语语法中在前发生的事用过去完成时态，而在其后发生的事则用过去时态。陈永寿老师用一个日常生活中经常发生的现象，寥寥数语就轻易地将学生常觉得糊涂的概念说清楚了。

魏寿昆感慨地坦言学习陈永寿老师讲解的语法课受益匪浅，从陈永寿老师那里学到的教学方法更是终生受用。

再一位是教英语和西洋地理的杨荣懋老师，他是美国哥伦比亚大学的硕士。杨老师在与魏寿昆相处中发现他天资聪颖，心高志远，儒雅稳重且俭朴诚实。杨荣懋认定魏寿昆将来必定有很大的前程。据魏寿昆的儿女们回忆，母亲曾对他们说杨荣懋曾想把魏寿昆介绍给一位好友的女儿，想不到这位好友嫌他家里穷，长得不够潇洒，没有相中，杨荣懋一气之下决定将自己的女儿杨英梅许配给魏寿昆，成全了这一段美满姻缘。

魏寿昆各门功课全部得了优秀，然而他最下工夫的还是英语课。

魏寿昆说："中学时为了更加扎实地学习英语，我特地准备了一个札记本，专门用来记单词。我每天早晨都背诵单词，日复一日，坚持不懈。我决定不在英语、物理、化学、数学、西洋历史和地理等英文教材上加注任何中文读音或英文拼音符号。唯一的方法是牢记英语读音和拼写，再搞懂语法，尤其是句型和短语，才能流畅地朗读课文及理解文章的原意。这样做虽然增加了学习的难度，但对真正掌握好英语是很有帮助的。"

班上同学惊讶地发现，魏寿昆的英语课本封皮已经被翻得很旧了，书脊都被摸黑了，但翻到里面每一页仍旧是新的，如同刚发的新书。

在魏寿昆读小学和中学期间，五四新文化运动已在平津地区蓬勃发展。"提倡民主，反对专制；提倡科学，反对愚昧；提倡新道德，反对旧道德；提倡新文学，反对旧文学"的新文化运动的口号已在天津大中学校学生中深深扎根。新文化运动的倡导者胡适、陈独秀、鲁迅的文章和小说也在铃铛阁官立中学流传开来。

在此期间，魏寿昆粗读过鲁迅的《狂人日记》、《阿Q正传》和胡适的《尝试集》片段，但有些词句他当时还难以读懂。

铃铛阁官立中学成立了学生会。在焦承志担任学生会主席时，他主办的学生会刊物用白话文写文章，校刊上登载有怒斥帝国主义侵略行径、抨击当局腐败行为，宣传爱国、民主、科学思想的文章，魏寿昆经常阅读，后来知道焦承志就是我国著名的戏剧家焦菊隐。

学生会改组易人后，刊物改为文言和白话双用，回到旧文体。但新文化运动提倡的新思想早已深入人心。在一年一次举办的欢送毕业同学大会上，各班同学纷纷演出自导自编的新派话剧，故事取材于反封建内容，讲的是白话文，演出中常常引来台下观看同学的掌声和欢笑声，礼堂气氛非常热烈。

在中学三年级春假期间，体育课张老师带领他们班去北平旅游。魏寿昆是第一回乘火车离开天津。北平与天津相距只有200余里，对他来说似乎是千里之遥，向往而远不可及。下了火车，他们一行游览了北海公园和中央公园，趁着浓浓的兴致跑到故宫售票窗口，当听说票价要3块大洋时，仿佛被浇了一盆冷水，刹那间游兴全无。3块大洋在那个年月可以付一个人20天的伙食费。他们只好失望地离开。随后他们又乘车游览了香山公园，直到晚间才返回天津。

魏寿昆上铃铛阁官立中学的第一学年就参加了反对巴黎和会签订的《凡尔赛和约》、反对“二十一条”、抵制日货和募捐赎路等游行斗争，游行队伍中同班同学不多。他说：“我当时的思想是模糊的，认不清帝国主义和封建社会的本质，脑中多考虑家中的经济情况；但有一点，思

1922年，由老师带领赴北平旅游，在北平中央公园（1928年改名为中山公园）留影。中排左三为魏寿昆，时年15岁

想上逐步明确：欲使国家富强，必须振兴工业，走科学救国之路。解决我家的经济困难，也需要进一步学习更多的知识，以期在社会上有立足之地。”

四、北洋大学才子

北洋大学于清光绪二十一年八月十四日（1895年10月2日），由津海关道盛宣怀呈请北洋大臣王文韶转奏批准而创立。北洋大学是我国近代建立的第一所新式大学。当时校址设于天津大营门外，名为北洋大学堂。分为头等学堂及二等学堂。二等学堂为预备科，授英国语言文字及普通科目，4年毕业。辛亥革命后于民国8年9月1日（1919年9月1日）遂改校名为国立北洋大学（以下简称北洋大学）。

北洋大学堂纪念建筑物

1923年夏天，在千余名考生中，魏寿昆以第一名的成绩考入北洋大学。按照北洋大学规定的学制需先读2年预科，合格后才能进入本科学习4年，毕业时学校授予学士学位。

当时，南开大学和北洋大学为天津地区全国最著名的两所高等学府。

南开大学创办于1919年，是一所私立文理综合性大学。学校创办初期设文、理、商3科12系。理科设算术（数学）、化学、物理学、生物学，后又增设矿科，即由3科增为4科。

南开大学校长张伯苓是中国近代教育的先行者，与蔡元培齐名。南开大学名师云集，设备先进，校园环境优美。柳亚子于1934年4月走进南开大学，为景色所迷，吟诗曰：

汽车飞驶抵南开，水影林光互抱怀。
此是桃源仙境界，已同尘世隔尘埃。

北洋大学校舍原为李鸿章的水师训练堂，设有武器库，庚子之役时被英军侵占，英军退走时将武器库破坏，只留下8座大库房。1903年在原处建了两层教学大楼一座及其他办公室和学生用房。教学大楼上建着四面钟塔。校园外北运河经旁流过，桃花堤直连西沽。北洋大学校歌歌词“花堤蔼蔼，北运滔滔，巍巍学府北洋高”，就描绘了校园的景色。

北洋大学校旗

北洋大学校徽

魏寿昆选择北洋大学，自然有他的理由。他说：“北洋大学是一所比较穷的学校。宿舍是由清朝武器库改建的，并不华丽。经费少，贫困的同学较多。当时学生每年交学费10元（指银元），新U形宿舍楼盖成以后每年收住宿费12元，对考试成绩超过85分的学生，可以免缴下学年的学费及宿费。书籍有贷书制的办法……学生主要的花费是每月的伙食费。伙食由同学自己经营组织食堂，1923年我初入学时每月伙食费5元，到了1929年毕业时因物价上涨伙食费增到7～8元。因此，一个学生如果节俭度日，一年有80～100元就足够了。”“有些教会大学或私立大学，一个学生每年要花费200～300元。”

家贫是魏寿昆选择北洋大学的重要原因。

魏寿昆曾讲过一件趣闻。1927年春假，北洋大学地质系王烈教授带领矿冶系学生到北平南口实习，投宿在一家小旅店。这家旅店已住了燕京大学一群女学生，与北洋学生同住在一个院子。晚饭后，魏寿昆的一位同学正在院中散步，忽然听到燕京大学一位女学生对他喊道：“听差，听差!”该同学愣了一会，才醒悟过来，原来那位女生误把他当成“听差”了。他忙跑回屋内把刚才发生的事告诉魏寿昆及其他同学，引发了哄堂大笑。在打扮得花枝招展的燕大女生眼里，穿着旧长衫的北洋大学学生与“听差”没有什么差别。

两年预科魏寿昆学习了数学、物理、化学、英语、德语、国语及制图，各门功课的成绩都高于85分，按制度学校免除了他的学、杂、宿3项费用，为家庭节省下一笔可观的开销。

魏寿昆本科学矿冶系。他说：“为什么学矿冶系呢？这是因为我喜欢化学，中学王宗鲁老师做的化学实验深深地吸引着我。当时北洋大学仅有机械、土木和矿冶3个系，而矿冶系是学化学最多的系。当然随着年龄的增长，年级的迁升，学习的深入，我认识到钢铁是国家的重要基础工业，汽车、轮船、火车、飞机、大炮等都需要大量的钢铁。为了更好地建设国家，我更加热爱钢铁冶金学科了。”

五、驱冯运动

北洋大学名为国立大学，实际上校务由直隶都督兼署民政长冯国璋派斋务长及庶务长暂行管理，直接受制于提学使司。

1924 年魏寿昆入北洋大学预科的次年，北洋大学发生了一场“驱冯运动”。

关于“驱冯运动”，《北洋周刊》第 70 期登载：民国 3 年（1914 年），教务提调王劭廉去职，赵天麟以法律教员受派为北洋大学校长。民国 8 年（1919 年）五四运动发生，赵校长鉴于校事难为，辞任校长。是年 12 月（1919 年 12 月）直隶省长曹锐派冯熙运暂行代理校长。民国 13 年 8 月（1924 年 8 月）冯代校长因病辞职，直隶省长王承斌派刘振华接充。文字简单，只用冯代校长因病辞职一笔略述。

魏寿昆在《读书与任教期间几个片断的回忆》中详述道：

> 我到北洋的第一年，校长是冯熙运，原是北洋法律系的学生，留学美国，得法学博士学位。他经常不到校，作风专制跋扈，老同学对他很有意见，认为他不懂工科，而北洋当时是工科大学，北洋原有的法律系已与北京大学合并不再招生。在前一年（1923 年）曾闹过一次驱冯学潮，学生罢课赶他走，但他和河北省（直隶省）政府关系密切，赶不动他。但反冯的根子很深，随时都有再爆发罢课的可能。1924 春终于又罢课，导火线我记不清楚了，好像学校有某项措施，学生坚决反对，而学校硬出布告坚决执行。有一位同学盛怒之下将布告木牌砸毁，学校明令开除 4 位同学，引起了全体同学愤怒罢课，并去北京教育部请愿。

1924 年是中国革命形势从南向北不断高涨的一年。这一年的 7 月 18 日，北平国立高校教职员工代表联席会议发表《废约宣言》，主张“凡对我一切不平等的待遇，彻底撤销，另本相互平等的原则，重新构成国际关系，使我民族亦得享受人类应有之权利”，同时表示“以和平友谊的手段”进行“此种合理合法的运动”。上海、武汉、天津等城市召开群众大会，纷纷组织反帝同盟，展开废除不平等条约的集会活动。

北洋大学学生走出校门参加天津群众集会，冯熙运严加压制，于是第二次“驱冯运动”爆发了。冯熙运开除了主张激烈的学生。被开除的学生中有一位冶金系应届毕业生，他向同学申诉，寒窗六载，毁于一旦，激起众怒，要求“驱冯”。此举得到社会各方面的响应，全体学生决定罢课，结队向北洋政府教育部请愿。对此，冯熙运一方面上书直隶省当局诬蔑学生，另一方面与北平警察局联络，不准北洋学生留在北平，同时向校友求援。学生也不肯让步，事态僵持不下。最后由校友王正廷等出面，一方面请冯于暑假时自行辞职，另一方面向学生保证调来一个工科内行的校长。

魏寿昆参加了这次向北平北洋政府教育部请愿的活动。

请愿学生坐火车到北平后住在前门小旅馆里。他们放下行李后立刻结队步行去教育部。起初，教育部官员推说找不到负责人，经强烈交涉后才有人出来接见。这位官员装出一副无奈的样子说，北洋大学名义上是国立，但学校的经费实际上是由省政府拨款的。教育部不管钱，因此也不管人，换校长这么重大的事，教育部不能管也不管不了，建议直接去找直隶省政府。话毕，这位官员转身就走了。

同学们坚持天天去教育部，得到的回答相同。住在旅馆几天后，生活费出现困难，虽然较富裕的同学慷慨解囊相助，但日久天长也只是杯水车薪，无济于事，请愿学生只得返回天津。

1924 年 8 月，冯熙运宣布“因病辞职”，刘仙洲（刘振华）被直隶省长王承斌任命为北洋大学校长，这次学生风潮才得以平息。

在北洋大学续聘的外籍教员中，魏寿昆对化学教授福乐尔印象深刻。

1928 年春天，北洋大学工程大楼因失火而被焚毁，只剩下西南侧物理化学楼幸免于难。物理化学楼内设有数间教室供物理及化学课教学，此外还设有供教师备课的预备室，以及多间实验室。

化学课教室是一间可容纳 200 余人听课的阶梯教室，正面墙上有一块可左右移动的黑板，它的前方放着一张 5 米长的很宽的大讲台。

通常，福乐尔教授于上课前已把各种试验用的试剂、药品、仪器摆放在讲台上。冬天福乐尔教授总是提前来到教室，讲台上放着一瓶冰醋酸，观察这瓶冰醋酸的物理状态，若发现它已

北洋大学时期的阅览室（右）和实验室（左）

成固态，他便请人到锅炉房要求提高供暖温度。冰醋酸熔点为17℃，他把冰醋酸熔点作为宜于实验的室内温度。这件事让魏寿昆感到奇巧有趣，深留在记忆里。

福乐尔教授在讲到酒精性质时说，低浓度酒精可以助人消化，而高浓度酒精则妨碍人的消化。看到学生脸上迷惘的神情，他幽默地问："你们不相信?"学生们点点头。于是他直奔预备室取来两个鸡蛋和少许高浓度酒精，把两个鸡蛋分别打入装着低、高浓度酒精的器皿中，不一会，盛高浓度酒精的器皿中鸡蛋清和蛋黄立刻凝固，而盛稀释后酒精器皿中蛋黄和蛋清没有变化。这个简单的实验令同学们很信服。

福乐尔教授讲课大多采用课堂讲授并辅以实验演示的方式。例如，讲到硫酸制备时，他在讲台上安装一套仪器，从二氧化硫的制备开始，学生们能从玻璃仪器中一步步观察到由二氧化硫到三氧化硫再生成硫酸的全部反应过程。学生们认真观察，不时地发出惊叹声。

福乐尔教授讲的分子化学课学生都很感兴趣。他把各种典型的离子反应在课堂上当场演示，学生从演示中能观察到不同离子由于价态的变化而显示出各异的颜色及物态的差异，如沉淀、凝胶、结晶等。

魏寿昆喜爱化学是由铃铛阁官立中学王宗鲁老师启蒙的，经福乐尔教授的演示性教学，他对化学逐渐由喜欢到热爱。福乐尔的理论与实践结合的教学法也对他后来从事教育工作产生深深的影响。

六、刘仙洲校长新政

北洋大学校长
刘仙洲

1924年8月，刘仙洲初任校长。刘仙洲原名鹤，又名振华，字仙舟，1890年1月27日出生于河北省完县唐兴店村，1975年10月16日蒙冤含愤病逝于北京，享年85岁。

刘仙洲童年即随其祖父、父亲下地耕耘，深感农活很辛苦，颇有改善农业操作的心愿。1897年入私塾读书，1905年私塾完成学业后参加过一次旧科举的县考。8年私塾使他通晓古文。1906～1912年，他在县立高小和保定崇实中学、育德中学学习。在这一求学时代，他受到孙中山资产阶级民主革命思想的影响，于1908年加入同盟会，积极参加辛亥革命运动。

1912年他毕业于保定育德中学，以5年总平均96.4分的学习成绩在毕业生中名列前茅。他于1913年考入北京大学预科，1914年考取香港大学（公费），进入工学院机械工程系学习，1918年获得工程科学学士学位。他的毕业试卷经英国伦敦大学审查，获得“头等荣誉”（first class honours）评价。

从香港大学毕业后，刘仙洲放弃去英国留学的机会，毅然回到母校育德中学担任留法勤工俭学高等工艺预备班的机械学教员。刘少奇、李富春、李维汉等都曾经是这个留法预备班的学生。

他主张学理与实验并重，即在学校求理，在工厂做实验，学和工结合、学生与工人融于一身，造就学理与实验兼优的工程人才。刘仙洲把这种教学思想称为“工读协作制”。1920年他上书当时的国民政府教育部，提出《我国工业教育法酌采工读协作制意见书》，但未得到当局重视。

刘仙洲接替冯熙运任北洋大学校长后，亲手拟定《北洋大学附设工读协作制机械工学门意见书》，他本想把北洋大学创办成“东方麻省理工学院”，但当时由于北洋大学高层在教育部内各有后台，派系斗争激烈，学校办学经费严重不足，美籍教授傲慢不戒，在这种混乱的局面中，他很难实现自己的意愿。

刘仙洲主政的北洋大学面临“钱”和“人”两大困难。

北洋大学虽然名为国立大学，但学校经费来源于直隶省政府，经费经常被拖欠，老师不能按月拿到工资，学校也不能按时开学。教师领取的工资是纸币，一元省银行发行的纸币面值只能兑换成中国银行（当时北洋政府主办银行）纸币面值的八角，也就是说，教师领取省政府发的薪水实际上在市场使用时已打了八折，货币贬值自然引起了教师们的不满。地质教授王霖之曾在课堂上向学生宣称，他拿到直隶省银行发行的钞票，就不客气地如数退回，倘若不给他换成中国银行的钞票，他将拒绝上课，结果学校不得不换了。因此，学校不但要按期如数发放薪金，而且要负担票面贬值的损失，更增加了学校资金的困难。幸好多数教授同情刘仙洲校长，为了顾全大局，使学校如期开学，还能忍气吞声地接受。刘校长在开学典礼上几次以凄凉的口吻重复说：“我们总算能够开学上课了!”学生们报以热烈的掌声，刘校长欠身连连说：“谢谢!”

北洋大学创办初期，当时的教务长（称总教习）丁家立（Charlas Daniel Tenney，1857～1930）把持校务达13年之久，教授全部为美国人，后沿此惯例虽有所变化，大部分教授仍是美国人。北洋大学讲课用英文，读的是原版英文教科书。有几位美籍教授对学生常以恶语相加，骂学生“愚蠢”、“浑东西”；如遇学生顶嘴，学校还算作“操行分”计入品行成绩，学生对此极为不满。

“五卅运动”后，国内掀起的“回收教育权”运动达到高潮。刘仙洲上任后，顺应形势对北洋大学教授结构进行重大革新。

当时美籍教授工资一般为每月白银300两（很优厚），每个人一座小楼，配备一位工作人员，暑假到北戴河休养或回国探亲。在这种优厚的条件下，学校可以请到外国优秀的教授来任教。但随着生活费用逐渐提高，到20世纪20年代时，按原来的工资标准已请不到真正有学识的教授，刘仙洲觉察到这一点，决心改革旧制度。

从1925年起，刘仙洲逐步辞掉学术较差、满合同期（三年）的美国教授，聘任了国内著名教授，如石志仁（机械）、笪远编（机械）、王烈（地质）、何杰（采矿）、茅以升（桥梁）、侯德榜（化工）、张含英（水利）、温毓庆（物理）及李书田（土木）、赵庆杰（化学）等。新中国成立后，石志仁任铁道部副部长，侯德榜任化学工业部副部长，何杰任北京矿业学院副院长，茅以升任铁道科学研究院院长，张含英任水利部副部长，他们为新中国的建设做出了杰出贡献。

魏寿昆说：“这些美籍教授教课中灌输帝国主义文化侵略的思想，更无从结合中国实际进行教学。同学受洋人熏陶，滋长媚外思想和自卑感，师生间也谈不到密切接触。刘校长看到此问题，大胆进行改革。”“在当时经费极端困难的情况下，多请一些中国教授也有必要。原因是中国教授可以枵（xiāo）腹从公，不发工薪也来上课，而洋教授按合同办事，月月一个钱也不能少。”

刘仙洲认为中国工科高等教育带有浓厚的半殖民地色彩，在大学教学中都采用外国教材的话，长此下去，我国学术将永无独立之日。于是他发奋编写中文教材，教一门课，便写一本教材。刘仙洲校长特别重视与英语科技名词对照的中文译名。他花费很大精力，搜集国内公用及工人师傅常用的机械名词，加以分析校正，订出合理的中英机械名词对照词典。他又号召北洋大学专家教授研究英语中其他的科技名词合理的中文译名。刘仙洲校长是确定我国科技及工程术语名词译名的奠基人。新中国成立后，中国科学院编订的《英汉机械工程词汇》前言中指出：“本编是在刘仙洲同志的《英汉对照机械工程名词》基础上进行编订的。”刘仙洲的《英汉对照机械工程名词》编著于1932年。

刘仙洲对英文科技名词规范中译名的严肃态度对当时还是学生的魏寿昆影响深远。

关于教科书问题，北洋大学的传统做法是：学生用的原文（英文）

书，是美国教科书，统由学校无偿供给，每本书 3～5 美元，那时 1 美元约合中国银元 5 元，开支很大。后来改为学生毕业后，把书留下，交给下一班再用。这样做，学生毕业后，一本书也得不到，工作时用书就不免困难，而且屡次传读，书的内容有时不免陈旧。刘仙洲听说复印机可以大批复印课本，非常高兴，马上决定引进复印机，在校内自己翻印，价钱很低，动员学生自买，学生也乐意接受这个办法，因而彻底地解决了用书的问题。

北洋大学学生宿舍

聘期 4 年到期后，刘仙洲辞掉北洋大学校长的职务。他卓有成效的管理革新深受北洋大学师生的欢迎，其成果一直在北洋大学延续着。

魏寿昆非常崇敬刘仙洲校长。他说："仙洲老师在北洋 4 年正值北洋军阀混战，局势动荡不安的时期。他在北洋的 4 年是呕心沥血、惨淡经营的 4 年，更是继往开来、中流砥柱的 4 年。仙洲老师的民族气节、无畏的精神深受北洋师生敬爱。"

七、金钥匙会徽

北洋大学发给优秀毕业生的斐陶斐金钥匙会徽

1929 年夏天，魏寿昆毕业于北洋大学矿冶系，他以本科 4 年总平均 94.25 分的成绩获得学士学位。北洋大学校史记载这个成绩是北洋大学历史上最高的分数。鉴于他在大学期间品学兼优，经斐陶斐（Phi-Tau-Phi）励学会董事会通过，由矿冶系主任何杰教授与斯佩里教授代表校方及励学会颁发给魏寿昆一枚斐陶斐金钥匙（golden key）会徽。

斐陶斐金钥匙会徽由哲学（Phi）、工程学（Tau）、生理学（Phi）三个希腊文缩写组成，表意该会徽只授予哲学、工程学、生理学三门学科品学兼优者。会徽由 Φ-T-Φ 三个希腊字母组成，青铜镀金材质，外形酷似一把打开科学殿堂大门的钥匙，既入殿堂，会员必须遵守誓言：努力研究学术，忠诚服务社会，谦卑自持、敦品励学，成为像胸前佩戴那样的灿烂人才，以此为励学会增光。

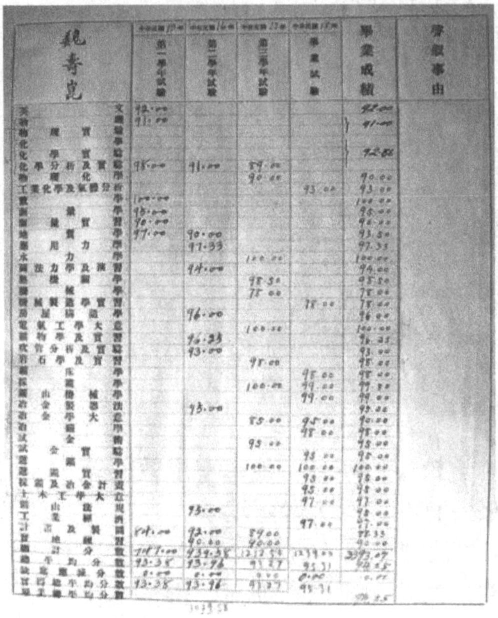

魏寿昆在北洋大学期间成绩单
（民国 15 年至民国 18 年）

魏寿昆获得的这枚会徽，一面刻着“P. Y. U”（北洋大学英文校名缩写）和“1929 年”（颁发年），另一面刻有“S. K. WEI”（魏寿昆英文译名缩写）。

斐陶斐励学会为国际科学界的民间非营利组织。中国斐陶斐励学会由美籍教授 J. H. Ehles 发起并创办。Ehles 教授曾于 1920 年 6 月至 1922 年 10 月在北洋大学任教。1921 年 5 月 25 日，他致函中国国内著名高校呼吁共同组成励学会，并拟定励学会章程。此后他的呼吁得到广泛响应，学会得以正式成立。凡是各知名大学应届毕业生中前五名的学生，都有资格申请，经批准后成为会员。斐陶斐会员资格是一种荣誉。获得会徽的学生都感到非常光荣和自豪。

参考文献

北洋大学—天津大学校史编辑室 . 1991. 国立北洋大学略史 . 北洋大学—天津大学校史资料选编（一）. 天津：天津大学出版社

董树屏，黎诣远 . 1990. 刘仙洲传略 . 见：《刘仙洲纪念文集》编写小组 . 刘仙洲纪念文集 . 北京：清华大学出版社. 207～222

魏寿昆 . 1990. 怀念敬爱的刘仙洲校长 . 见：《刘仙洲纪念文集》编写小组 . 刘仙洲纪念文集 . 北京：清华大学出版社. 168～171

魏寿昆 . 2000. 院士心迹 . 北京：科学普及出版社

魏寿昆 . 2003. 读书与任教期间几个片断的回忆 . 见：汤佩松等 . 资深院士回忆录 . 第 1 卷 . 上海：上海科技教育出版社 . 255～287

魏寿昆 . 2004. 二十年代母校三中的回忆 . 天津三中校史 . 内部资料

魏寿昆 . 2005. 机遇与前半生的回忆 . 见：中国科学院院士工作局 . 科学的道路（下）. 上海：上海教育出版社 . 1883～1889

第二章　师夷长技，留学德国

一、捕捉机遇

在北洋大学读书期间，魏寿昆耳闻目睹北洋政府官员腐败，搜刮民财，兵祸连年，百姓过着惊恐不安、民不聊生的苦难生活的场景。1924年的第二次直奉战争及1927年的冯（玉祥）李（景林）战争都在平津地区进行，学校被迫停课，师生的安全直接受到严重的威胁。冯李战争就激战在北洋大学宿舍围墙外，学校里流弹乱飞，呼啸而过，一位同学躲避不及，眼睛误中流弹而导致左眼失明，终生残疾。

魏寿昆从亲历的件件令他痛苦之事中认识到欲使中国富强，不受外族欺凌，必须振兴工业，科学救国，发展教育，培养人才。这个愿望他在北洋大学高年级时就已暗自立下。

他在北洋大学读书6年，其中4年学校由刘仙洲主持校政。茅以升、石志仁、何杰、侯德榜等到校任教，给北洋大学营造了一种崇尚科学、热爱祖国的气氛。这些教授都曾抱着工业救国、教育救国、科学救国的宏图大志留学国外，又怀着报效国家的志向回国服务。因此师生间常有交谈，而在交谈中教授们鼓励学生树立大志，出国深造。他们还告诉学生通过向美国大学写信索寄“教学一览”能便捷地获得美国大学的情况。

魏寿昆说：“受教师的影响，我在大三时就给美国麻省理工学院（MIT）和纽约哥伦比亚大学矿冶学院写信索要‘教学一览’，为了省邮费，邮寄的是明信片。”在给MIT的明信片上面只简单地写着：

Dear Sirs：
Would you mind sending me a copy of the catalog of MIT?
My address is：…
Thanking you in advance，
Sincerely，Sign name.
（尊敬的先生：请您送我一本MIT的“教学一览”好吗？

我的地址：……
谨此予谢，
诚挚地，　　签名　　　）

出乎他的意料，3 个月内两所大学相继寄来了“教学一览”，使他喜出望外。

魏寿昆的家境已每况愈下，多年的战乱使物价高涨无度，祖父的微薄家产早已难以为继，母亲开始典当家里稍为值钱的物品，以换钱来购买食物维持生活。一家人把改变贫困的希望全部寄托在这位长子、长兄身上。

屋漏偏遇连夜雨。父亲魏恩俞在魏寿昆大学毕业前辞世，二叔劳累成疾，常在家养病，三叔早就迁出另住。魏寿昆自己家仍有 10 余口人。

一边是养家责任，一边是留学心切，因此他常常苦恼着、困惑着。魏寿昆思量着：大学毕业后寻找一份工作，领得的工薪仍难以摆脱清贫生活；如果公费出国留学，回国后可谋取一份高薪职业，既可以实现自己的志向，也能使家庭发达起来。思虑良久，他坚信自己选择出国深造的道路是正确的。但即便是已经深思熟虑，他的心依然愧疚难安。

在北洋军阀统治时期公派出国留学只有三种途径可供魏寿昆选择：一是留英庚子赔款，即用英国退回的庚子赔款充作公费资助学生留英。如磁学家戴礼智于 1934 年考取教育部留英公费生进入英国伦敦大学物理系学习。二是留美庚子赔款，由清华大学组织招考录取。如周仁于 1910 年考取清华留美公费生进入美国康奈尔大学，侯德榜、茅以升亦然。三是各省市自招公派留学生，所学专业根据本省市人才需要而灵活设置。这类留学生一般不是每年招考，而是前一期派出的留学生学成回国后，再进行新一期招考省派公费留学生。招考学科，理科是数理化，工科多为水利、化工、机电、土木等通用工程专业，而采矿、冶金等专业极少招考。其他途径如由国内著名学者或国内著名大学聘任的外国教授推荐，赴美、英等国工作，而后在该国考入大学留学。如冶金学家周志宏 1923 年于北洋大学矿冶系毕业后，次年经北洋大学美籍教授斯佩里（Edwin Sperry）推荐，去美国匹兹堡卡内基理工学院学习，但这种机会极少。

1929 年 6 月，北洋大学毕业前夕留影

三种途径公费出国留学都是全国或本省公开招考，名额很少，报名者甚多，因此成功者

寥寥。魏寿昆认真准备着，等待时机。

北洋大学苦读四载，魏寿昆即使节假日也极少逛街。大学三年级的一天，他偶尔上街去玩，毫不经意地进入一家书店。这家书店位于天津金刚桥北一条大胡同里，商号为华洋书店，门面不宽。他的眼睛慢慢掠过书架上摆着的书，蓦然发现一本 Moore 著的《有机化学导论》，这本书是他盼望多年想要买的。他取下书翻阅着，爱不释手，踌躇良久，最终掏尽口袋里的钱把书买了下来，再没有钱坐车，只好步行回校。

魏寿昆在北洋大学期间曾学过“无机化学”、“分析化学”、“物理化学”，唯独“有机化学”学校未开设。从四年级开始，他就打算自学“有机化学”，但苦于买不到合适的教科书。买到 Moore 的《有机化学导论》，他如获至宝。他凭借扎实的化学基础和始终如一的刻苦精神，较快地掌握了“有机化学”的基本知识。

在北洋大学预科时魏寿昆曾学过两年德语，成绩不错，本科时经常复习，使他的德语保持较好的水平，准备作为留学生招考时考第二外语用。

1929 年夏，魏寿昆大学毕业后被学校分派到冶金系，协助冶金教授斯佩里（Edwin Sperry）先生设计制造辽宁宝马川金矿选矿设备。该矿属于辽宁矿务局，它的创办者是一位北洋大学矿冶系早期毕业生王子文，后来因该矿含金品位低没有开采价值而停办了。魏寿昆的设计工作停了下来。斯佩里教授再介绍他到辽宁省矿务局下属的辽宁海城县大石桥滑石矿公司工作。

他领到的工资，自己每月只留下必要的生活费，把其余的钱全部寄回家，补贴家用。

1929 年 10 月的一天，魏寿昆在办公室翻阅旧报纸，有一条消息赫然在目，报载：直隶省招考采矿留美学生工作已结束，录取者为穆瑞青。他大为震惊。穆瑞青曾是他北洋大学同届机械系毕业生。这一消息使他仿佛被人从背后猛击一掌，他开始清醒地认识到，如果他继续在远离大城市、消息闭塞的山沟里工作，他将会失去更多的留学良机。

1929 年 4 月 6 日，北洋大学矿冶系学生毕业前实习，在唐山煤矿出井后留影，前排蹲者中间为魏寿昆

穆瑞青被录取留美的消息，对魏寿昆震动极大，他感到消息不畅是留学的一大障碍。正在苦恼之际，他接到母校北洋大学的来信邀他回校任教，遂于1930年2月旧历年（春节）辞去大石桥滑石矿的工作，回天津北洋大学矿冶系协助系主任何杰教授和地质系冯景兰教授的教学工作，他是该系首次被聘的助教。此后，他一面工作，一面关注着招考留学生的消息。

否极泰来，天遂人愿。1930年9月，天津计划招考留美学教育、留德学色染化学及留英学纺织工程各一名留学生。在50名天津籍报考生中，魏寿昆考取了留德学色染化学。

魏寿昆平时的精心准备使他顺利地捕捉到这次机遇，圆了留学梦。

色染化学并不是魏寿昆最喜爱的专业，他钟情于矿冶专业。但他明白德国是举世闻名的钢铁强国，德国有著名的柏林工科大学、亚琛工业大学等高等学府，那里的矿冶系是中国热爱矿冶专业的青年学生向往留学的地方。魏寿昆相信“有志者事竟成”这句格言，在德国总会有机会再圆冶金梦。

二、依依别离行

1931年4月，赴德留学起程前，于天津西沽北洋大学旁北运河河堤上留影

1931年3月，魏寿昆与留英的冯绍光、留美的卞学钧先后收到信函，告知他们留学经费已经落实。魏寿昆很快办完在天津的大部分出国手续，其余手续须到哈尔滨办理。卞学钧取道海路赴美。他与留英的冯绍光约定出国起程的日期为4月23日。魏寿昆有一个月的准备时间，这一个月他要做许多事情。

他回母校北洋大学辞掉助教职务，看望何杰教授、李书田教授等授业老师，感谢他们多年来的教诲。他怀着难以言表的感情漫步在校园里，仿佛要把北洋大学每座房子、每棵花木、每片砖瓦都记在心里。那是一种告别抑或是一种依恋？

他拎着礼品登门看望杨荣懋夫妇。这位老师兼岳父独具慧眼愿把女儿杨英梅许配给他。

杨英梅比魏寿昆小6岁，高中毕业后考取了河北女子师范学院，这是一所邓颖超曾就读过的知名高校。魏寿昆大学毕业后，才与杨英梅第一次约会。一位是志存高远的儒雅青年，一位是多才多艺、聪明贤淑的少女，两人相见时都有一种“人生初见如旧识，梦里几度曾相逢”的腹心相照、声气相求的知己之感，两情相悦，便

订下了婚约。

杨荣懋夫妇对这位未来的女婿讲了一些勉励的话，把更多的时间留给这对即将分别的情侣。魏寿昆畅谈留学抱负，杨英梅明志守约，等待他学成回国后完婚。他们约定魏寿昆离津那天再次相会。

魏寿昆置办了一些必备的衣服和行李，购买了路途用餐。他把大部分时间用来陪伴母亲，给母亲多一份温暖。他放心不下母亲的健康，再三嘱咐弟弟妹妹们多为母亲分忧，多照顾关心她的身体。他侃侃而言，谈笑风生，使每次团聚欢欢乐乐。母亲安慰他说："好好读书，别担心家里。"听着母亲深情的话，魏寿昆心里一阵感动。

起程那天，他在天津北站上车，把在大石桥滑石矿工作的工资留给母亲。杨英梅母女坚持要送魏寿昆到东站（即天津火车站）。魏寿昆送别杨英梅母女后再登上火车时，竟发现他的大手提箱不翼而飞了。他惊得出了一身冷汗。正在惶然不知所措时，幸好冯绍光正在上车。冯绍光就在车站工作，人地两熟。他与路警鸣笛追寻，窃贼正待夺路而逃，见路警追来，只好弃箱疾走，这才追回了他的大手提箱。魏寿昆说："这件事给我敲了一次警钟，得了一回深刻教训。我真后怕，如果手提箱真的丢失了，那我能立即去哈尔滨么？因为箱内放着重要的出国和留学证件及衣服。"

三、苏联见闻

在哈尔滨办完全部出国的手续后，魏寿昆和冯绍光登上国际列车，由满洲里出境进入苏联。

这时正值四五月之交。若在天津，这个季节正是青草如茵、春暖花开、踏青郊游的好时光。而晚春的西伯利亚近看万木凋零，残雪在阳光下闪亮跳动；远眺群峰白雪皑皑，春天仿佛还在山中沉睡。

火车呜呜地渐渐越过雅布洛夫山，驶入贝加尔湖地区。魏寿昆和冯绍光打开车窗，顿时闻到微风捎来的一股清香，那是初春幻想交响乐序曲的音符，虽不浓烈醉人却亦清醇淡薄。贝加尔湖绮丽秀美，湖旁白杨林开始吐绿发芽。跨越横亘欧亚大陆的乌拉尔山脉，列车进入苏联的欧洲部分，离苏联首都莫斯科渐行渐近。莫斯科，这个世界上第一个社会主义国家的首都，在中国青年的心目中是个神秘和令人向往的圣地。

5 月 5 日列车抵达莫斯科北郊的喀山火车站，旅客需在这里换乘至德国柏林的列车，他们得到半天的休息时间。

"五一"国际劳动节刚刚过去，莫斯科街道两旁的商店依然国旗悬挂，熙熙攘攘，人们沉浸在浓浓的节日气氛中。当听说这一天是列宁陵园开放的最后一天时，他们便急匆匆地奔去瞻仰。

列宁墓是一座由赭色大理石砌筑的方形陵墓，陵园气势宏伟，门前守卫的士兵威武肃立。他们跟随瞻仰的人流绕水晶棺瞻仰一圈，伟大的社会主义共和国缔造者列宁安详地躺在水晶棺里，令瞻仰者肃然起敬。

莫斯科城内建筑宏伟，街道宽阔，行人仍穿着厚厚的皮大衣，男人很少系领带，女人则浓妆粉黛。他们看到一家商店门前排队购物就跟着排在后面，想买点白糖路上食用。随后他们看到有人拿出购物证才明白商品是凭证供给的，只好失望地离去。

火车停靠在苏联与波兰边境的一个小车站（即现在的白俄罗斯布列斯特车站）。列车长要求全体乘客下车。他们不懂俄语，一位同车旅客用英语告诉他们列车长请旅客将车上用餐的账结了。原来按苏联国内乘火车旅客用餐制度规定，乘客必须在车内用餐，每天按标准付费，在终点站总结账。魏寿昆、冯绍光在哈尔滨已购买了足够的食品，未曾在餐车用餐，无可奈何地白白送给列车长若干美元。

火车经波兰首都华沙进入德国境内，6 日抵达首都柏林的弗里德里希车站，他们暂宿在车站附近的小旅馆。冯绍光在柏林游览两天后，起程赴伦敦上学，两人就此分别。

四、柏林，留学首站

柏林素有"森林与湖泊之都"之称，整个城市犹如沉浸在一片绿色的海洋之中。菩提树荫蔽下的大街两侧矗立着日耳曼式宫殿和城堡风格的建筑；乳白色的勃兰登堡门与绛色的市政大厅及圣母教堂，富丽堂皇，交相辉映。

魏寿昆没有陪伴冯绍光游览柏林，他要尽快安顿好住宿，然后到柏林工科大学报到。

他很快在夏落腾堡区（Charlottenburg）租到房子，这里是中国留学生集中居住的地方。德国大学通常不建学生宿舍，学生大多在校外租房，或与房东合住或租房独住。所租房内备有全套家具及日常用品，租金较贵的房子还设有浴室，普通房的房客洗澡要进城找公共浴堂。魏寿昆与房东合住，早餐由房东供给牛奶和小面包一类的食品，费用已计入房租，不另收钱，但牛油或果酱自备。中晚两餐在饭馆用餐。他平日生活原本简朴，没有偏食和挑食的习惯，因此很短的时间内就适应了柏林的生活环境。按照德国大学招收留学生的规定，外国留学生就读大学之前必须取得德语及格证书。柏林各大学附近都设有政府认可的外国留学生德语学校，开设初级Ⅰ、初级Ⅱ、中级和高级4个等级班，每班学习两个月，共8个月，经考试发给及格证书。

魏寿昆在北洋大学预科曾学过两年德语，又在本科高年级时坚持复习，已较好地掌握了德语基础语法，只是听力和会话尚欠缺。他通过考试跳过初级班直接插入中级班，后又入高级班，仅读了两个月就参加口试，得到了优良成绩。经口头申请，学校发给德语及格证书，取得申请入柏林工科大学资格。

他在柏林结识了北洋大学早期毕业生王涛（回国后任华中水泥公司总工程师），王涛告诉魏寿昆申请入学的程序是：用申请纸（gesuchspapier）按规定格式填写申请书，写明拟学的专业，附上国内中学及大学毕业证书和成绩单的原件，以及中国驻德大使馆的译件，连同德语及格证书一起送交该大学注册处。他迅速完成各种文件，送交柏林工科大学注册处，不久被批准，得到了入学通知书，缴了注册费，取得学生证。魏寿昆从此便成为柏林工科大学一名正式学生。

柏林工科大学设有材料工艺科学系，下设采矿，冶金及化学3个专业。魏寿昆必须在留德限期内完成天津市留学招考组织交给他的学习色染化学专业的任务，尽管采矿冶金是他喜欢的专业，也只能忍痛割爱先学色染化学专业。

他设想在柏林工科大学用两学期分别专攻有机化学及物理化学。他的无机化学及分析化学自认为学得比较扎实，而有机化学是自学的，物理化学所学内容较浅，况且这两门课还是色染化学专业的重要基础课，倘若以后转向冶金学研究，它们也是不可或缺的基础知识，因此他必须下工夫学好。

按照学校规定，在两学期内魏寿昆必须制备60种有机化合物，完成6种有机化学分析实验；物理化学设有50个实验，魏寿昆必须完成其中的30个实验；实验内容和方法由自己决定。

实验仪器的零部件零散地摆在实验台上，实验时由学生自己组装。每个实验由2位学生合作进行，但实验开始前须报告助教，请他检查确认，如果连接正确，助教须在实验报告本上签名以示负责，然后学生动手进行实验，最后实验得出的结果也由助教复核，无误后签字；完成的实验报告交任课教授审阅，并向学生提问，学生回答正确，教授签字。经过如此程序，这个实验才算最后完成。

物理化学实验室规模很大，实际上是一个独立的研究所，在这里培养博士生。教室正面墙上备有小马达卷动的纸制黑板，教授讲课时若黑板上字已写满，不必用手擦黑板，只需按下电钮启动马达就能自动地换一块新的纸制黑板。教室中的门窗同样可用马达卷动纸制窗帘自动升降起落，操作十分方便。

魏寿昆上课时仍然感到听讲困难。曾经学过的课程，如无机化学、分析化学，听讲比较顺利，即使遇到一些陌生的化学名词术语，课后复习时查词典可以搞明白。但对从未学过的新课程，如工业化学中的有关经济学、贸易学、企业管理学中的术语和专业用语，他听课时如堕五里雾中，茫茫不知所以然，只好在复习时再一点点搞懂。他这才发觉自己的德语词汇量不够，还需继续提高和丰富。

在柏林期间，希特勒纳粹势力已控制了德国政权，报纸杂志上充斥着军国主义者的叫嚣，狂热地鼓吹希特勒的法西斯思想。在东方，日本军国主义与希特勒势力遥相呼应，正在紧锣密鼓地策划侵略中国的阴谋。他们的狼子野心已昭然若揭，世界已处在战争的边缘。

1931 年 9 月 18 日，日本军国主义者终于发动了“九·一八”事变，公然出兵侵占我国的东北三省，由于蒋介石的不抵抗主义，仅四个多月，东北三省全部陷落。消息传到德国，激怒了留德的中国学生，他们纷纷举行集会声讨日本军国主义的侵华罪行。

有一天魏寿昆正在学生餐厅用餐，一位素不相识的德国学生走到他的桌旁，得意忘形地大声对他说：“在满洲你们日本人打胜仗了!”

魏寿昆抬起头怒目而视，未给予理睬。

这位德国学生以为他没有听懂，又接着说：“我们德国人和你们日本人一样，也是好战的民族。”

此时此刻，一股怒火直冲他的胸膛，魏寿昆愤然站起来厉声吼道：“我们中国人一定能把日本侵略者赶走的，让你们这些好战的民族见鬼去吧!”

这一番义正词严的话使那位德国学生如梦初醒，这才知道站在他面前、声色俱厉的东方男儿是堂堂正正的中国人，于是灰溜溜地走了。

在一般德国人的眼里，贫穷落后的中国留学生一定是身着长衫布履的，哪会有着如此西装革履、风度翩翩的，因此他们常把中国留学生误认为是日本人。

这件事深深地刺痛了魏寿昆的民族自尊心，更激发了他的爱国热情。

他决心学成回国，报效国家。

1932 年 5 月是德国的圣灵降临节，按日耳曼的民族风俗规定全国放假几天。正在柏林大学攻读博士学位的王淦昌邀请魏寿昆到哈茨山风景区旅游。魏寿昆来德国已近一年时间，还没有游览过任何名胜古迹。他欣然与王淦昌结伴同行。

1932 年，摄于德国柏林

王淦昌是在吴有训、叶企孙两位教授的推荐下于 1930 年考入柏林大学的，师从被爱因斯坦誉为“我们的居里夫人”的著名原子物理学家迈特纳教授。王淦昌是她唯一的中国博士研究生。

王淦昌曾怀疑 X 射线能够穿透物体并不是由于它自己具有这么强大的能量，很有可能是在 X 射线中还存在着另一种具有极强能量的物质流。为此，他设计了一套测量这个无名物质流的方案，并把他的猜疑和构想告诉了迈特纳教授。这位科学上的女中豪杰听王淦昌报告后微微一笑，没有立刻回答，沉吟片刻后很有风趣地说：“王，你很聪明也很有才能，何必重复别人的实验呢！自己开辟新路吧，这样做你会到达另一座高峰的。”1932 年 2 月，英国青年科学家查德威克正是采用与王淦昌相近的实验构想，发现在 X 射线中存在一种被称为中子流的物质，后来获得了诺贝尔物理学奖。

三个月来，王淦昌曾一度受此影响而心情沮丧。圣灵降临节放假时，他便邀魏寿昆同游哈茨山。哈茨山位于德国中部下萨克森州、图林根州及萨克森-安哈尔特州三州相界处，以哈茨山天然公园闻名于世，最高峰为海拔 1142 米的布罗肯峰。哈茨山森林浓密，沼泽遍布，是休闲度假的福地。

王淦昌与魏寿昆同龄，时年均为 25 岁。王淦昌比魏寿昆早来柏林一年，更熟悉德国的山水和风俗。两位志同道合、漂泊异乡的游子，背着旅行包，穿着马裤，手持木杖，穿林海，观瀑布，饥餐渴饮，小憩草地，有着一种“烦恼尽随落花去，禅心却在柳枝头”的清静无欲的惬意。

两人一路上边尽赏美景，边谈着国事。王淦昌回国后先后在山东大学、浙江大学任教，魏寿昆回北洋大学任教；抗日战争爆发后王淦昌随浙江大学西迁至湄潭，而后受聘于西南联合大学，魏寿昆则随北洋工学院西迁西安工作于而后成立的西安临时联合大学。两人虽各奔祖国南北，但柏林结下的友谊却很深厚久远。

魏寿昆用了一年的时间，结束了柏林工科大学的学业，次年转学到德累斯顿工业大学攻读色染化学博士学位。

在柏林期间，他还结识了涂长望（后任中央气象局局长）、张述祖（后任哈尔滨工业大学教授）、陆宗贤（后任国家建材局总工程师）、叶企孙（后任清华大学物理教授）、饶毓泰（后任南开大学教授）等人。叶企孙和饶毓泰均是在国内任教7年后享受一年休假时间来德国从事短期研究工作的。

五、直读博士

1932年夏，正逢德累斯顿工业大学的暑假，魏寿昆利用假期时间到蔼吉色染工业公司（I. G. Farbenindustrie A. G.）所属的色染厂实习。他找到了该公司驻柏林办事处联系实习事宜，办事处介绍他去位于莱茵河工业区科隆城附近的莱沃库森（Leverkusen）厂色染实验室。

科隆城位于莱茵—威斯特法伦州，原德意志联邦共和国首都波恩与其毗邻，莱茵河把科隆城分割成东西两部分。科隆是该州最大的城市，亦是工业集中的城市。魏寿昆从东部的柏林乘火车来到科隆的莱沃库森厂色染实验室实习。这个厂规模很大，设备和工艺也先进，主要生产各种染料及化学药品。他开始参观各个车间，最后选定不同织品的印染方法作为主要实习内容。在6周中，他记录和收集了大量的数据及资料。他第一次看到国外先进的印染设备及自动化的印染工艺，因此非常认真地观察和提问。这次工厂实习令他收获颇丰。

实习结束后，他来到目的地德累斯顿城。德累斯顿城位于德国东南部萨克森州，与捷克毗邻，易北河穿过城区，风光秀美，被誉为“易北河畔的佛罗伦萨”。德累斯顿工业大学位于易北河南岸，附近还有德累斯顿技术学院、造型艺术学院等高等学校。

德累斯顿工业大学的规模很大，一个化学系就设有无机化学、有机化学、胶体化学、色染与纺织化学、电化学、食品化学等6个研究所。魏寿昆进入色染与纺织化学研究所攻读博士学位。

德累斯顿工业大学承认中国优秀学生在自己国家获得的学位，可以用同等学力的资格直读博士，但必须补做一篇工程师论文。这所大学曾有过两位中国留学生直读博士的先例：一位是陈蜀生，在食品化学研究所直读博士；另一位是张大煜，在胶体化学研究所直读博士。张大煜在新中国成立后曾任大连化学物理研究所所长，是中国科学院院士。魏寿昆则是首位色染与纺织化学研究所的直读博士，其后有李文采（原钢铁工业综合研究所所长，中国科学院院士）。他们分别为第三和第四位中国留学生直读博士。

色染及纺织化学研究所所长柯尼希（W. Konig）教授告诉魏寿昆，直读博士前需做一篇工程师论文。德国大学的教育制度规定，德国大学颁发的“工程师”证书相当于其他国家大学的硕士学位。

魏寿昆的导师正是柯尼希教授，国际著名的色染及纺织化学家。别人告诉他，柯尼希教授很严厉，下属都怕他。魏寿昆初见柯尼希时，有些紧张，特别担心在德语上出错误。当魏寿昆走进柯尼希办公室时，出乎他意料，柯尼希很客气，好像事先已看过魏寿昆的履历，对这位中国博士生印象很好。这次见面时间很短，柯尼希问了几个简单的问题，而后告诉魏寿昆工程师论文的具体内容与他的助教详谈。初次见面，柯尼希给他留下了很好的印象。

魏寿昆学完国内大学未曾学过的部分专业课及全部专业实验后，立即开始做工程师论文。他的论文题目定为“纳伏妥尔-As（Naphtol-As）在真丝染色的生成及性能的研究”。

纳夫妥尔-As是他曾参观实习过的蔼吉色染工业公司生产的一系列染料的总称。这类染料通常用于棉织品染色，所染的产品色泽鲜艳，色觉诱人且不褪色，在市场上深受顾客青睐，很是畅销。但是，能否把纳夫妥尔-As用于染真蚕丝织品至今尚无人做过尝试和研究。因此他把这个研究作为工程师论文课题有一定的创新性，也存在一定的风险。

他开始查阅文献及专利，发现用于棉织品染色的纳夫妥尔-As竟有10多种配方，要根据真蚕丝织品着色原理，优选出一种更适合于丝织品染色的配方。经过9个月的实验，不断调整各种实验条件，魏寿昆得到的结果是：在一定的酸碱度条件下，纳夫妥尔-As染料可以染纯丝织品，而且性能良好。

魏寿昆第一次用德文撰写工程师论文，心里没有十分的把握，初稿送请助教修改。这位助教对他的论文评价很高，说他的论文思路清晰，深入浅出，原理正确。出乎他的意料，助教还把他的论文在实验课上给其他同学讲解。柯尼希教授阅读后对他的论文给予较高的评价，打出1a-1b（特优-优）。

1933年暑假魏寿昆利用休假到蔼吉色染工业公司下属的另一个工厂赫克斯特（Hochst）厂实验室实习，为他的博士论文作准备。

赫克斯特厂位于黑森州法兰克福附近。法兰克福位于美因河和莱茵河汇流处，是世界著名的国际博览会所在地，也是伟大诗人歌德的诞生地。

法兰克福城不远的威斯巴登（Wiesbaden）是德国知名的温泉疗养胜地，莱茵河和它的支流莫塞尔（Mosel）河形成的莱茵河中游河谷，沟壑纵横，山高林密，气候温适，景色迷人。魏寿昆在实习间隙偷闲领略了威斯巴登温泉的美景。

六、名师柯尼希教授

1934年，摄于德国德累斯顿工业大学实验室内

1933年12月的一天，柯尼希教授约魏寿昆商谈他的博士论文选题。这次会见，他心里轻快得多了。他从助教那里知道，柯尼希教授读了他的工程师论文已对他产生了很好的印象。

魏寿昆与柯尼希相对而坐，中间隔着一张很宽的办公桌。谈话直截了当，很快进入主题。

柯尼希教授说："长期以来，人们一直认为羊毛纤维是一种非晶态物质，但最近英国科学家亚斯特布瑞（Astbury）教授发现，用X射线辐照羊毛得到有规则的图像，证明羊毛纤维可能是晶态物质。亚斯特布瑞教授的结果只是提供一种可能的证据。我建议你用化学分析方法，特别是研究亚硝酸对羊毛的作用。"

魏寿昆静静地听着，突然导师停止了讲话，目光一直注视着他，一脸严肃。魏寿昆知道导师在等待他的问答。

"教授先生，我想问的是，你希望我的研究工作结果是用来证明英国人的结论，还是希望我另辟新路呢?"魏寿昆说。

"魏，这个问题很有意思。"柯尼希微笑着说："德累斯顿工业大学有国际上最好的仪器设备，有最优秀的科学家，有最丰富的图书资料。我们不会替别人做什么事。当然我们必须走自己的路。"

魏寿昆从教授的语气中感受德国人常有的自信和自豪；同时他也听出教授对他的期望。他想，英国人、德国人能做到的事，中国人不但同样做得到，而且可以做得更出色。

他毫不犹豫地回答说："教授先生，这个课题很有意义，我愿意去研究。”

魏寿昆的话音刚落，柯尼希就接着说：“但是这次研究的难度是很大的，可能会遇到许多困难啊！”

魏寿昆听出导师在试探他的信心，于是说：“为什么我们不去多考虑应当比英国人做得更加出色呢?”

柯尼希教授笑了，他非常满意魏寿昆的回答，相信这位聪明坚强的中国学生一定会不负他的重望。魏寿昆的博士论文内容就这样确定了。

在查阅文献资料后，魏寿昆搞清了研究的程序：首先要用化学分析方法测定羊毛化学元素的组成及它们的含量，求出羊毛的分子式；继而根据分子式求得羊毛化学结构，再与X射线分析得到的结构比较互证。

完成这项研究必须攻破两道难关：一是要搞清楚亚硝酸对羊毛作用的脱氨基反应；二是按怎样的顺序收集和分离反应后生成的CO_2、NO和N_2。他设计了实验设备，很顺利地突破了羊毛的脱氨基反应的关键性问题。

在进行反应生成的CO_2、NO和N_2收集和分离实验时，魏寿昆却遇到了麻烦。他的思路是：NO是不稳定气体，须首先予以吸收，然后再吸收CO_2，最后测定N_2。然而，用同样制备的羊毛样品进行实验，按他设定的吸收和分离三种气体的思路，却得不到重复性的实验数据。这项实验已进行了3个月，得到的实验数据仍没有一定的规律可循。实验失败的阴影破坏了他的情绪，他顿时感到自己的思维仿佛凝固了。于是，魏寿昆决定换一换环境，放下手头的实验，赴英国、法国、比利时三国进行一次暑假旅游。

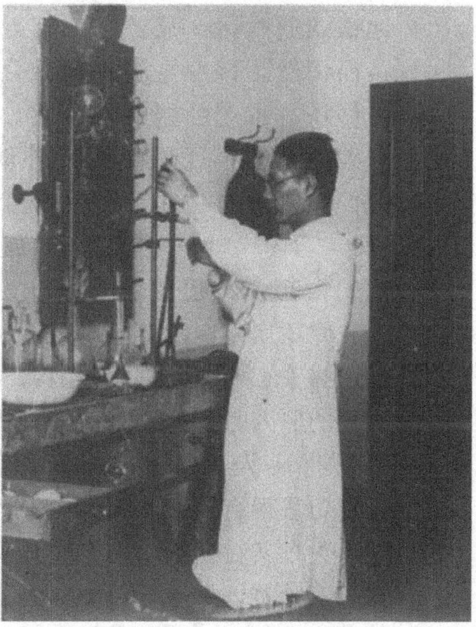

1934年1月，摄于德国德累斯顿工业大学实验室内

1934年7月德累斯顿工业大学放暑假，魏寿昆来到柏林，在旅行社购买了火车票及旅馆住宿票据，办理护照签证。旅行的第一站是比利时首都布鲁塞尔，他参观了世界博览会后保存的中国式及日本式建筑。看到中国宫殿式建筑，他备感亲切，更觉自豪。

他从比利时的加来渡过多佛尔海峡来到英国首都伦敦。在伦敦，他要办的第一件事，是通过中国银行伦敦分行给母亲汇寄1200马克。他在离开天津登上国际列车前，曾把大石桥滑石矿工作的全部积蓄留给母亲。现已过去3年，他需要再次补寄，尽管1200马克只是杯水车薪，难以解决母亲的燃眉之急，但总会给母亲带去一些安慰，尽一份孝心，担一份责任。

魏寿昆把在伦敦游览休闲当作一顿文化美食来享受，来欣赏，来尽情陶醉，来乐天旷达。因此，他对伦敦的塔桥、国会山、白金汉宫、海德公园、大不列颠博物馆、牛津大学，以至繁华的商业区，都是兴趣盎然，尽览无遗，大饱眼福。游览伦敦后他赶到里兹，探访冯绍光。冯绍光正在里兹大学攻读纺织工程博士学位，3年来他已取得土木工程硕士学位。冯绍光的转行比魏寿昆顺畅得多，幸运得多。后来当魏寿昆读完色染博士再转行冶金时，在德国的公费留学时间及经费已剩余不多了。

魏寿昆乘船渡过英吉利海峡来到法国巴黎。在巴黎，法国人只讲法语。他带着一册德语的《旅法指南》游览巴黎虽颇多不便，但巴黎地铁四通八达，只要记住起始站到目的地站中间的站数，就不至于迷路而惘然。魏寿昆游兴很浓，他游览雄伟的凯旋门、高耸入云的艾菲尔铁塔、古老壮丽的卢浮宫、壮观严肃的拿破仑墓，以及蜡人馆。在拿破仑墓的小厅里，他意外地遇到同在参观的杜春宴、浦洁修伉俪。他们惊叹地对他说："你一个人走南闯北真是很有勇气!"魏寿昆笑道："手中拿着一本德文《旅法指南》可以游遍整个法兰西。"话毕，他们一起大笑起来。

回德途中，魏寿昆凝视着窗外匆匆闪过的幅幅景色，这使他清心净虑，抹去了当初的焦急和困惑。在他空灵的心里再一次思考那个实验不能重复的原因时，猛地，他的脑子里闪过一种出游前未曾有过的想法："我是否将N_2与CO_2的吸收顺序颠倒了?"他从理论上仔细考虑，越发觉得新的想法很有道理。

火车又在回德途中奔驶几天，终于到达德累斯顿。回到学校，他径直奔向实验室，把旅行包往空桌子上一放，穿起工作服，动手连接管路，做起实验来。如此反复地做了几次，测得的N_2含量数据次次重复，证明自己后来的实验思路是正确的。接着的一系列实验都很顺利，没有遇上难以克服的困难。全部博士课题研究工作按预设时间完成。

在德国，博士论文的写作要求很高，因为博士论文写作水平是一位青年学者学历、能力的综合表现。魏寿昆知道柯尼希教授是一位学风严谨、知识渊博的学者。因此，他写论文时，先列出写作提纲，再经反复修改直至无逻辑上纰缪时才开始书写行文；他对实验数据多次核对，对所得公式严格推导，对列出的图表力求清晰准确，更不允许写出中文式的德文。

参考文献中引用了一篇法文文献，当时魏寿昆请了一位懂法文的中国同学加以翻译，这位同学口译，由魏寿昆记录。这次写论文时，为了检查文献引用是否准确，他再次请这位同学重新口译一遍，读了译文后，才知道法文文献中早已提出先吸收 CO_2 而后吸收 N_2 的问题。魏寿昆说由于他的粗枝大叶竟然换来了 3 个月的折磨和烦恼。

他把博士论文送给柯尼希教授审阅和修改。柯尼希教授给这篇论文定名为“新生亚硝酸对羊毛作用的新贡献”。

1935 年 6 月 28 日色染及纺织化学研究所为魏寿昆举办博士学位论文口试答辩，他顺利通过。德累斯顿工业大学博士论文答辩的成绩分为 5 级：特优、极优、优、及格、不及格。魏寿昆的博士论文获得“极优”成绩。柯尼希教授对这位中国学生的才华和知识都十分满意，给予了很高的评价。

魏寿昆说：“这里（指攻读博士学位）我得到两条教训：一是多懂几国语言是有益的，如果我懂法语，我就不会有过去的挫折；二是对自己的科研能力，我增强了信心，因为旁人能解决的关键问题，我自己也能独立地自行解决。我的科研能力得到了验证。”

1936 年 9 月魏寿昆在为北洋大学的《北洋理工季刊》写的专文中说到：“来德垂将五年，扪心自问，实在没学到什么东西。我并非这五年之内荒废了时日，亦更不是自谦；我所讲没有学到什么东西，是因学问无穷而得到的只是沧海一粟，比较上而言。以前未到外国来，常常对留学一层，觉得莫大的神秘；以为留学归来，便什么都会，可称万能。现在想起来，才晓得当时未免太崇拜留学生了。其实留学生只是一可造之才并非万能。”“至研究一个科学上问题，写一篇论文，其目的亦不过藉以得到如何搜查材料，

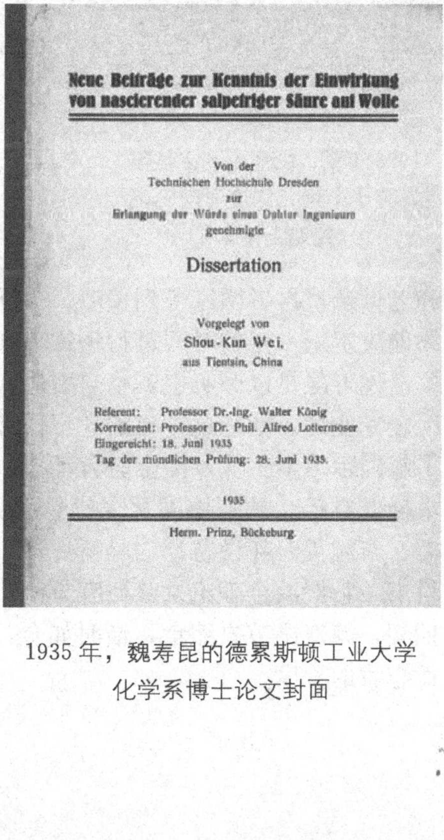

Neue Beiträge zur Kenntnis der Einwirkung von nascierender salpetriger Säure auf Wolle

Von der
Technischen Hochschule Dresden
zur
Erlangung der Würde eines Doktor Ingenieurs
genehmigte

Dissertation

Vorgelegt von
Shou-Kun Wei,
aus Tientsin, China

Referent: Professor Dr.-Ing. Walter König
Korreferent: Professor Dr. Phil. Alfred Lottermoser
Eingereicht: 18. Juni 1935
Tag der mündlichen Prüfung: 28. Juni 1935.

1935

Herm. Prinz, Bückeburg.

1935 年，魏寿昆的德累斯顿工业大学化学系博士论文封面

如何应用科学上研究方法之能力，这里更与人之智慧无关，博士的头衔，任何人都可得到，只不过时间上的问题而已。”

七、亚琛进修冶金学

亚琛（Anchen）曾被译为“阿亨”，位于北莱茵-威斯特法伦州，该州是德国人口最多的州，又是欧洲最大的人口稠密区及欧洲最大的工业区。亚琛与比利时、荷兰两国毗邻，法尔斯山横亘三国，公路发达，交通便利。著名的鲁尔工业区就在北莱茵-威斯特法伦州，因此位于三国交界边境城市中的亚琛工业大学成为举世闻名的矿冶高等学府。

1936年夏，由意大利上船经苏伊士运河，印度洋回国，轮船上留影

魏寿昆在德累斯顿工业大学获得色染化学博士学位，已完成天津市政府规定的留学任务，4 年公费期也已期满。是立刻回国还是另作安排？他必须要做出决断。他想，从时局来看，日本势力已侵入了华北并积极鼓吹所谓华北 5 省自治，国民党政府实行不抵抗政策，节节败退，平津失陷只是时间问题，想为天津纺织色染工业服务是完全不可能的了。所以他想来想去还是决定利用这个机会在德国再专攻钢铁冶金，这对国家和个人都是最有利的。但是否要读 2 年的钢铁冶金博士学位呢？他考虑再三，一是在德国已待了 4 年，很是想念祖国和老母亲；再者国家遭到侵略，为国分忧报国之志时刻牵动着他的心，最终他决定用一年的时间进行钢铁冶金博士后研究。

魏寿昆是以旁听生资格自费进入亚琛工业大学钢铁冶金研究所学一年冶金专业的。他把这一年的学习任务安排得很繁重，大致分为三项：一是了解国际冶金工业及冶金教育动态，为回国从事冶金实业或冶金教育工作掌握资料；二是到德国著名钢铁公司实习参观，学习德国冶金工业新工艺、新流程、新设备；三是听亚琛工业大学著名教授讲课，购买讲义和教科书，掌握冶金理论及其研究方法，以及实验设备。在亚琛工业大学学习期间，魏寿昆节衣缩食，惜时如金，对冶金知识几乎痴迷到夜以继日、乐而忘我的程度。

1935年暑假，魏寿昆离开德累斯顿，经亚琛工业大学介绍来到北莱茵-威斯特法伦州的埃森（Essen），它位于莱茵河工业区，著名的好望钢铁公司（Gutehoffnungshutte）就坐落在埃森城附近。在这里，他认真地进行了炼焦、烧结、高炉、托马斯转炉、电炉、铸锭、粗轧、型材、管材、板材、冷轧、材料检验及化学分析等车间和部门的全面实习。

期间，好望钢铁公司正在和中国政府商洽设计筹建国内中央钢铁厂问题，欢迎中国学生前往实习。1935年，南京国民政府国防设计委员会改组为资源委员会，决定利用中德贸易协定的外资，在湖南湘潭创办中央钢铁厂。严恩棫被邀参加筹备工作，并担任技术总负责。魏寿昆在好望钢铁公司实习时，中德两国政府已签订协议。1937年5月，严恩棫组织在德留学生及中央钢厂派往德国学习的人员，结合本专业在德国工厂实习，这些人当中有靳树梁（学习炼铁），王之玺、邵象华、刘钢、杨树棠、谭振雄（学习炼钢），李松堂、史通（学习轧钢）等。魏寿昆于1936年夏回国，没有遇上这个良好的学习机会。1937年抗日战争全面爆发，1938年抗日战争已到紧急关头，湘潭中央钢铁厂被迫停建。

在好望钢铁公司，魏寿昆爬到高炉炉顶观察加料情况。按炼铁厂操作制度规定，不戴防毒面具是不准上高炉顶的。魏寿昆没有戴防毒面具，当炉顶盖开启时，一股夹着灰尘的高温炉气猛地从炉内冲了出来，他被呛得几乎窒息。

魏寿昆在求学时代非常重视知行并重。德国留学的经历使他更加珍惜实验技术及工厂实习，努力把理论知识与生产知识结合起来。

从好望钢铁公司回到亚琛工业大学不久，学校便开学了。魏寿昆进入该校冶金系钢铁冶金研究所，以客籍旁听生（gasthorer）名义听课。亚琛工业大学曾有过5位中国留学生，其中一位学航空工程，其他4位读冶金工程。

魏寿昆说：“我的主要任务是搜集资料，参加专业实验及小科研课题，目的是研究德国冶金教育情况，了解国际冶金工业动态，学习冶金新工艺、新流程、新设备以及冶金理论研究方法及实验设备。”为此，他自选的课程有：钢铁研究所所长埃兰德（Eilender）讲授的“钢铁冶金”，乌利希（Ulich）教授讲授的“冶金过程物理化学”。他又购买了申克（Schenck）教授编著的《钢铁冶金物理化学导论》上下两册的最新版本。申克教授仅年长他7岁，当时已是国际著名的冶金物理化学学者。他想慕名拜访，但申克教授当时在克虏伯钢铁公司，两人未曾相会。

教授们渊博的知识、缜密的推导、生动的语言、丰富的生产知识、乃至整洁的版书和翩翩的风度都令他尊敬和难忘。他叹道：“真是名教授的气派。”

魏寿昆回忆说：“在德国留学共5年2个月，在3所工科大学学习，10个学期，接受研究生高等教育，受到严格的训练，学到丰富的科技知识和独立进行科研工作的能力，为我一生为祖国人民服务奠定基础。我亲聆教诲的教授虽已作古，但他们的姓名和容颜我记忆犹新。我怀念他们，感谢他们，向他们表示崇高的敬意！”

八、重访联邦德国

1979年魏寿昆曾两度访问联邦德国。第二次世界大战后德国分为德意志民主共和国（即民主德国）和德意志联邦共和国（即联邦德国）。1979年柏林墙尚未倒塌，德国仍处在分隔状态。柏林工科大学及德累斯顿工业大学处于民主德国境内，他未能实现重访的心愿。1979年春，魏寿昆参加冶金工业部联邦德国教育考察团，第一次访问联邦德国，成员由北京钢铁学院院长张文奇教授，党委副书记刘少华，副院长魏寿昆教授、柯俊教授及随行人员组成。第二次访问是当年11月魏寿昆应邀参加联邦德国钢铁协会年会，这两次访问了亚琛、杜塞尔多夫、波恩、斯图加特和哥廷根等城市。

当魏寿昆一行访问亚琛工业大学时，这位当年的旁听生已是古稀老人，44年后重新回到母校他显得颇为激动。校园依旧那么宁静美丽，校舍较当年扩大许多，添建了规模宏大、设备先进的医学院，冶金系增设了多个现代冶金专业研究所。亚琛工业大学的规模与学校建设已非昔日可比。

1979年，随冶金工业部赴联邦德国教育考察团在亚琛城内参观游览。右一为魏寿昆

当魏寿昆听到当年授课的教授都已作古，尤其是听到埃林德教授和乌利希教授去世已久时，他黯然神伤，脑海中顿时浮现出他们的音容笑貌；而当他知道申克教授仍健在时，又兴奋不已。申克教授已79岁高龄。这位国际著名的冶金物理化学家曾令魏寿昆仰慕多年，在亚琛留学时他们未曾谋面，这次相会令他格外激动，中德两位冶金物理化学领域的一代名师相见时紧紧拥抱，有一种相见恨晚的知音之情。

魏寿昆在亚琛工业大学查阅到了他在德累斯顿工业大学的博士论文。他说："德国大学规定，凡博士答辩通过的博士论文必须印订成册，送交德国所有大学及欧洲各大城市的图书馆。我的论文在战火中未曾焚毁，得以保存。"

冶金部联邦德国教育考察团在亚琛访问期间，北京钢铁学院主管教学的副院长柯俊教授与亚琛工业大学达赫（W. Daht）教授、勒克（K. Lucke）教授共同签订了中德两所大学校际合作协议。此前，1978年9月11日，联邦德国钢铁代表团到北京钢铁学院访问期间，已就北京钢铁学院同阿亨（亚琛）工业大学建立校际关系的问题取得了一致意见。

协定签订的当年北京钢铁学院即派出访问学者6人入亚琛工业大学进修；其后逐步发展为由德国北莱茵河—威斯特法伦州政府出资、两国联合培养博士，该项目至今仍在继续。

1979年，冶金部赴联邦德国教育考察团在斯图加特留影。
前排左一为张文奇，左二为刘少华，右二为魏寿昆，后排右一为柯俊

参考文献

《师者如兰》编委会．2006. 师者如兰．北京：冶金工业出版社．95

魏寿昆．1936. 谈德国之大学教育．北洋理工季刊，4（3）：1～8

魏寿昆．2000. 追忆30年代留德生活．见：季羡林等．旅德追忆．北京：商务印书馆．69～84

魏寿昆．2003. 读书与任教期间几个片断的回忆．见：汤佩松等．资深院士回忆录．第1卷．上海：上海科技教育出版社．255～287

魏寿昆．2005. 奋斗人生．个人资料

魏寿昆．2005. 机遇与前半生的回忆．见：中国科学院院士工作局．科学的道路（下）．上海：上海教育出版社．1883～1889

吴岱明．1987. 科学研究方法学．长沙：湖南人民出版社．621

吴石忠．1992. 以身许国的王淦昌．见：陈浩元．科学家的爱国情怀．北京：北京师范大学出版社．179～198

中国科学技术协会．1995. 中国科学技术专家传略·工程技术篇·冶金卷1. 北京：中国科学技术出版社．247，231，185，23

第二篇

漂泊西疆栽桃李(1936~1946)

1936年7月，魏寿昆回到天津，受聘为北洋工学院冶金系教授，次年完婚。『七七事变』的炮火迫使他随北洋工学院踏上西迁之路，开始长达8年的漂泊生活。他在西安临时大学、西北联合大学、西北工学院、西康技艺专科学校、贵州农工学院、重庆大学留下过足迹，播下过科学种子，也曾在重庆矿冶研究所研制抗日前线急需的材料。他无怨无悔，因为他把知识贡献给了渴望读书的流亡青年，贡献给这场保卫国家的战争。

（摄于 1936 年）

第三章　西迁流离，寻觅家园

一、重返北洋

5年留德生涯结束后，魏寿昆离开亚琛，乘火车来到柏林办理回国手续。1936年7月1日这一天，柏林的大街小巷旌旗高悬，人流涌动，整个城市都沉浸在喜悦之中。他从悬挂的旗帜辨认出原来柏林夏季奥运会今晚开幕。他已安排了回国日程，无暇观看奥运会。

办毕回国手续，魏寿昆按照预定的行程，从柏林乘火车到德国东南部的慕尼黑参观德国科学博物馆，而后经瑞士的伯尼尔、日内瓦进入意大利的米兰，再过水城威尼斯到罗马，游览天主教圣地梵蒂冈，最后来到第勒尼安海海滨城市那不勒斯。

那不勒斯附近有一座海拔1277米的活火山，名叫维苏威火山。魏寿昆准备从那不勒斯港坐轮船回国。他利用等待起航的闲暇，参观了活火山及被火山掩埋的庞培古城。他参观时，维苏威火山正在喷发，岩浆似一条火龙，奔流直下山坡，热浪扑面，烟尘弥漫，景观十分壮丽；被熔岩浸没冷却后的地面又热又软，仿佛行走在刚刚铺好的柏油路上。

1936年，自德国经意大利回国途中在维苏威火山附近

魏寿昆从那不勒斯港登船，经地中海，由苏伊士运河进入印度洋，再渡南海，在上海港码头登岸，乘京沪铁路列车，于9月初回到天津。历时60余天，他终于回到了阔别五载的祖国。

他走下火车急急跑到在月台上等候多时的母亲身边，老母亲紧紧地握着他的双手，久久地注视着他的脸，嘴里不停地问长问短。五年想念之情、牵挂之苦所凝成的千言万语，仿佛都想在这久别重逢的短暂时刻倾露出来。常言道“儿行千里母担忧”，何况儿子久住异国他乡？

回国前两年，即他在德累斯顿工业大学完成博士论文的最后一年，北洋工学院邀他毕业后回母校任教。北洋大学校名前后曾发生过多次变更。自民国17年（1928年）大学区制试行，北洋大学更名为国立北平大学第二工学院。次年（1929年）大学区制停止试行，又改称国立北洋工学院。此后北洋工学院校名一直沿袭至抗日战争胜利。其后复校时，增添了理学院，因此恢复北洋大学校名。

魏寿昆应聘回北洋工学院任教时，院长是李书田教授。

李书田是位“老北洋”，对北洋大学昔日的辉煌深深眷恋。他担任院长期间，北洋工学院有较大发展。

魏寿昆休息数日即到北洋工学院任职，任化学及冶金系教授。矿冶系主任是李公达教授。他与李公达教授之前并不相识。

1934年12月5日，南京国民政府教育部批准北洋工学院组设工科研究所。

工科研究所矿冶工程部研究生学科分为三类：甲、采矿工程类。乙、冶金工程类。丙、应用地质学类。工科研究所由李书田院长兼任主任。1935年夏开始招收研究生，共三名。

李公达主讲矿冶系高年级冶金课程。魏寿昆负责培养三名第一届招收的研究生，他讲授“耐火材料”和“电冶金”两门课。

第一届三名研究生是：采矿工程学研究生常锡纯，原是北洋工学院矿冶工程系毕业；冶金工程学研究生谢家兰，原为上海私立大同大学化学系毕业；冶金工程学研究生丁陈威，原为上海暨南大学化学系毕业。

1937年6月7日工科研究所特设研究生毕业初试口试及论文口试委员会，校内委员有李书田、李公达、魏寿昆、罗为垣、古威廉，校外委员为唐山工程学院教授王钧豪、开滦矿局煤矿总技师孙昌克，由李书田任委员长。

1937年的天津西沽国立北洋工学院大门

谢家兰硕士毕业后留在北洋工学院任教，新中国成立后随魏寿昆来到新组建的北京钢铁工业学院（1960年改名为北京钢铁学院）担任炼钢教研室主任。

1937年“七七事变”后李公达离开北洋工学院，受聘于南京国民政府资源委员会，任矿冶专门委员，参加筹建中央钢铁

1937 年夏，与夫人杨英梅摄于天津西沽北洋大学旁北运河堤上

厂。新中国成立后他对推动我国炼钢技术发展做出了重要贡献。1957 年后，李公达任职于冶金工业部及钢铁研究院，从事技术管理工作，魏寿昆和李公达在新中国成立后重续旧谊，相处笃诚，同为新中国冶金事业做出重要贡献。

1937 年 1 月 2 日，魏寿昆和杨英梅结为伉俪，时年魏寿昆 30 岁，杨英梅 24 岁。魏寿昆回国时，杨英梅正在河北女子师范学院音乐系三年级读书，两人约定等到杨英梅完成大学学业取得学士学位后再行完婚。始料不及的是，他们婚后仅仅过了半年的幸福生活，“七七事变”就将这对新婚燕尔的青年夫妻推上了苦难的西迁之路。从此杨英梅始终相伴在魏寿昆身旁，同舟共济、苦乐同享，一起度过八年抗战的磨难。

二、西安临时大学

1937 年 7 月 7 日，日本帝国主义发动了“七七事变”，蓄谋已久的狼子野心终于暴露无遗，中华民族再一次陷入了民族存亡的生死关头。中国人民对日全面抗战从此开始。

7 月 27 日，日寇向北平南苑、西苑及永定河一带发起进攻，同时另一路日军大举攻击天津。29 日北平失守，30 日天津弃守。北洋工学院地处西沽，为日军进入天津的必经之路。李书田未雨绸缪，在“七七事变”前一年冬天曾经向河北省政府建议，将北洋工学院大部分珍贵图书、杂志和重要的教学科研设备及地质标本、化石、化学药品、实验仪器等装箱运到安全地区保存；他又亲赴南京商讨应急办法，拟在西安建立北洋工学院分院，陕西省主席邵力子已拨地 130 亩作校址，待抗日战争胜利后，北洋工学院返回天津能很快恢复旧貌。然而河北省政府官员忙于自身寻求逃路，把李书田的建议搁置不理，南京国民政府又未作肯定答复从而延误了搬迁的时机，造成学校重要物品的严重损失。

9 月 10 日，教育部发布第 16696 号令：以北京大学、清华大学、南开大学和中央研究院的师资设备为基干，成立长沙临时大学。以北平大学、北平师范大学、北洋工学院和北平研究院等院校为基干，设立西安临时大学。

9 月间，北洋工学院收到教育部训令后，立即组织学校西迁工作。此间正逢暑假期末，非津籍学生大多正在返校途中，战争一起，交通阻塞，难民流徙，学校很难有组织地集体西迁，各地度假学生只能自行想办法，或水路或陆路或步行，昼行夜宿，一路漂泊来到西安；到西安时，许多学生已是面显饥色，身无分文，宛若旧时贫困潦倒的落难秀才，实在是苦不堪言。

李书田院长领着秘书、会计和总务等少数职工匆忙离津先行赴陕，筹办接待事务，安排西迁大批人员的食宿及教学场所。

魏寿昆与部分教职员是首批起程的。他们设法通过日租界，经百般的刁难盘查进入法租界，然后分乘英国客轮、货轮离开天津，经大沽口入渤海，抵达山东的龙口或青岛，再转胶济铁路乘火车到济南，又换乘津浦铁路至徐州，最后转坐陇海铁路乘火车到达西安。魏夫人杨英梅和第三批师生同行。

北平师范大学、北平大学等师生同时由北平或全国各地抵达西安。

按照教育部的聘函，西安临时大学筹委会成员由李蒸（北平师范大学校长）、徐诵明（北平大学校长）、李书田（北洋工学院院长）、臧启芳（西安东北大学校长）、陈剑翛（教育部特派员）、周佰敏（陕西省教育厅长）、辛树帜（西北农学院院长）和秘书童冠贤组成。

1937 年 10 月 17 日，在西安南秦岭的南五台山顶与西安临时大学老师们的合影。第二排右一为魏寿昆

据1938年2月10日统计，西安临时大学全校学生人数共计1472人，其中，文理学院439人，法商学院279人，教育学院149人，农学院133人，工学院386人，医学院86人。同时平津一带原三校及其他高校的知名学者、教授、专家云集在西安临时大学，如黎锦熙、罗根泽、曹靖华、许寿裳、李季谷、许重远、郁士元、董守义、鲁士英、潘永孝、曾炯、张世勋、杨永芳等文理科学者；李书田、赖琏、潘承孝、张伯声、刘锡瑛、张清涟、张国藩、罗章龙、金宝祯、刘德润、周宗莲、张汉文、魏寿昆等工科学者。

西安临时大学虽然仓促组成了，但在西安却找不到一处可以容纳这么多师生的地方，学校只好分三处安置：城隍庙后街公字4号、东北大学内的部分校舍和通济坊洋房。在城隍庙后街公字4号警备司令部旧址成立学校总办公处和第一院（国文、外语、历史、家政四系）及第一、第三两院的学生宿舍；东北大学一部分新建的校舍成立第二院（工学院及数学、物理、化学、体育四系）；另租用通济坊洋房成立第三院（法、商、农、医各学院及教育、地理、生物三系）。

魏寿昆所属北洋工学院被划分在第二院，他与其他教师租住当地民房。

西安临时大学开学不久，晋南战事吃紧，敌机不断飞抵西安西门机场轰炸，师生无法安心上课。1938年2月，风陵渡失守，潼关告急，西安百姓难安。敌机每日飞来骚乱，有时一天竟达三次。在恐怖的警报声中，师生已无法安心上课。为了师生安全，2月底学校宣布放假。校务委员会接到国民政府教育部命令，命令西安临时大学南迁汉中。学校立即制定《国立西安临时大学全体学生由西安至汉中行车办法》。

三、南迁路上的惊险

西安临时大学从1937年11月18日开学到1938年2月底，共上课13周，为期不到3个月，喘息未定，求学刚始，便又踏上艰辛的流亡之路。师生各自准备徒步行军必备的行装，如背包、油布、草鞋等，以及生活用品，如水壶、食品等。

1938年3月16日南迁队伍按原属学校集结，分批由西安乘火车到达宝鸡，而后沿川陕公路分队行军，仪器、图书、行李、餐具等重物则雇用马车和车夫驮运。教师、职工、家属乘无棚卡车行进。

魏寿昆当时任西安临时大学冶金教授。南迁前，李书田派他和采矿教授雷祚雯、地质教授张伯声三人率领矿冶系三年级、四年级学生 30 余人前往位于陕南的安康。这次安康之行肩负两项任务：一是学校应陕西省建设厅的邀请，调查安康地区汉水流域砂金资源储量、分布和采掘情况；二是了解安康及其他附近地区的城市环境和条件，为新校址选择提供翔实的资料。南下调查前，李书田已委任他为西安临时大学矿冶系主任，因此这次考察工作由他主持。

安康与汉中同属陕南地区。汉中位于陕南西部与川、甘两省毗邻，安康位于陕南东部，与川、鄂相界。魏寿昆一行从西安坐火车到宝鸡，再沿川陕公路越过秦岭、凤岭抵南郑，由南郑东行到达目的地汉中。宝鸡至汉中 250 公里路程，汽车日出而行，日落而宿，平路快驶，山路慢行，全程行路只用了两天时间。一路上虽然曲折连绵，疲劳困顿，魏寿昆一行倒也没有遇到什么麻烦的事。

杨英梅和张伯声教授的老母留在汉中。魏寿昆率调查队次日凌晨再乘车继续奔向安康。汉中与安康相距 300 公里，道路平坦，汽车行进只用了不到两天时间。

砂金出产在河流地带。安康地区位于汉水流域，另一条洵河与其相接。魏寿昆一行步行调查了汉水流域主要产金地域，如安康、洵阳、紫阳、汉阴、石泉 5 县。他们沿河实地考察，走访农户，参观访问当地自办的淘金作业，同时借此对学生进行实地教学。经过约 3 个月的地质勘察、取样分析及理论估算，形成初步结果：汉水流域 5 县地区砂中含金量普遍不高，在目前条件下尚不存在工业开采价值；个别地区是否存在富矿尚有待今后进一步实地勘察再作结论。

这时，魏寿昆接到校部通知，令他们立即返回汉中城固。一行人自安康乘木船经汉水逆流而上，过紫阳到达石泉，再换长途汽车回到城固。

与调查队一路平安的情况相反，南迁师生队伍却遇到惊险的场景。

北京师范大学数学系赵慈庚教授在 1993 年所写的《西安临大南迁琐记》中详细描述了他的亲身感受。现摘录如下：

> 旅途上的安排，要费一点思考。学生全体都要步行，主要领导人也要步行，这不成问题。教职员年老体弱的，中年携幼奉亲的，当然人家乘汽车南下，这样走的教职员也不少。说到这里有一插曲要叙述一下。有二三十家有老人的包了四辆汽车，在大队出发前登路，车到留坝时，前面枪响三声，汽车停下，一伙强盗上车抢劫。他们堵住车门，一个个地搜身。有一位小姐戴着象牙戒指，强盗逼她摘下来，象牙环不能拆解，越急越摘不下。强盗

拿着刺刀，要砍这只手指。小姐忙说：“别砍，别砍，我有手表摘给你。”强盗一听，即刻宣布：“你们这些人都有手表，都摘下来给我们。”还有一位老太太，坐在车最后边，别人都被搜身下车了，她却稳坐不动，强盗硬拉他起来，发现她身下有个手绢包，包着一大把金条。强盗们抢劫后还要枪毙汽车司机，他说：“我们响第一枪，就该停车，你为何不停车?”群教授为之求情，才得开车。这件事轰动了陕西省，不久留坝县长被撤换了。

当时陕西治安情况确实不好，南迁师生在路上要考虑安全问题。步行师生分四个大队，每队有安全员四人，荷枪实弹走在队前，执其事者多为体育系学生。山里也有猛兽，这都归安全员防卫。

魏寿昆也讲过一个从同事处听来的“女教授救同仁”的故事。

一支南迁的队伍过了凤岭，前面有一条崎岖的古道，古道两旁分别有一片浓密的树林，常常看到松鼠之类的小动物出没，不时地把卡车上的教职工吓得惊叫起来。汽车在阴森的树林中的小道上缓慢前行，当将要穿过这片树林时，突然从树林中窜出几个土匪拦住了车头，司机只好停车。正当大家惊慌失措时，有位女教授大喊道：“我把金手镯给你们，赶紧让开路!”话音刚落，这位女教授甩出金镯，土匪忙着用手去接，让开了道。卡车猛地冲了过去，快速行驶，土匪干瞪着眼，骂骂咧咧地看着车子远去。事后“女教授甩金镯救同仁”一时传为佳话，这位女教授因为临危不惧、侠肝义胆的行为，成为大家敬佩的女英雄。

西安临时大学师生步行500余里，翻山越岭到达褒城。国民政府教育部得知西安临大自行迁校消息后，决定不许西安临大师生入川，便即刻向留坝县政府以训令发出电报：“停止南进，留在汉中”，要求留坝县长在西安临大校领导到达时立即转交。师生只好奉令停留在褒城待命。

1938年4月3日教育部训令称：西安临时大学更名为国立西北联合大学，下设工科、医科、法科和师范4科。校址设在城固县古路坝。北平大学医学院在汉中城东20里的马家庙找到校舍。其他合并学校在城固县寻址。

四、西北联合大学

陕南汉中市位于汉中盆地中部，汉水北岸。汉水是长江最大的支流，物产丰富，商贸繁荣。刘邦在汉中兴霸业。诸葛亮称汉中是“栈阁北来连陇蜀，汉川东处控荆吴”的要津，勉县附近的定军山为诸葛亮“死而后已”的归宿。“丝绸之路”开拓者张骞、造纸术发明家蔡伦都曾受汉中山水的养育。汉中天地造化出古代伟人，又在哺育着中国近现代科技英才。

西北联合大学法商学院校址设在城固县小西关的职业学校，文理学院设在贡院及文庙，工学院与附中尚无地址。据本地人说，古路坝最好的房子是古路坝山上的天主教堂。

古路坝天主教堂坐落在绿荫之中，红十字标志高耸楼顶。古路坝天主教堂始建于1888年，当时一位意大利天主教传教士来到这里，见此处风景秀美，清新宜人，站在草地上环视巴山山峦都朝向这里，暗合天主教“万物皆为神所创造，都应朝向神”之意，故决定在此建立教堂传教。古路坝天主教堂为西北五省中最大的天主教堂——圣保罗及圣伯多罗天主教堂。整个建筑群共有房屋505间，经20年续建，至民国初年才完全建成。

古路坝坐落在山内，离县城（城固县）40里，曾建多处寺庙，乱世时盗贼据寺为寨，下山抢夺杀人。清光绪年间，官兵多次入山，驱盗灭寺，而地方上始终不安靖。庚子之役后，汉中被划为意大利天主教传教区，古路坝便建造了一个很宏伟的教堂。在一个面积约1平方公里的小山岗上，几乎盖满了楼房。抗日战争时期，意大利传教士因是敌国人员而被限制活动，不许走出住处，许多楼房都被腾出来了。西北联合大学听说后，就派李湘宸先生带领几个人前去勘察，由本地人带路。当他们看过房子在饭摊上吃饭时，引路人就指给湘宸先生说：“你看，那就是一个（强盗）!”回到城里，多数人都不敢说可以去借住，唯有李书田说：“我去。”所以工学院系统就决定去古路坝了。

西北联合大学本部设在城固县内贡院（亦称考试院）和文庙。魏寿昆和机械系李海文教授携眷属住在汉水北岸河坎北，距上课教室约一公里。工学院部分学生在古路坝天主教堂上课，教堂外修盖的多间简易平房及教堂中的统仓房均用做学生宿舍。

西北联合大学在汉中城固上课维持到1938年7月底，教育部再一次命令将西北联合大学改组分别成立西北大学、西北工学院、西北师范大学及西北医学院等校。从此西北联合大学被解散，而西南联合大学一直在昆明维持到1945年抗日战争胜利。两校的经历何等不同!

五、汉中岁月

1938年7月27日，国民政府教育部部长陈立夫发出训令，命西北联合大学工学院（原北洋工学院、北平大学工学院）与东北大学工学院、私立焦作工学院三校工学院合并组成西北工学院。8 月 10 日由四院院长即原北洋工学院院长李书田、北平大学工学院院长张贻惠、东北大学工学院院长王茂春、焦作工学院院长张清涟及胡庶华组成西北工学院筹备委员会，主任为李书田。筹备工作实际上都由李书田一人主持。

在四川三台的东北工学院、甘肃天水的焦作工学院相继搬迁到城固县古路坝，东北工学院和焦作工学院原有的图书和仪器、标本构成西北工学院的物质基础。

西北工学院设土木（北洋工学院、东北大学工学院、焦作工学院的土木系）、矿冶（北洋工学院、焦作工学院的矿冶系）、电机（北洋工学院、北平大学工学院、东北大学工学院的电机系）、化工（北平大学工学院的化工系）、纺织（北平大学工学院的纺织系），水利（北洋工学院的水利系）及航空（北洋的航空系）和机械，共 8 个系。

李书田任西北工学院院长，潘承孝任机械系主任，刘锡瑛任电机系主任，罗明燏任航空系主任，刘德润任水利系主任，张汉文任纺织系主任，金宝祯任土木系主任，任殿元任矿冶系主任，萧连波任化工系主任，张清涟任总务长，工科研究所主任由刘锡瑛兼任，矿冶研究所主任始由雷祚雯兼任后由魏寿昆继任。

1938 年 10 月西北工学院开始在重庆、成都、西安等地招生，11 月 12 日举行了开学典礼，宣告西北工学院成立。

1939 年，在陕西城固县高家村魏寿昆与夫人杨英梅及他们的长女文莹

魏寿昆和其他教授的住家都迁至古路坝左家湾，距上课教室需行一公里路程。1939 年 1 月 14 日魏夫人杨英梅生下长女文莹。

学生宿舍内请木匠打造的一排双层床，上下各睡 20 人，床上铺垫稻草，汉中地区多产稻米，稻草便宜易得。食堂用餐缺少桌凳，多数人吃饭时捧着饭碗蹲着吃。冬天缺少棉衣裤，有些贫困学生忍寒受冻，甚至穿着草鞋来往于教室与宿舍之间的山路上。汉中地区被称为陕南“粮仓”，雨水丰沛，冬天常有寒潮侵袭，学生们的艰苦生活可见一斑。学生的生活经费全部依靠政府发给的微薄“贷金”维持，抗日战争非常时期有书可读已是大幸，因此他们没有其他奢望。

学生都很珍惜时光，非常渴望学到知识，在面积不大的图书室里总是座无虚席，甚至有人站着读书。夜晚，图书室挂着汽灯，自习的学生更加惜时如金，直到工友把汽灯熄灭才不舍地离开。大多学生在宿舍里借着昏暗的油灯复习功课。从室外望去，古路坝山中的夜晚处处灯光闪烁，似点点星光，遂形成“古路灯火”一景。这一景观已载入西北工学院的史册，激励后继学子薪火相传，“古路灯火”的精神永续不断。

由四校合并组成的西北工学院，建校初期由于每个学校历史渊源的不同、校风的迥异、教授学识水平的区别，需要一段时间相互适应、取长补短、统筹协商、共图发展，才能经磨合后形成西北工学院独自的办学风格，培养出特色人才。

西北工学院开学初期，教学秩序井然。由于合并后的四校治学标准不尽然相同，师资水平强弱不等，因此原北洋工学院学生有一种莫名的优越和骄傲，校内开始流传着一些不利于四校团结的话。例如，传说焦作工学院的教师有抽大烟的，有加入青红帮的，东北工学院教师年轻没有教学经验，北洋工学院教师水平高、学生素质高，等等。焦作工学院和东北工学院师生听了传言很是气愤，直把矛头指向北洋工学院学生，而平大工学院师生也对北洋工学院学生自高自大的言行很是反感，就这样逐渐形成三校师生与北洋工学院对立的局面，破坏了当初的团结。

李书田院长办事雷厉风行，但讲话中多次不自觉地流露出看不起焦作工学院、东北大学工学院的师生，更加剧了学生间的对立情绪，使矛盾激化。终于在 1939 年 2 月发生了学生之间的冲突。

机械系主任潘承孝教授回忆道：“发生冲突时，李书田不在学校。我听说后与周泽书（我与他都是西工教务委员会委员）商量后，急忙去现场劝阻冲突。我去平大学生一边，周去北洋工学院学生一边，劝他们回宿舍去。正在劝导的时候，东北大学工学院学生结队进入现场，一时间砖石齐飞。北洋工学院学生人数少力量弱，见势不利急忙退出，避免了一场械斗。”

住在左家湾的魏寿昆和其他教授闻讯后急忙赶到学校，这场冲突已经平息。魏寿昆与北洋背景的教授来到北洋工学院学生宿舍，做他们的思想工作。

李书田回校后知道冲突的事大怒，当晚将全部北洋工学院学生迁到左家湾居住，自己也迁到左家湾办公，并下令全院停课，开除 3 名学生代表。李书田的独断专行将已平息的风波重新激起，形成更大的风潮。

原北洋工学院教授们心中十分着急，由老教授刘锡英和潘承孝出面劝说李书田，但他坚持开除学生代表，学生则不同意，就这样僵持了两个月，西北工学院成立短短三个月后便被迫停课。

1939 年 3 月，李书田率领北洋工学院师生南下，放言要在四川成立新校。南下到四川广元，被教育部阻止，在接受北洋学生的条件后，学生返回城固复课。

魏寿昆说："李书田办事认真，但急于求成，希望早日树立良好的学风，统一治学标准。但忽略学生流离失所的复杂情绪，缺乏耐心有力的思想疏导工作，致使原北洋学生和他方学生间思想鸿沟加深。"

北洋工学院学生提出的条件是：①不回古路坝，在城固另地上课；②毕业时西北工学院毕业证书加盖北洋工学院校章。

北洋工学院学生回城固后在城西七星寺（一年级新生）及龙头寺（高年级学生）上课。

魏寿昆家由左家湾迁居七星寺和龙头寺之间的高家村。

在西北工学院任教不到一年的时间里魏寿昆讲授"钢铁冶金"、"普通金属冶金"、"冶炼厂设计"、"选矿学"、"金相学与热处理"和"工业分析"等 6 门课程，包揽了冶金专业大部分课程。魏寿昆学问之广博、教学之敬业、工作之辛苦，受到李书田及北洋老教授的赞扬。他出众的才华刚刚显露出来。

第四章　康黔办学，尽己责任

一、国立西康技艺专科学校

1939年8月，重庆国民政府教育部委派李书田在西康省西昌筹建国立西康技艺专科学校（西昌农业高等专科学校前身），8月1日经教育部批准，李书田被任命为该校校长。魏寿昆结束了在城固为北洋学生的补课后遂与部分南下教师随李书田赴西康省任教，再一次踏上更加艰难的旅程。

西康省（现划归四川省凉山彝族自治州和西藏自治区）当时分为3个区属部分：康属，首属康定；雅属，首属雅安；宁属，首属西昌。西昌位于康南，安宁河中游，南临旅游胜地邛海。校址设在西昌城东南15公里的泸山东麓，面对邛池。刘公祠、光福寿、文武宫、三教庵等7座寺庙作为校舍。

国立西康技艺专科学校设土木、矿冶、化工、机电、农林及畜牧等科目，招收高中毕业生，学制3年，又招初中毕业生，学制5年。

李书田校长聘周宗莲任教务长兼任土木科主任，魏寿昆任矿冶科及化工科主任，后由刘之祥继任矿冶科主任，李书田校长兼机电科主任后由羡季剡继任，原重庆中央大学冯肇传教授兼主办农科（农、林、畜、牧），以及聘请西北工学院教师及行政人员10余人。国立西康技艺专科学校早已派人在重庆购置图书、仪器、设备。聘用人员及其家属在成都集中结队出发。

离开陕南汉中，魏寿昆一行乘汽车沿陕川公路入川，经广元至剑阁，汽车遂行驶在崇山峻岭之中，古谓“剑门蜀道”。李白在《蜀道难》中有“噫吁嚱，危乎高哉！蜀道之难，难于上青天！”“剑阁峥嵘而崔嵬，一夫当关，万夫莫开”的脍炙人口、千古流传的名句。

剑阁，又名剑门关，在四川省剑阁县北7里，是大剑山和小剑山中间的一座雄关，气势磅礴，巍峨峥嵘。

唐玄宗在安史之乱时，逃到普安（即剑阁），眺望剑门关雄伟险要，吟了一首题为《幸蜀西至剑门》的诗，称：“剑阁横云峻，銮舆出狩回。翠屏千仞合，丹嶂五丁开。”叹剑阁高至横过云层，翠苍千仞的大小剑山似两扇屏障，雄关漫道，天梯石栈，勾接危峦，勇夫难攀。

出剑门关向西路程不远到达梓潼县，离梓潼县遂入一马平川的成都平原，汽车行驶加快，过都江堰，直达成都市区，魏寿昆等找到西康技艺专科学校接待处，受到学校接待人员的热情款待。

魏寿昆谋事精细周详。他根据《矿冶》杂志登载的作者王恒源发表的《西康矿产调查行政纪要》一文提供的数据，估算路途的困难。他与同行的郃光谋等在成都稍作休息，购置生活用品，等待各处赴西昌人员的到来。

由成都起程可乘汽车直达雅安，路上颠簸却没有高山阻隔、江川拦挡；再从雅安至西昌，约450公里，途中进入横断山脉，须翻过大相岭，渡过大渡河，再越小相岭，路途凶险难料，因而他们做了充分的准备。

行军路线及里程如下①：

雅安（650米）—(?)→荥经（720米）—(20公里)→大相岭北麓（1160米）—(30公里)→大相岭顶峰（2830米）—(7.5公里)→

汉源（?）—(?)→富林镇（1000米）—(2公里)→大渡河（790米）—(10公里)→晒经关（?）—(?)→越西（1750米）—(35公里)→

小相岭顶峰（3030米）—(?)→冕山（1650米）—(?)→泸沽（1550米）—(?)→安宁河平原（?）—(?)→礼州（?）—(?)→西昌（1450米）

从雅安至西昌是一条充满凶险的路程，自古至今敢走这条路的大多是行商的马帮及当地居民。历史记载，古来文人骚客听说西昌邛池的掩蓝、泸峰的耸秀、神秘的民族风俗，曾想前去览胜赏景，都因为路途十分险恶，不敢冒生命危险而放弃。只有徐霞客及司马相如、司马长子等几个奇人敢以生命为赌注闯这样的风险。

魏寿昆携带着怀孕的妻子和年仅9个月的女儿随队伍乘滑竿上路，图书设备及大件行李则雇佣马队驮运。出雅安城便进入高山峻岭，虽然滑竿颠簸辛苦，还是平安的。当进入海拔2830米的大相岭时，前面有一条陡峭的山坡。西康技艺专科学校接待人员告诉他，爬过800米高、7.5公里长的陡坡才到大相岭顶峰。魏寿昆望着高耸入云的山顶、狭窄且陡滑的山路，心中闪过一丝寒意。为了保证妻子和女儿的安全，他断然决定将随身

① 注：其中（ ）表示海拔高度，—( )→表示路程距离

携带的小件行李和用品放在自己乘的那架滑竿上，妻子和女儿乘另一架滑竿，他自己步行登山。他气喘吁吁地跟在妻子那架滑竿后面，高声叮咛滑竿夫千万注意安全。到达峰顶后，他那颗悬着的心才落了下来，长长地嘘了一口气。他们在山顶稍作休息。

魏寿昆说，由北麓登上小相岭顶峰，自己好像误入了天界：起初，山下阴云密布，到山中又见轻雾弥漫，不时还落下小雨；爬到山顶时却是蓝天一片，万里晴空，微风徐徐，夹着山中特有的清香；再从山顶眺望，穿过飞动着的云海，隐隐中可望见汉源城，它是这段行程的目的地。

下山路上他们没有遇到困难。天色已晚，他们投宿在一家简陋的旅店。

次日清晨他们草草地用过早餐，重新上路，经富林镇，再行 2 公里到达大渡河。大渡河上有一架铁索桥，急流怒涛，滚滚而下，桥面铺着木板。魏寿昆和妻子分坐两架滑竿。妻子杨英梅望着急流上的铁索桥，心里有些害怕。魏寿昆安慰说，过桥时闭上眼睛就不怕了。当滑竿夫走上桥面时，桥身颤动起来。滑竿夫们果真个个技艺娴熟，行走在桥上如履平地，敏捷而平稳。越过大渡河后上坡行约 10 公里，到达晒经关。名为晒经关，实际上是一个平坦的小山顶。魏寿昆与郃光谋、陆宗贤谈论晒经关的事，这一小山顶上既不可能是古代的关隘又寻不到任何遗迹，为什么称晒经关？滑竿夫说，相传唐僧西域取经路上经卷被水淋湿，路过这里晒经。他们听后相视而笑说：“有趣！有趣！”

这是一个神奇的传说，传说往往能使一棵树、一座山、一块石头，幻化成一个个令人神往的故事。

离晒经关后再走两天到达越西（海拔 1750 米），之后的路途虽然艰苦，却没有凶险，经过两处土匪出没的地区也都平安无事。从雅安至西昌共用了 12 天。魏寿昆一家到达西康技艺专科学校时身怀有孕的妻子和 9 个月大的长女已筋疲力尽，安排住房后简单梳洗、用膳、收拾房子便倒头入睡。魏寿昆与李书田等在暗淡的灯光下商谈开学的事。

曾有过“新徐霞客”之誉的现代旅行家朱偰 1941 年 7 月曾由乐西（乐山至西昌）公路抵达西昌，他在《邛都胜览》名篇中曾写道：“徐霞客千古奇人，逍遥室外，所以他的漫游，是出世的漫游。我们世界的人，总还不免有自己所认清的责任，自己所认定的使命，霞客是不可企及的。我们不能忘情的，还是民族与社会，我们还愿意尽自己一点力量，造福于民族，造福于社会。”

魏寿昆等人穿剑阁、越大小相岭、过大渡河，行千余里，历经千难万险，不是出世的漫游，观览泸峰俊秀、邛池胜景，作为一介书生，他们认清自己的使命，用自己的知识，在水深火热的抗日战争时期，为西南边远地区教育尽自己的一点力量，造福于民族和社会。

西昌城很小，繁华地区在城南，有两条新式马路，城北荒凉寥落，西门只有一条街，道路两旁星星点点地有些商人摆着摊叫卖日常用品，品种也很少。

国立西康技艺专科学校本部设在滨临邛海的泸山脚下的光福寺，距西昌城7公里。魏寿昆、陆宗贤等教授住在城内南城根的张家祠。

1940年1月3日，魏夫人杨英梅生下儿子文宁，在西陲西昌寂寞的日子里给全家增添了一份喜悦和幸福。

1941年夏，在西康（现四川）西昌邛池旁，魏寿昆与夫人杨英梅及他们的长女、儿子

西康技艺专科学校根据抗日战争时势设立两种学制：5年制招收初中毕业生，先补高中课目2年，如同内地高校的预科，及格后再升本科，按本科课目内容学习3年；2年制招收高中毕业生，课目安排仍遵照大学4年的教学计划，但缩减了实习和实验课的内容。

西康技艺专科学校初建，办学条件十分简陋。西康省因地处边陲，贫穷落后，资金短缺，交通阻塞，又处于战乱的非常时期，因而只能因地制宜、因陋就简，学生以学习课本知识为重，以牢固掌握基本知识为目的。

魏寿昆赴任时，教学设备仅有测量学用的经纬仪、水平仪等基础测量仪器；物理、化学课实验仪器设备却寥寥无几，甚至连化学药品和试剂都相当缺乏。教师无怨无悔，努力讲好课，为了让学生尽可能与其他条件好的地区高校学到同等知识，不减课目门类，不缩学时数，多练习作业，增加复习时间，仅仅减少技能训练，如实验课、野外考察实习的学时被较多地减少。

国立西康技艺专科学校在陕南城固、云南昆明、西康各属及四川成都、乐山等大中城市招考，投考者竟十分踊跃，足有1350名考生，录取新生200名，其中女生约占15%。新生中有相当部分为战地流亡青年，岁月蹉跎，他们踯躅于社会，渴望求学，年岁虽偏大，但能吃苦耐劳，珍惜光阴。1939 年 12 月 22 日学校开学，1940 年 1 月 8 日正式上课。李书田拟定校训为“审慎明笃”。

从城南张家祠至泸山光福寺相距 7 公里，路程很远。学校备了两匹马供教师行路用。这段路程的路面起伏不平，教师们都是初学骑术，马性生疏，骑马时须全神贯注，即便丝毫不分神，也是战战兢兢，生怕因马失前蹄而滚落下来。

一天，魏寿昆与陆宗贤骑着马在山路上并行。这条路上哪里是弯道，哪里有碎石，他们早已驾轻就熟。他们边走边说话，十分轻松自如。突然，魏寿昆骑的那匹马被大石块绊了一下，他来不及收住缰绳，竟被摔下马来。陆宗贤赶紧下马，正要扶起他时，他已经爬了起来，拍拍衣服上的泥土，拣起落在地上的眼镜，右镜片已摔破，幸好没有摔碎，人也无恙。魏寿昆带上这副受损的眼镜，两人骑着马继续前行来到学校。上课前，他从卫生室找来一片胶布粘好镜片才进入教室上课。学生们看着平日仪容端庄的老师今天这副模样，已猜到路上发生的事，心里很感动。

李书田校长知道这件事后，立即命令学校总务处把住在张家祠的教师全部搬到学校本部附近的泸山三教庵居住。此后教师上课便利了许多。

国立西康技艺专科学校在李书田主校政时，很重视服务于西康省及西南地区实用人才的培养，以教授各科应用科学、造就各级专门人才以适应西康省及其附近区域的经济建设为办学目的。学校开展多项实地考察调查研究，取得了重要的成果。

魏寿昆任化工科主任，讲授“普通化学”、“定量分析化学”、“矿物学”、“冶金计算”、“普通金属冶金” 5 门课程。他和陶瓷专家陆宗贤教授与乐西公路工程局合作，在冕宁办了大规模石灰窑，源源不断地供给筑路急需的石灰；畜牧科一位张教授主持建成砖瓦厂，供应建筑材料，对开发西南边疆交通运输通道做出了重要贡献。此后，魏寿昆与陆宗贤合写的论文《德昌陶瓷事业之调查及研究》发表。

魏寿昆在国立西康技艺专科学校任教一年零六个月，由于李书田受命担任筹建中的贵州农工学院院长，他受邀协助李书田办学，再次踏上迁徙之路。

二、贵州农工学院

贵州农工学院设在贵阳南 20 公里的花溪镇。学校已筹建半年，教职员已聘招多人，李书田约魏寿昆及 4 名西康技艺专科学校行政人员共襄其事。

西昌至乐山的公路已于1941年6月通车。魏寿昆携家属及同事一行搭乘西南公路局的敞篷汽车离开西昌行向峨眉、乐山。过泸沽，汽车进入密林连绵的山区，缓缓驶行，到达冕宁县后直奔大渡河。冕宁西有雅砻河谷，东有安宁河谷。泸沽河（一名孙水河）入安宁河，水量丰沛，河谷两边林荫浓密，草场辽阔，浅草四海，青山似屏，已达小相岭西麓。两谷间一马平川，沿途无高山阻隔，汽车行驶在公路上很是顺畅，只有在经过起伏的丘陵时有些颠簸。

驶入峨边时已入峨眉山地带。汽车盘山蜿蜒下坡，大约行驶一个小时，抵达大渡河下游的五渡镇，大渡河穿行在峨眉山群峰万壑之间，奔腾咆哮而下，震天轰响，气势摇天动地。大渡河上已建成公路桥，汽车通过顺畅。魏寿昆再也没有此前在富林镇过铁索桥的胆寒心跳。

过大渡河便进入峨眉市辖区，依然是群山逶迤，山嶂亘云。汽车盘山缓行至燕窝沟，前方有山体崩落的大量土石阻挡道路，司机停住车。魏寿昆等人随司机下了车，察看汽车能否开过去。在堆积的土石边，司机对魏寿昆等人说："全体下车，开空车过去！"

魏寿昆问："空车怎么过去？"

司机看他一眼，说："飞越过去。"

魏寿昆又问："车里留几个人行吗？"

一路上这位司机已与车上的人很熟悉，他稍加思索答道："如果车里只留你家四口，两个大人两个小孩是可以的。但是你必须按我的方法去做才能保证安全。"

司机将方法详细地告诉他，最后说："如果……"

魏寿昆接过司机的话说："这一路上师傅高超的驾驶技术让我们佩服。我们完全信赖。"

回到车中，魏寿昆向妻子讲了刚才的情况，马上按照司机指点的方法做安全准备。

只见司机一踩油门，汽车飞起越过塌方，停留在悬崖边，之后又缓缓地退到公路中间。

事后朋友告诉他，当车轮落地的瞬间，三个轮子落地，另一个轮子却悬在空中。魏寿昆听后非常惊怕，几乎吓出一身冷汗。

在峨眉市魏寿昆等游览报国寺，参观乐山大佛，再经内江直抵重庆，然后沿川黔公路过娄山关，渡乌江到达贵阳。

贵州农工学院设土木、矿冶、机械、农林、畜牧及兽医等系，李书田院长兼任土木系主任，魏寿昆任矿冶系主任兼教务主任。

按照学校建设规划，李书田、魏寿昆等到任时应建成两栋三层教学楼，但因建筑公司经营不善，亏损严重，迫不得已改建为简易房舍。学生只能在简易房中上课，租民房居住，条件很艰苦。建筑公司最终破产，学校上诉法院，经法庭调解，由担保人出资赔付，这场官司才算了结。学校把该案上报给国民政府教育部备案。

1942 年春，魏寿昆随李书田访问 1939 年初迁至贵阳遁东平越县（现名福泉县）的交通大学唐山工程学院，当时校名又称平越国立交通大学。该校设土木、矿冶、管理三系。胡博渊校长热情款待他们，畅叙办学之辛苦；随后他们又拜访了国内外知名的工程力学教授罗中忱（C. C. Lou）和矿冶系主任王均豪教授。王、罗均系北洋老校友。魏寿昆为学生做了《黔省铝矿的冶炼问题》的学术报告，这篇报告及《贵州铝矿提炼氧化铝新法之研究》分别于 1943 年、1942 年发表在《矿冶复刊号》上。

在贵州农工学院任矿冶系主任的一年中，魏寿昆只讲授一门“普通化学”，学校没有条件开展自己喜欢的研究，他已有离开的打算。后来知道李书田也有辞职的想法，他即与重庆矿冶所联系，表达去研究所的意愿。

1942 年 8 月，国民政府教育部应贵州省名士的请求，将贵州农工学院改组为贵州大学，先后设置或改设工、农、文理和商法两学院，农林、农化、农经、土木、矿冶、机电、中文、外语、史地、数理、化学、法经、法律、工商管理、历史、农艺、地质 17 个系及文科研究所、电机专修科和工业职业学校等。1953 年贵州大学曾一度被撤销，1958 年重建并先后与贵阳师范学院、贵州民族学院合并。

贵州大学成立后，李书田随后被特派任西安黄河水利委员会副委员长；魏寿昆应重庆国民政府经济部矿冶研究所（以下简称矿冶所）朱玉崙所长之邀，赴重庆从事抗日战争需要的冶金方面的研究工作。

在西康技艺专科学校和贵州农工学院，魏寿昆讲授的课多为化工类课程，如“普通化学”、“分析化学”，尽管他勤勤恳恳做好教学工作，但心中不免仍有失落感。因此当接到朱玉蕃所长之邀时，他欣然前往，回归到他喜欢的冶金专业。

三、重庆矿冶研究所

1942 年夏，魏寿昆应聘携夫人及两子女由贵阳赴重庆就职。矿冶所成立于1938年。同时成立的还有重庆国民政府兵工署材料试验处，周志宏曾于1938～1943年主持该处的工作。

矿冶所所址设在重庆市北碚白庙子厚峰岩。由重庆市中心乘汽车经小龙坎、青木关、歌乐山抵北碚，再渡嘉陵江到白庙子，由此乘天府煤矿轻便小火车约行10公里达文星场，而后步行1公里便来到厚峰岩。这里依傍山岩已修筑平房60余间，用做办公室、研究室、实验室及单身职工宿舍。

魏寿昆家租用离文星场300米处凤凰湾的一所民房，步行10分钟即到厚峰岩，上班甚为便捷，从此结束了5年居无定所、漂泊迁徙、担惊受怕的苦难日子。在这5年中，妻子和儿女随他跋山涉水几千里，饱经磨难使他感到内疚。每次搬迁他们都要丢弃那些不能带走的家具和什物，精力受到烦扰，财产遭受损失，尤其家眷不堪忍受搬迁之苦。在重庆时他任职于矿冶所，他第一年任化验组主任，次年改任钢铁研究室主任。他终于找到了直接为抗日战争胜利做些贡献的工作。

抗日战争时期，矿冶所的研究条件是足够好的。这里的磁选和浮选设备能满足选矿研究的需要；冶金实验装置可按研究人员的设计要求进行配购或加工；定性、定量化学分析仪器较为齐备，而化学试剂和药品可随时购买；图书室藏有部分矿冶及化工类书籍，但少有外国杂志。此外，矿冶所与重庆大学和兵工署材料实验处互补仪器设备的短缺，书刊可去重庆大学图书馆借阅，材料性能及金相检测可使用材料实验处设备。

矿冶所的研究工作是他自德累斯顿工业大学获得博士学位6年后，首次在国内进行系统的科学研究，是他一生学术之路的重要阶段。

后方铁矿含磷，炼钢脱磷需用碱性耐火材料。通常碱性耐火材料是由菱土矿（即菱镁矿）烧制镁砖，四川及邻省缺乏这种资源。他调查发现四川埋藏着丰富的白云石资源。矿冶所后坡坡体是石灰石，中间夹一层白云石，近处随取，甚为方便。因此，他就地取材，进行从白云石去钙提镁并烧制镁砖的研究。

这项研究取得了国民政府经济部三项专利：

（1）利用碳酸钠或碳酸铵自白云石提取镁氧新法，制得纯度99%的氧化镁。

（2）利用静置后处理法自白云石提取镁氧新法，制得纯度99.5%的氧化镁。

（3）人造镁氧创制镁砖的配料方法及加强黏性的风化法。

在三项专利中魏寿昆认为“静置后处理法”是他细致观察、敏锐发现得来的。他叙述了这个过程：

将白云石煅烧后浸入含 CO_2 之溶液内，得

$$MgO+2H_2CO_3=Mg(HCO_3)_2+H_2O$$

$$CaO+2H_2CO_3=Ca(HCO_3)_2+H_2O$$

其中碳酸氢镁稳定，碳酸氢钙大部分不稳定，它分解得

$$Ca(HCO_3)_2 \rightarrow CaCO_3\downarrow + H_2CO_3$$

静置后处理法：逐日将上述含碳酸氢镁和少量碳酸氢钙的溶液 2～3 升置于 45 升玻璃器皿内，15 日后发现器皿内壁有一层不透明的沉淀，取出此沉淀分析为 $MgCO_3 \cdot CaCO_3 \cdot 3H_2O$，而溶液内含氧化镁达 99.5%。由于此项研究的目的是从白云石中提取适合于试制镁砖的氧化镁，而不是提取高纯度氧化镁，镁氧含量大于 95%，杂质小于 4%～5%即符合要求，所以静置时间只需几日。

魏寿昆将研究成果整理为论文，分别发表在《矿冶复刊号》和《钢铁专刊》上。

周志宏和丘玉池当时在兵工署第二十八厂研制高速钢、冲模钢等合金钢，生产高速钢需要进口钼铁。魏寿昆则独辟蹊径，采用江西钼矿为原料制备钼酸、钼酸钙、钼酸铵及金属钼，并用其进而试制成功钼铁和钼钢。钼酸铵纯度达到化学纯，用做定量分析钢中磷、砷的化学试剂；钼酸钙或金属钼用以炼制钼铁及钼钢，金属纯度达到 94.67%。

此项研究取得经济部两项专利：①制造特纯钼酸铵或钼酸所用的铝铁共沉法；②提炼纯钼的二步还原法。魏寿昆以“国产钼矿提钼及钼化合物并试制钼铁钼钢之研究”为题，将其研究成果发表在 1945 年出版的《钢铁专刊》上。

四、重大兼职教授

约半个月后，有位客人来矿冶所登门拜访魏寿昆。这位客人正是重庆大学工学院冯简院长。冯简院长此行拜访的目的是邀请魏寿昆到重庆大学任兼职教授。此间，周志宏、丘玉池等也正在重庆大学担任兼职教授。经朱玉崙所长同意，魏寿昆欣然答应前往重庆大学任教。经商定魏寿昆每 3 周去重庆大学 1 周，讲授 3 门课，即“钢铁冶金”12 学时，“冶金厂设计”6 学时，“冶金计算”6 学时，共计 24 学时。

重庆大学位于重庆市沙坪坝区。由北碚至沙坪坝须先在重庆市内乘汽车前行，车少人多，需要提前一天购票，因此往返一次耗时 4 天。一个月

中，魏寿昆在矿冶所工作 20 天，重庆大学 10 天，没有休息日。即便这样辛苦，他也心甘情愿、乐此不疲。

重庆大学的校园中绿树成荫、楼群林立、图书馆藏书丰富，研究室设备齐全，他仿佛徜徉在北洋大学校园中。从西安的城隍庙、古路坝的天主教堂、城固的双寺到西昌光福寺，5 年的流离奔波都借用寺庙办学，他叹羡重庆大学是一处乱世中的福地。

以前在北洋大学用英语讲课，抗日战争时期在西安临时大学、西北联合大学及西北工学院讲课则是用英语和国语双语讲授。因之，冶金名词由英译中必须考虑译名，否则讲课时教授用自己惯用的译名讲同一个英文冶金名词，学生容易混乱而不知所措。刘仙洲规范了机械工程名词，他要步刘校长开辟之路做规范冶金名词的工作。魏寿昆便与同为兼职教授的周志宏、丘玉池商讨冶金名词的统一译名问题。

制炼生铁的炉子英文名为“blast furnace”，直译为“鼓风炉”，而炼铜、铁铅也用“鼓风炉”一词，因而之前有人译为“炼铁炉”。魏寿昆建议采用德文“hochofen”译为“高炉”。又如炼钢用炉“openhearth furnace”，直译为“开膛炉”，德文是“siemens-martin ofen”，直译为“西门子马丁炉”，简称“马丁炉”，周志宏建议改称“平炉”。新中国成立后高炉、平炉、转炉、电炉等冶金名词均已成为共识，成为冶金学规范名词，沿用至今。

在金属学中，“ferrite”曾被译为“肥料体”，而珠光体中的“ferrite”不呈肥料状，商讨后均改称为“铁素体”。魏寿昆还建议如 austenite、martensite、bainite 等采用科学家姓的第一个字来命名，因而后来相应地称为奥氏体、马氏体、贝氏体等，这些译法广泛地被采用。

魏寿昆非常重视冶金名词的规范化译名，他主张外文译名应符合国情而不可随意直译。例如，平炉预热空气的“regenerator”直译为“再生器”，实际上它不是“器”，而是装满格子砖的“室”，是采用蓄热原理用以加热空气的“屋子”，他译为“蓄热室”，后同样被普遍采纳。

“钢铁冶金”课魏寿昆仍用原有的英文大纲讲授，补充的土法炼铁及炒钢部分则用国语授课。这种不同课程用不同语种讲课的方式，被学生广泛接受。

魏寿昆在重庆大学讲授“冶炼厂设计”。该讲义内容广泛而丰富，经多次充实修改后定名为《平炉炼钢厂设计》，于 1954 年由商务印书馆出版。

重庆是抗日战争时期国民政府的所在地，但这里并不是一块人们所期望的安宁的净土。日寇的飞机时常飞临重庆上空轰炸，国民政府军队防空无能，致使百姓及迁移重庆的高校师生时时陷入惊恐中，甚至血洒陪都。

据载：上海复旦大学迁到重庆北碚黄桷镇，教务长兼法学院院长孙寒冰教授及多位学生和职员就是在 1940 年 5 月 27 日日军飞机第四次轰炸黄桷镇中罹难的。1941 年 8 月 1 日，在重庆夏坝，复旦大学树立了一块“复旦师生罹难碑和孙寒冰墓”纪念碑。

抗日战争时的重庆，民间流行用“前方吃紧，后方紧吃”来讥讽政府官员贪渎赌嫖，银行大亨花天酒地、纸醉金迷的腐败现象，重庆百姓则民不聊生，生机无着。重庆的物价暴涨，货币贬值。魏寿昆曾在成都存了法币 500 元，3 年后到重庆函汇取回时已大为贬值。他在重庆身兼二职，工薪收入也仅供 4 口人糊口，而且他与夫人为各自寄钱回家时常需要苦苦地算计着。

重庆的日常用品相当匮乏，有些物品商铺空缺多时，市面早已断货。

一次魏寿昆从重庆市内回凤凰湾住所，到了文星场已是夜晚九点钟，街道暗幽，不透一点光。他买不到电池，把手电筒留在家里了。他随着前面持火把的陌生人前行，不料那个人在路口拐弯处朝另一方向走了。魏寿昆顿时觉得前面一片漆黑，什么也看不到，他这才发现自己患了夜盲症。回家的路是熟道，他小心地走着。几分钟后，前面有一个高坡，他慢慢地登上高坡，眼前一亮，抬头望见高坡上妻子杨英梅手持油灯正在等他，一股暖流涌上心头。他对妻子说：“若不是你的灯光照路，我恐怕会掉进稻田里了。”在杨英梅的调理下，魏寿昆很快治好眼疾。次年（1944 年）魏家搬到天府矿区双碉楼，居住条件得到改善。

魏寿昆极少在餐馆用餐，担心餐馆食物不干净。然而，这年夏季某日，魏寿昆受朋友热情相约在一家小饭馆用餐，回家后不多时他就发起了低烧，几日不退，而且不思茶饭，浑身疲软。天府医院缺少检查设备，初诊医生诊断是肠胃炎，叮嘱他卧床静养，软食调理。直到他胸部出现红色斑点，医生才确诊为副伤寒。魏寿昆在家足足静养了三个月，杨英梅每日为他做各种软食调理食欲，他才得以康复。在静养期间，一旦觉得精神好些，他就开始读书和思考科研问题。

病愈后，魏寿昆被借调到重庆兵工署材料实验处，原冶金组主任丘玉池调任资渝炼钢厂任工程师，周志宏处长任命他接替丘玉池的冶金组主任之职。借此魏寿昆将家迁居材料实验处宿舍，距瓷器口码头很近，乘小汽轮可直达重庆市内。

五、从重庆回到天津

1945年8月15日，日本宣布无条件投降，中国亿万人民举国同庆，浴血抗战八年终于取得胜利。矿冶所和重庆城一样一片欢腾。

此时，魏寿昆、杨英梅思念天津亲人之情越来越浓烈。

日军发动太平洋战争不久，沦陷区与后方的邮路已被阻断，魏寿昆和杨英梅与各自的家人失去联系已很长时间了，时时牵挂着天津亲人的安危及经济困难。抗日战争胜利了，他们立即与天津家人取得联系。

在等待回信时，朱玉崙对魏寿昆说，他已奉命前往南京、北平等地寻找矿冶所搬迁新址，上级任命魏寿昆为代理所长，组织筹划迁所的一切事宜。

魏寿昆组织人员对物品登记造册装箱，对愿意留在重庆的人员发放工资及安家费等。对于朱玉崙所长的重托，他不敢有所怠慢。繁忙的筹迁任务，一时使他身不由己，难以脱身。

几天后，他收到天津来信。他含着泪读着信，当看到老母亲已于1945年3月15日因久病不治而离开人世时，他再也忍不住失声痛哭起来。母亲离世使他抱愧终身，至今每次讲到母亲时，百岁老人依然忍不住眼含泪花，哽咽语止。

从信中他得知抗日战争八年，祖父、大姐、四妹相继去世，但他欣慰的是弟弟们已经成家，各有事业。

1946年6月，矿冶所全体人员分批离渝。魏寿昆举家随一部分同事沿川湘公路乘汽车前往湖南常德，再坐船渡过洞庭湖，沿长江抵达武汉。当时京广铁路尚未开通，他们由武汉乘汽轮到达南京。魏寿昆已应北洋大学之聘，由南京来到上海，与滞留在上海的唐山工学院学生同坐一艘轮船抵达秦皇岛，最后乘火车返回天津家中。

魏寿昆回忆八年漂泊生活时说："山河破碎，报国无门。不少时间情绪波动频繁，思想上有沮丧，有愤恨，有彷徨，有困惑。但经常以做好本职工作要求自己，以为祖国培养英才为己任。九年工作幸无陨越。感谢妻子关心相伴，感谢师友同学热情帮助，渡过困难当头的艰苦岁月。"

参考文献

北京钢铁学院校史资料编辑室．1984. 北京钢铁学院校史资料（一）．内部资料．94.
北洋大学—天津大学校史编辑室．1991. 北洋大学—天津大学校史资料选编．天津：天

津大学出版社．131，306，349

潘承孝．1991. 回忆抗战时期的西北工学院片断．见：北洋大学—天津大学校史编辑室. 北洋大学—天津大学校史资料选编（一）．天津：天津大学出版社．389～392

魏寿昆．2000. 追忆30年代留德生活．见：季羡林等．旅德追忆．北京：商务印书馆. 69～84

魏寿昆．2003. 读书与任教期间几个片断．见：汤佩松等．资深院士回忆录．第1卷．上海：上海科技教育出版社．275～287

西北工业大学．2007. 漫游中国大学—西北工业大学．重庆：重庆大学出版社．8～17

中国科学技术协会．1995. 中国科学技术专家传略·工程技术编·冶金卷1. 北京：中国科学技术出版社．114～115，197～298

朱偰．2008. 漂泊西南天地间．南京：凤凰出版社．190～198

第三篇

风卷残云开晴天(1946~1952)

创建于光绪二十一年（1895年）的北洋大学，经历晚清、北洋和民国三个短暂的历史时期，激烈的国家政体变革，决定了北洋大学多难的命运。抗日战争胜利后的北洋大学已无昔日的辉煌，但一批『北洋情结』很浓的师生、校友团结起来展开赴南京请派校长运动、反南迁运动等。魏寿昆是一位『老北洋』，但他始终站在光明的一边，与进步师生一起迎接解放。

（摄于 1946 年）

第五章　残破校园，重整北洋

一、狼藉的校园

“七七事变”后，日本帝国主义发动了全面侵华战争。在军事进攻的同时，日军步八国联军之后尘，对我国高等学校、文化机构，甚至文化名人的私人寓所进行有预谋、有目的的掠夺或摧残。日军派出大批飞机对中国各地著名学府进行狂轰滥炸，又按日本中国问题“专家”预先列出的珍贵文献资料目录及藏书地址进行强盗般的抢夺，大批古籍珍品、绝版稀有的图书杂志，或被盗取或被毁灭。中国高等学校经历了一场空前的、震惊世界的浩劫和灾难。

以高等院校的损失为例，金以林在《近代中国大学研究》一书第四章“抗战时期大学的内迁、恢复和发展（1937～1945 年）”中写道：仅据国民政府教育部的调查统计，“截至二十七年十二月底止，公私立专科以上学校之校舍、图书及设备，或焚或劫，或遭轰炸，损失大半。战前专科以上学校，全国一百零八所。十八个月以来，十四校受极大之破坏，十七校无法续办，七十七校则迁移勉强上课”。“抗战爆发前，全中国大学共有教师七千五百六十人，职工四千二百九十人，在校学生四万一千九百余人。抗战爆发后，受战乱影响的教工有二千多人，学生则多达二万余人。至于战火所造成的财产损失，包括校舍、图书仪器、教学设备等即达三千三百六十余万元的惊人数额。”

在天津，南开大学成了日军破坏的主要目标。据当时中央通讯社来自天津的报道：“日军炮队亦自海门寺向南大射击，其中四弹，落在该院图书馆后，刻已起火。”“两日来，日机在天津投弹，惨炸各处，而全城视线，犹注意于八里台南开大学之烟火。缘日方因二十九日之轰炸，仅及两三处大楼，为全部毁灭计，乃于三十日下午三时许，日方派骑兵百名，汽车数辆，满载煤油到处放火。秀山堂、思源堂（均系该校之课堂）、图书馆、教授宿舍及附近民房，尽在烟火之中。烟火十余处，红黑相接，黑白相间，烟云蔽天，翘首观火者，皆嗟叹不已。”经此浩劫，整个校园几乎被夷为平地，师生财务殆尽，大批珍贵图书被日军掠走。河北女子师范学院、河北工学院亦同时遭到日军的轰炸。

南开大学校长张伯苓痛楚地叹道：“抗日开始，中央大学和南开大学都是鸡犬不留。”知内情的人都懂得张伯苓这番话的含义：南开大学是被日军轰炸得鸡犬不留，中央大学则是将校产全部搬迁出来，连鸡犬都没有留下。

北洋大学在“七七事变”后成了日本军队的军营，虽然战时房舍没有遭到严重毁坏，但校内图书仪器、教学设备等仍被洗劫一空。而且在日本投降前夕，日本军队甚至把房舍摧残得破烂不堪，日军撤离时校舍及水电设施也遭到严重损坏。

抗日战争爆发，天津首当其冲，南开与北洋两所著名高校，同遭日寇的摧毁，损失惨重，一切设备荡然无存，校舍残缺破损，校园遍地垃圾杂物，师生不忍目睹。

张含英校长说：“抗日战争爆发后，北洋与南开一样，遭到日寇摧毁，损失惨重，一切设备荡然无存。胜利后直到一九四六年四月，学校仍为国民党军队占驻，一九四六年十一月，一年级和先修班才开学上课。所以当一九四八年初我到校时，景物全非，教职员宿舍正在修理，我只身一人来津，就住在教室里，床铺放在讲台上。有的教授和我开玩笑说：‘校长的房子真大。’”

北洋大学复校后，西安北洋工学院西京分院、浙江泰顺北洋大学及京津北洋学生纷纷返校。《师者如兰》记者曾采访原内蒙古自治区政协副主席、包头钢铁集团公司副总工程师、北洋大学校友张顺臻和北京科技大学教授、北洋大学校友张凤禄。①

张顺臻说：“北洋大学回天津复校后，我回到了学校。那时学校操场上还停着一架日军丢弃的破残飞机。我们几位同学把飞机里的发动机拆卸下来，抬进实验室，将来可用做教学设备。原来的食堂成了日军的仓库，食堂门前还停放着日本军队留下的两辆坦克，但里面的机器全被拆走了。学校房子破旧极了，校园一片狼藉，惨不忍睹。”

张凤禄说：“复校后的北洋大学教学条件很差，生活很苦，学校被日军毁坏得相当严重，可以说荡然无存。原有的学生宿舍成了危房，不能再住学生。我们一年级的几十个学生挤在一间大屋里，冬天没有炉子取暖，

---

① 见2006年访问录音材料

晚上没有电灯读书，大家都点蜡烛复习功课；如果嫌蜡烛光太暗就跑到教室，那里还是有电灯的，但教室里装不了这么多学生，因此多数学生还是在宿舍里烛光下学习。”

魏寿昆是在1946年9月回到北洋大学就职的，此时离开学仅有四个月时间。学校经在校教职员工及学生约半年时间全力抢修已初步具备复课条件，然而北洋大学原来的风貌已难寻觅，战后残破的迹象仍让他心痛和愤慨。魏寿昆决定着手重建矿冶系。

二、北洋大学复校与李书田

李书田博士是北洋大学复校的倡导者、组织者和践行者。魏寿昆在北洋大学高年级读书时，他任北洋工学院教授，1936年他任北洋工学院院长时把魏寿昆招聘回国留在北洋工学院任教，抗日战争期间，魏寿昆随他漂泊西南创建新的高校，相随六年之久。

院长李书田

李书田（1900～1988），字耕砚，河北昌黎人。1917年考入北洋大学，同届学友有陈立夫、曾养甫、叶秀峰、周志宏等。1923年毕业于土木工程系，同年公费赴美国康奈尔大学研究院攻读博士学位，1926年获工程博士学位，1927年回国在母校任教。刘仙洲任校长时聘李书田为土木工程系教授。

自1933年4月担任北洋工学院院长以来，李书田一直谋划着恢复北洋大学。早在1937年他为国立北洋大学复校起草了一份计划，将复校分为8期：第1期为整饬充实及发展工学院与筹备理学院；第2期为正式添设理学院并筹医学院；第3期为正式添设医学院并扩充工科研究所；第4期拟再扩充工学院并添设理科研究所；第5期拟扩充文理学院，并添设医科研究所；第6期拟将理学院扩充为文理学院；第7期拟恢复法学院；第8期拟添设法科研究所。8期全部完成时间为11年，即在1953年将北洋大学建成理、工、文、法、医的综合性大学。新的北洋大学“如法之巴黎，英之牛津，美之哈佛，日之东京帝大”。复校计划之宏伟振奋人心。

“七七事变”后，李书田的复校计划遭到严重挫折，非但北洋大学复校渺茫无期，甚至连北洋工学院也因三校合并为西北工学院而被鲸吞。北洋的唯一血脉是陈荩民任院长的浙江泰顺国立北洋工学院，也同样是经李书田奔走呼号，动员全国北洋校友中的茅以升、叶秀峰、孙越崎、王宠惠、高乃谦等名宿及魏寿昆等后学英才，才得以保存。

李书田待泰顺北洋工学院复名尘埃落定后，又抵达西安创办北洋工学院西京分院。正当他的复院计划初步实现时，1945 年 6 月得知国民政府教育部欲将西京分院归并入西北工学院，泰顺北洋工学院归并入英士大学时，李书田愤怒了。他通过王宠惠（国立北洋大学筹备委员会主任、北洋大学首届毕业生）致电教育部力争保留西京、泰顺两院。同时，李书田发动两校学生护校，宣称“一致誓死护校，赴汤蹈火在所不辞，尚有妄存乘机并吞本分院之野心者，同学等不得已当视为不共戴天之仇敌”。由于李书田率领师生的抗争，教育部合并计划终于未实现。

抗日战争胜利后，北洋大学恢复校名，学校设理学院和工学院。

在理学院，物理系主任为张国藩，化学系主任为梁传玲，数学系主任为李恩波，地质系主任为阮继周。

在工学院，土木工程学系主任为曾威，采矿工程学系主任为魏寿昆，冶金工程学系主任为魏寿昆（兼），化学工程学系主任为方子勤，电机工程学系主任为刘锡瑛（兼），航空工程学系主任为李登科，机械工程学系主任为李登科（兼）。

校长为茅以升，理学院院长为陈荩民，工学院院长为李书田，教务长为刘锡瑛。后因茅以升因故暂不能到任，由金问洙为代理校长。

天津大学原校长、中国科学院资深院士史绍熙赞道：李书田先生为祖国高教事业做出了卓越贡献。他是中国现代高等教育的一位拓荒者、奠基者，实乃当之无愧。魏寿昆用“勤劳一生，奋进一生”赞美这位恩师的人品和风骨。

1981 年，李书田寄给上海北洋大学校友会一副长联，情绵意深。他写道：

佳音朝发沪上，集数百学友必气吞江河。夙忆母校北洋，乙未肇始，八五已是去年，务使千秋不朽。但惜愚拙末微，创世界开明校院，团集四洲百二贤师，仍信守实事求是校训。

复讯夕应橘城，一介孤身不克声壮山岳。常怀故国东篱，辛亥建规，七十恰逢今岁，愿祝万寿无疆。殷望诸君鼎立，咸群策华夏国家，启迪五族千亿才智，永宏扬儒道民生国魂。

现在李书田终生为之奋斗献身的中华工程教育，在新中国已结出累累硕果，英才辈出，非昔时可比；而他的矢志教育、实事求是的精神，不仅由后辈传承发扬，而且被载入史册，成为我国现代工程教育思想的财富。

三、校长“代理制”

1946年北洋大学完成复校，于11月6日正式开学，尽管昔日校园的风光已不在，“实事求是”的治校精神仍然在师生身上闪亮。

开学典礼由教务长兼代校长金问洙主持，他说茅以升校长因主持修复钱塘江大桥，一时难以脱身不能到职，深表歉意。

不久，金问洙辞职，由训导主任钟世铭为代理校长，长达一年，师生对此十分不满意。

李书田说：“是时本校长一再代理递擅，俨然有成为代理制之感。民国36年（1947年）冬，政府遂任命刘仙洲前校长重掌本校，然刘仙洲坚辞不就，学生代表不得已赴京请愿，要求速派正式校长。”

堂堂北洋大学复校一年多时间，竟没有一位国内工程界德高望重的校长，师生们感到受欺辱，情绪激昂。

茅以升从南京赶往天津到北洋大学探望旧友，对他们在抗日战争中所受的转徙流离之苦，表示慰劳。他说：“为了安定校内情绪，想在了解校内情况后，向教育部建议善后办法。我向校内负责同仁，陈述我不能就任校长的原因，得到他们的谅解。我回南京后，即向教育部报告此行经过，再次陈请辞校长职，最后得教育部同意，改派张含英先生继任北洋大学校长。”

魏寿昆和各系主任参加了那次会见，对于茅以升的陈述，他们都很信服。但对校内学生不满情绪的日渐高涨他们也忧虑重重。当学生决定派代表到南京请愿时，多数教授私下是支持的。

张含英事先并不知道教育部的任命。他说：“1947年，我在南京，忽见报上登出教育部发布我为北洋大学校长的消息。事情完全出乎意料，因事先我一点都不知道，既没有人向我通个消息，也没有人来征求过意见。那时只见报载，未见任命，不便有所表示，但看事情发展。谁想任命很快正式发表，我就到教育部去询究竟。”“当时教育部长是朱家骅，他对我说：‘学校要人，没办法。’学生代表则向我诉说北洋大学的抗战期间辗转流离的景况，并愤慨地说偌大的国内知名学府，胜利后已快两年了，竟不派正式校长，形成无人治理现象。这时天津亦有电报催促。睹此情景，深觉虽无能力，但有责任，承担下来努力干，我便二话没说，决定‘去’！

遂到教育部提出要求：一、要保证经费；二、对教授聘任不能干涉；三、对学校日常业务要少干涉。我说：‘要我去，得支持我，不然没法干。’当时教育部全部答应了我的要求。我到天津车站时，全体师生员工都来欢迎，那个热烈的场面，使我非常感动。在车站我对同学们说：‘同学们！既然叫我来，不管怎么样，我也要负起责任来，大家一块把学校秩序恢复起来，把学校办好！’”

张含英校长上任后，学校教学秩序很快恢复稳定。

四、复兴矿冶系

土木工程、采矿、冶金三个系曾是北洋大学的名牌系。抗日战争八年中，北洋大学教授们为自己生计纷纷受聘于其他高校，例如，何杰教授投奔重庆大学；北洋工学院南迁时，多数教师留在汉中，不愿随李书田漂泊西南。因此，北洋大学复校后，教师队伍折损多半，各系都感到人才严重缺乏。

魏寿昆身兼采矿、冶金二系主任深感责任重大，但苦于教授短缺。

1947 年 7～10 月，孙珍宝和陈新民两位留美博士相继受聘为冶金教授，他才如释重负。

孙珍宝（1909 ～1987），字怀忱，出生在山东海阳，山东齐鲁大学物理系毕业获学士学位，清华大学物理系特别研究生，后进入美国理海大学冶金系攻读硕士、博士，获冶金学博士学位，专长物理冶金。

陈新民（1912～1992），祖籍安徽望江，出生在河北清苑（今保定市）。南开中学毕业后考入清华大学化工系，获理学学士学位。1941 年以清华大学公派留学生进入美国麻省理工学院，在冶金所攻读博士学位，师从国际著名冶金物理化学家 J. 启普曼教授，1945 年 6 月获博士学位，次年回国，专长于化学冶金。

孙珍宝、陈新民来到北洋大学冶金系任教，魏寿昆十分高兴，从这两位才华出众的博士的学术背景，他看到了冶金系美好的前景。因此，他对他们敬如上宾，凡是他们提出的要求，如有可能他都给予满足。孙珍宝、陈新民同样满意北洋大学的学术气氛和魏寿昆热情坦诚的作风。

但仅仅过了一年，即 1948 年 7 月，孙珍宝、陈新民先后辞职。孙珍宝被调到南京国民政府资源委员会材料实验所任正工程师。陈新民回到母校清华大学任化工系教授、校务委员会委员兼秘书长。

孙珍宝、陈新民的辞聘使魏寿昆复兴矿冶两系的计划严重受挫，产生

1949年春，带领天津北洋大学冶金系毕业班参观吉林盘石石嘴子铜矿，
摄于选矿场右侧。站立者右四为魏寿昆

了一种“没有梧桐树难招金凤凰”的苦涩感觉。

魏寿昆更用心留意校内毕业生中可造就的英才，从研究生、大学毕业生中选拔优秀学子留校任教，如谢家兰、张凤禄、陶少杰等相继留校任教。

1949年2月魏寿昆接任李书田离任后的空职，被聘为北洋大学工学院院长。

1950年新中国成立不久，魏寿昆得知美国有一个“留美科协”，全称“中国留美科学工作者协会”，创办于1948年，是一个爱国的进步团体，其宗旨是动员在美留学的理、工、农、医等中国学者回国参加新中国建设。

李恒德、傅君诏、刘叔仪三人负责主办《留美科协通讯》，每月一期，刻蜡版油印，后改为手写后影印，自费出版。它报道总会、分会活动的动态及国内科学技术教育、农工、医药各领域的发展情况。

魏寿昆闻讯后立即以北洋大学工学院院长身份给“留美科协”去信。这封信以“北洋大学工学院近讯”为题，由刘叔仪亲自抄写刊登在《留美科协通讯》第四期。下文是该信的摘录：

解放前北洋自美请教授，都是提前发薪六个月，所以对教授的旅费有相当的补助。现在高教会对（过去的）规定根本上不承议，学校的经费，每月结清一次，一切都入了正规，向前支薪无从做起，而校方又无其他款可资匀发。本年有二位教授从香港来的，校方每人补助小米六百斤之旅。据最近的消息，高教会尚有异议。

关于待遇，平津各大学均曾举行薪津（金）评定，自评会议，学校并设有薪津（金）评委会，副教授及教授薪津（金）自八百斤至壹仟三百斤玉米面，北洋除校委会主席得一千三百斤外最高教授薪为一千二百六十五斤。

弟很希望最近作编译工作，非铁方面我已理出一套讲义纲要，（弄）得差不多，但未编好，很可以做将来编书的资料。又北洋物冶方面的设备已经相当好。弟魏寿昆敬上九，卅。

1950年1月1日《留美科协通讯》发表魏寿昆的文章，还刊有“回国问题”MICHIGAN区会讨论记录稿。会议主席满怀激情地说：“国家需要我们，迫切地需要我们，希望大家放弃个人的利害，互相鼓励、互相督促，赶快回国去，赶快组织起来回国去。今天的讨论完了，让我们大家唱一个《赶快回国歌》（用打倒列强之调）：不要迟疑，不要犹豫，回国去，回国去，祖国建设需要你，组织起来回国去，快回去，快回去。”

美国侵朝战争的次日，即1950年6月26日，刘叔仪得到颜明皋、李恒德、傅君诏三人的帮助，乘Igadi号挪威商船启程回国。同船的留美科协同仁有：从纽约上船的姜圣阶（前核工业部副部长）和刘叔仪，从洛杉矶上船的丁儆（北京理工大学）和周世勋（复旦大学）。

经过83天漫长的海上航行，刘叔仪等终于在1950年9月18日到达天津塘沽口岸。魏寿昆派专人在码头迎接，魏寿昆亲自安排校内住宿，专候刘叔仪的到来。年仅31岁的刘叔仪博士被聘任为北洋大学冶金系教授并任冶金所的研究生导师，同时又应聘为华北大学工学院（今北京理工大学）兼职教授，每周往返京津两校讲课和搞研究。

复校后的矿、冶两系，魏寿昆仍感到名师缺乏，尤其没有合适的教材，他常常拾遗补阙，哪门课缺少教授他就登台亲授，用的都是他自编的教材。

张凤禄回忆说：“我是1946年考入北洋大学的，1950年毕业。当时中文教材很少，大多用英文原版教科书，冶金系教授不多，魏先生从一年级讲到三年级，哪门课没有教授讲他就开课，任务很重。我上大学时，第一年不分采矿和冶金，第二年才分开，所以魏先生教过‘选矿’、‘炼钢过程物理化学’、‘冶炼厂设计’、‘耐火材料’、‘钢铁冶金’等课程。”

“魏先生讲课的特点是条理非常清楚，重点、难点翻来覆去地讲，给你掰开揉碎地讲，因此学生们课堂上就能听懂、消化。我毕业后留校当魏先生的助教，辅导课虽然有我这位助教，但没有学生来问问题，因为学生们都听懂了。辅导就是和学生一起听课。于是我就画画讲义中的插图以及搞实验室建设，购置设备等工作。”

魏寿昆谈及教学体会时说：“我讲课前一般都要写讲课大纲，把课本的重点、原理、主要内容及参考资料都突出起来，并用最简洁的英语写出（提纲），很受学生欢迎。这种（备课）方式是我当学生时从北洋大学矿冶系主任何杰教授那里学到的，后来我当他的助教时还帮助过何杰教授写过一些（提纲）。”

魏寿昆历来把冶金学看做一门实践性很强的学科，因此学生必须到冶金厂矿现场考察、调查，掌握第一手资料，发现生产过程需要解决的问题。

曲英教授说，魏先生在北洋讲课有三大特点：一是分析透彻，内容深刻；二是深入浅出，容易听懂；三是重视实际。曲英举了一个例子，他说：耐火材料课中有一个概念叫做耐火度，又称“赛格锥”，是以发明者赛格命名的锥体，它用来测量耐火度。魏先生在课堂上讲了，学生总感到印象不深。他找了一次机会安排全班学生到天津一个小耐火材料厂参观一天。这个厂非常小。我们在现场炉膛中放进几个不同耐火材料制成的锥体，炉膛内温度逐渐升高，哪个锥体倒了，这个温度就是这种耐火材料的耐火度。到了工厂一看，结合实际就很容易懂了。

1949年5月，天津刚解放不久，北洋大学冶金系毕业班学生纷纷要求毕业前到东北参观钢铁厂。曾任内蒙古自治区政协副主席、包钢副总工程师的张顺臻回忆道：“魏先生表示这次东北之行要亲自带队。实习的组织工作分配给我和杜鹤桂（原东北大学教授）。出发之前魏先生遇到一点麻烦。他悄悄地对我和杜鹤桂说，魏夫人担心东北刚刚解放，兵荒马乱的不安全，希望他不要亲自去。我对魏先生说师母的工作交给我们去做。于是，我们来到魏先生的寓所，对魏夫人说学生需要魏先生亲临指导，解放后的东北各地治安还是比较好的，我们会照顾魏先生的，请魏夫人放心，魏夫人就同意了。东北刚刚解放，百废待兴，很需要各种人才，我们是工学院的毕业班学生，受到各企业的热情接待。当时正值五月初，东北天气还很冷。我们坐矿上的小火车唱着解放后刚学会的革命歌曲，大家都非常激动，魏先生也兴致盎然。”

在魏寿昆的安排下，矿冶系毕业班学生先后参观了沈阳冶炼厂、鞍山钢铁厂、本溪钢铁厂、抚顺铝厂等。在参观抚顺铝厂时已是中午12时了，魏寿昆仍无倦意，滔滔不绝地给学生讲解铝电解知识。突然他发现墙角放着一台庞大的设备。他仔细观察后告诉学生，这是一台日本人留下的旧电解槽，它的其他附件都被苏联人拆走了。他向该厂技术人员询问电解槽的结构、电极配置、温度计布置等。学生们已经饿了，开始嘟哝起来，他这才停下来，笑道："真的，我也感到很饿了。"听罢大家都笑了。

张顺臻说："这次东北之行对我们影响很大。我们毕业时每个人都会接到七八个单位的聘书，好多同学没有留在北京、天津，而愿到东北各地工作。"

魏寿昆复兴矿冶系坚持"实事求是"的校训和"严格要求"的北洋大学办学精神，毕业的学生大多有真才实学。

1949年春，带领天津北洋大学冶金系毕业班参观沈阳冶炼厂，摄于该厂办公厅前，后排站立者左四为魏寿昆

第六章　北洋易名，诞生天大

一、北洋学潮迭起

1946年春夏之间的中国时局错综复杂，扑朔迷离。蒋介石打内战的决心已定，但仍以“和谈”、“政治协商”、“民主政治”等为幌子来迷惑群众。蒋介石推行的内战政策倒行逆施、一意孤行，违背了人民的意愿，国统区人民掀起反内战运动。

高校中的中国共产党地下组织积极宣传党的政策，团结进步师生，开展反内战等各种运动，同时不断与国民党军警、校内的反共势力进行艰苦的斗争。

北洋大学反内战运动委员会发布《罢课反内战宣言》，称：“时局愈来愈阴沉，前途愈来愈险峻，人民死于炮火已无力挣扎，土地成一塌糊涂已不可收拾，这个内战究竟延迟到什么时候？……内战结果将使中国完全焦烂，内战造成的祸害，我们不忍计算。为这千千万万将死未死的民众，为那千千万万新死旧死的骷髅，不能不向政府为民请命。”宣言中提出立刻停止战争，顺政协路线从速和谈；立刻停止征丁、征粮、重役、重税；给予人民生存的权利，兑现人民四大自由的诺言等三项最低的要求；决定罢课7天。最后，坚决“希望国内还要活下去的同胞拼却最后的力气，一致响应罢战、罢工、罢市、罢教、罢课，不为他们利用，不作自杀战争！”

北洋大学学生于5月20日举行游行。《北洋大学的学生运动》一文中记载了“五二〇运动”过程：5月20日北洋大学学生队伍游行到金刚桥，被早已埋伏的军警阻拦，学生向他们进行说理斗争，但被殴打，当场重伤7人，轻伤46人，洪惠如等17人被捕。同学们暂时躲到商店里、住户家被百姓保护起来。游行队伍被冲散后，军警扬长而去。同学们化零为整，纷纷向市政府集结，把市政府团团围住。许多人冲进了市长杜建时的办公室，扯下了蒋介石像。杜建时被迫出面与同学代表谈判，学生代表是刚被释放的洪惠如、程秉元等。杜建时理屈词穷，被迫答应北洋大学学生提出的全部5项条件，当晚学生们乘杜建时派的卡车，高唱“团结就是力量”胜利返回学校。

北洋大学学生洪惠如说：“当时校内学生分成三派，一派是搞学生运动的；一派是受命于政府当局净化学校环境的反动学生；还有一派是想好好念书的学生，他们是中间同学，有时候站在我们这一边，有时候站在他们那一边。站在他们那一边的原因是觉得罢课、游行学不到知识，毕业后没人要。因此学生中斗争还是比较激烈的。”

1948年8月北洋大学发生一次国民政府军警夜闯学校逮捕学生的严重事件。张含英校长在《北洋大学回忆片断》“同国民党反动派的斗争”一节中记录了这次事件过程，现摘录如下。

> 1948年8月某日（注：8月20日）清晨4时，学校突然遭到军警包围，警察局的大卡车公然停在学校门口，准备逮捕学生。学生都不出校门，教授们议论纷纷。张国藩、刘锡瑛等教授对国民党这种法西斯暴行表示非常愤慨。学校正常学习秩序已遭干扰，不能上课。这样一直相持到下午，大约七八个学生从市区回校，快到校门口时，被军警抓住，校内同学见此情景，一起上前，将被捕的学生从汽车上抢回来，这一下不得了啦！警察不答应，一定要学校把人交出来，不然就要进校去搜。当时我想，学校绝不能把人交出去，更不能任凭他们进来搜，如果警察进校搜捕，必然与学生发生冲突，打起来非出人命不可。眼看一场惨案就要发生。我请来几个教授商量一下，决定（我）亲自去见警察局长。因为这不仅仅是北洋大学一个学校的问题，弄不好会出大事，当即打电话给警察局长李汉元，要求和他当面研究。到了警察局以后，李（汉元）说学校至少要交出几个人来方可。我问他：“学生犯了什么罪？把他们交出去，我对同学也交不了差。”交涉很久，两人僵持不下，没有结果，我的态度非常明朗坚决。稍息后，李汉元提出意见说：“你保证学生不（再）闹事吗？”我立即回答：“我的学生根本没有闹事，能保证”。李说：“保证不闹事，我就可以下令解除包围。”我说“好！一言为定。不过这是我个人意见，还需要校委会讨论通过。”遂立即在警察局长室给学校打电话：因情况迫急，立即召开校务会议，我回校后，即行讨论。
>
> 在校务会议上，我向大家说明了和李汉元交涉的情况，并说局势很紧张，我作了保证，因为学生根本没有闹事，请大家考

虑。会场非常沉静，良久，有一个人说："张校长你为什么提出保证呢?"我说："眼看惨案就要发生了，我的学生我当然保证。"从出席校务会议教授们的神色能看出大家是同意这样处理的，但我又等了一会儿，以便大家充分提出意见，才说："大家如果同意这样的处理，我们请学生代表来谈谈。"校务会议通过后，立即请学生代表到会来发表意见。同学们也同意后，我立即在校务会议上打电话给李汉元，告诉他我是在校务会议上打电话给他的，大家同意我的保证，请立即下令解除包围。不到一刻钟，校门外的军警撤退，那时太阳已偏西了。次日知道有四五十个同学去解放区，我就放心了。

洪惠如对学潮中魏寿昆的态度，和同学张顺臻、张桂廉都有相似的评价。她说："国民党军警要抓我们这些进步学生，学校又有特务，学生住进哪间宿舍，哪张床铺他们都很清楚，我们是不敢在自己宿舍睡觉的，都跑到老师家打地铺。但是我们不敢去魏老师家，因为他采取中立态度，你不敢惹他也不愿意给他添麻烦。魏先生是这样的一种人，我们搞运动，他不表示支持也不表示反对，中立。魏先生采取中立，据我分析他觉得学生应该以学习为主。但他对国民党政府也是不满意的，他不介入这些事情。我们罢课，课停了，又复课了，他就来上课，没有一句话讲罢课的事，直接讲新内容。在那种政治环境里，魏先生不可能做些其他的事情，只是希望能把全部时间放在教学上。"张顺臻说："当时的时局很复杂，日本刚刚投降，国民党政府接收华北，整个政治形势还不稳定。我们这些年轻人勉强躲在学校里认真学习，但学校内也很不平静。魏先生要做学生思想工作是不现实的。他是教授，教书传播知识，让学生好好学习，学到知识，毕业后为国家做贡献，这是他的本职工作。"北京航空航天大学退休教授张桂廉说："学潮是政治上的事，老师不是好管的。那个时候，魏先生唯一的办法就是让学生学到知识。"

魏寿昆在《读书与任教期间内几个片断的回忆》一文中谈到了对国民党统治的旧中国时期的失望、无助和彷徨。他写道：

> 那时期情绪波动频繁。国土丧失、物价暴涨是两大困惑。山河破碎，报国无门。不少时间情绪波动频繁，思想有沮丧、有愤恨、有彷徨、有困惑，但经常以做好本职工作（来）要求自己，以为祖国培育英才为己任。

"以做好本职工作（来）要求自己，以为祖国培育英才为己任"是他的爱国观和职业观。由此他博得了师生和同事的理解、敬重和赞扬。

钟汉和刘松乐原是重庆大学矿冶系的学生，抗日战争胜利后长途跋涉来到北方投考唐山工学院或北洋大学矿冶系。唐山工学院不收其他学校转来的插班学生，他们只能求助北洋大学。他们想起了魏寿昆教授，但魏寿昆与他们并不相识。在重庆大学期间，魏寿昆教专业课，而他们还是低年级学生，刚学基础课。他们别无选择，只能贸然登门求助。魏寿昆热情地接待他们，和蔼认真地听完他们的诉求，当场就答应了。钟汉和刘松乐插班到洪惠如那一班。

钟汉说："我对魏先生的感激之情是永久不忘的。如果没有他的扶助和关爱之心，北洋大学不会那么容易接受我，我只好失学了。"

三年级暑假学校没有计划安排学生下厂实习，大多学生们都回乡探亲了，冶金系学生只有钟汉及其他三位学生留校。魏寿昆很关心这几位留校学生的暑假生活，遂安排他们到天津钢厂实习，要求他们细心观察生产设备，积累工艺资料。钟汉等通过实习喜欢上了冶金专业，毕业后相继在冀东、热河、哈尔滨等地钢铁厂工作，后来担任首钢集团新产品开发研究部门的负责人。

钟汉说："那时候的北洋大学政治气氛是比较进步的，这使我的思想发生了重大的转变。1948 年由北洋大学毕业后，有些同学到美国深造，有少数同学跟随南下去了台湾，而我却心甘情愿留下来为国家服务。魏先生组织我们下厂，深感国家工业落后，迫切需要人才，我就留在国内了。魏先生使我的人生道路发生了转变。"

二、反对北洋南迁运动

1948 年冬，人民解放军直抵天津。国民政府教育部紧急拨给北洋大学南迁经费，令校方迅速组织南迁，企图把大批北方的科技英才积聚其麾下，而给共产党留下一所空校。

北洋大学学生中的国民党、三青团分子异常活跃，鼓舌摇唇，四处游说师生，扬言以签名决定南迁与否，学校形势陡然紧张起来。

学生中的国民党、三青团分子在大饭厅开会，发动签名。虽然签名人数并未过半，但强行宣布通过南迁。后来学生自治会为了迎接解放，反对南迁，由许志炎等同学绘制了一张很大的解放战争形势分析图，图上标出被解放城镇的红旗越插越多，展示出全国性胜利在望的局面；同时按级逐班，一个同学一个同学地做工作，在深入细致的工作基础上，学生自治会又召集会议发动全体同学签名。那天会上，三青团分子仍站出来鼓吹南迁，说什么焦作（工学院）在那里已盖好一批新房子，政府已负责安排妥当，学生会可以派代表去视察，等等。进步同学纷纷上台讲话，东北同学史大千激昂地讲述了东北同学流亡关内后国民党不负责任的亲身经历，坚决反对南迁。他的话打动了全体同学，经过激烈的斗争，最后通过决议：北洋大学不向南方迁移。反南迁的斗争取得胜利。张含英说：“后来学校的经费越来越困难，我已定（订）好飞机票，要到南京去交涉经费。正在这时，教育部有命令迁校的消息。我认为学校不能迁。”

张含英、刘锡英、魏寿昆等知名教授的名字被列在南迁的名单中，他们的言行受到特务的监视。张含英原本要去南京交涉经费，知道北洋大学迁校的消息后，马上退了飞机票。他说：“我是校长，为了稳定师生的情绪，我暂时不能离校。”北洋大学地下党组织积极做魏寿昆等教授的工作，希望他们留下来为新中国服务。

全校学生在天津火车站热情等待迎接张含英校长，张含英校长在火车站发表充满感情的讲话

魏寿昆回国后经历了艰苦卓绝的八年抗日战争，期间四次迁徙，颠沛流离；在重庆目睹国民党政府的腐败和百姓的苦难，以及北洋大学复校后国民党军警、特务粗暴地进校抓先进学生等违背民意的行径，他对国民党已没有好感，更不能把国家富强的愿望寄于国民党。他认为国民党迟早是会失败的，因为这个国民政府官员贪婪腐败，已失民意。因此，他把兴国强邦的希望寄托在共产党身上，听从天津地下党组织的安排，留守在北洋大学，等待天津解放。

1948年底，解放军已完成对天津、北平、张家口之敌的战略包围和战役分割，截断了他们南逃西窜的通路。学生自治会发动大家开展护校活动，迎接解放。他们把全部图书、杂志、仪器、设备等财产进行转移，加以保护；后来便有组织地撤到市区，转移到河北女子师范学院，并组成应变委员会，负责转移保管学校的教学仪器设备及安排师生员工的生活。为了解决这近千人的吃饭问题，应变委员会扣留南迁费，改作应变费。这时学校的主管财务负责人不在校，应变委员会组织同学找到了副训导长张务滋，他和财务人员互相推诿，不肯给钱。后来同学们将张务滋和出纳主任王培杰同时找在一起，他们才答应签字付款。应变委员会利用这笔钱买了几万斤小麦稻米、黄豆和咸菜，近千名教职工、学生和家属的生活，得到妥善的安置。

在河北女子师范学院住了一个多月，1949 年 1 月 14 日天津解放。刘锡瑛、魏寿昆、刘之祥、潘承孝等一批著名教授坚持留校任教。张含英去南京催经费，不久南北交通断绝，滞留南京家中未回，没有去台湾，也没有回天津。

天津解放那天，北洋大学学生走上街头，庆祝胜利，慰问解放军。天津市文教部部长黄松龄来到学校与教师商量复课问题。经三个月筹备，4 月正式复课。5 月成立北洋大学校务委员会，由刘锡瑛任主任，潘承孝、魏寿昆等任委员。刘锡瑛原是北洋大学教务长兼电机工程系主任。魏寿昆任北洋大学工学院院长兼冶金系主任。

1949 年 6 月 5 日，北洋大学冶金系 1949 年毕业班学生摄于北洋大学北大楼楼前，站立者前排右三为魏寿昆

1950年召开的新中国成立后第一次全国高等教育会议上提出："新中国高等教育的方针和任务是：以理论与实际一致的方法，培养具有高等文化水平，掌握现代科学技术的成就，全心全意为人民服务的高级建设人才。"党的教育方针受到全校师生的拥护。

1950年，魏寿昆夫妇摄于天津西沽北洋大学

由于国民政府长期拖欠国立大学经费及物价飞涨等原因，大学生体质孱弱，患病者很多。新中国成立后全国各地学校未能足够重视学生健康问题，因此造成公立学校学生的体格最差、大学生比中学生又差的现象。为此，毛泽东先后于1950年6月19日和1951年1月15日两次致信给教育部马叙伦部长，提出"健康第一，学习第二"的原则；同时指示，营养不良，宜酌增经费。学习和开会的时间宜大减。病人应有特殊待遇。全国一切学校都应如此。

刘少奇亲赴天津抓工业恢复及粮食供应，取得显著成果。南开大学、北洋大学等大中学校学生营养得到明显改善，体质得到一定的恢复，学校教学秩序恢复正常。

三、天津大学建校

1951年9月，教育部对高等院校进行"调整、统一、整顿、巩固"工作，经政务院批准，北洋大学和河北工学院合并。两校合并时，关于校名问题产生了分歧，北洋大学主张仍用北洋大学，而河北工学院不同意，主张用一个新校名。北洋大学校友也坚持保持北洋大学原名。刘锡瑛和魏寿昆等北洋大学教授，分别到北洋大学学生中做思想工作，告诉学生两校合并是中央决定的，不要因为校名问题产生合并困难，影响合并工作的进行，竭力说服北洋大学学生和部分教师放弃北洋大学校名。一些依恋北洋大学的学生甚至痛哭流涕。合并后新校名定为"天津大学"。

天津大学直属中央政府教育部领导，学校成立23人校务委员会，负责学校行政工作，刘锡瑛为主任，赵玉振（字今声，原河北工学院院长）、潘承孝为副主任；西沽北洋大学旧址为天津大学本校，黄纬路河北工学院旧址为天津大学南院。魏寿昆任天津大学副教务长、校务委员会委员，负责学校的教务活动。

自此以后，北洋大学这所历史悠久、名闻中外、成绩斐然的中国第一所公办大学，由于社会变革及教育发展需要等原因，已留在了中国现代教育的历史中，而在她厚实的基础上诞生的天津大学开始进入新的辉煌的时代。

天津大学设置 11 个系：土木工程系、水利工程系、采矿工程系、冶金工程系、机械工程系、电机工程系、化学工程系、纺织工程系、地质工程系、数学系、物理系；另设一个水利专修班，一个冶金研究所。1951 年在校学生 1953 人，教师 289 人，其中教授、副教授 114 人。

1951 年 9 月，周恩来总理对京津地区的高等院校教师作了题为“关于知识分子的改造问题”的报告。这次报告是配合知识界开展的“思想改造运动”进行的。周恩来在报告中以自己的切身体会阐明，知识分子只有不断学习，改变立场，站到人民一边来，才能施展才能。这个报告澄清了知识分子中的一些糊涂思想。

在此之前，为响应毛泽东“组织民主人士参观或参加土改、镇反工作”的指示，魏寿昆在这年暑假参加全国政协西南土地改革团川南队工作 3 个月，受到很大的教育。

1952 年，教育部根据政务院教育改革的指示，决定进行全国高等学校院系调整。当年 1 月召开了全国高等学校中的地质、采矿、冶金三系（科）会议，准备在京津地区建立地质，矿业、钢铁等专业学院，后增加石油学院。天津市成立了院系调整委员会，任命黄松龄为主任，刘锡瑛（天津大学）、杨石先（南开大学）、张国藩（津沽大学）为副主任。该委员会经过协商确定调整方案：调天津大学冶金系、采矿系金属组归北京钢铁工业学院，地质系归北京地质学院，采矿系采煤组归北京矿业学院，化工系的石油炼制、石油机械、石油勘探归北京石油学院；天津大学的数学系、物理系归南开大学；北京大学、清华大学、燕京大学及唐山铁道学院的化学系、北京铁道管理学院建筑系、南开大学和津沽大学的工学院均归天津大学。

这次全国高等学院系调整是中国高等教育史上一次空前宏伟的壮举，为新中国社会主义工业体系的建立和发展，以及高等科技人才教育及地区和行业布局奠定了基础。

1952 年 4 月 25 日魏寿昆作为教育部指定的天津大学代表，参加了由重工业部和各校代表参加的筹备工作座谈会。不久，魏寿昆率领天津大学

1952年夏，天津大学（西沽）校门口，
冶金系教师与1952年毕业班合影。站立者右四为魏寿昆

调归北京钢铁工业学院的教师和职工20余人，以及在校学生91人来到北京钢铁工业学院，参加建校工作。

其中，教师有魏寿昆、刘叔仪、刘之祥、赵锡林、方正知、谢家兰、胡修本、陶少杰、董锷、卢于逑、曾纪成、董德元、任怀亮、高澜庆、吴雨沛、张凤禄、韩有望、丁学馥等，职员有赵松年、刘沛生、杨英梅、魏世模（瑞士人）、张瑞男、朱英、李福堂等，毕业生有曲英、高瑞珍、李西林、李传薪、宋文林、秦明生、赵元波、温金珂、徐业鹏，韩兆伦、钟鸿儒、穆成章、崔文暄、周荣章、关玉龙、程肃之、王美英等。

参考文献

北京钢铁学院校史编辑室.1984.北洋大学简史料.北京钢铁学院校史资料（一）.内部资料.94～104

北洋大学—天津大学校史编辑室.1991.为北洋工学院复校建议数点.北洋大学—天津大学校史资料选编（一）.天津：天津大学出版社.419～420

马嘶.2005.1937年中国知识界.北京：北京图书馆出版社.332～334

毛泽东.1999.给马叙伦的信.见：毛泽东.毛泽东文集.第六卷.北京：人民出版社.83～84

魏寿昆 . 2003. 读书与任教期间几个片断的回忆 . 见：汤佩松等 . 资深院士回忆录 . 第 1 卷 . 上海：上海科技教育出版社 . 287

中国科学技术协会 . 1995. 中国科学技术专家传略・工程技术编・冶金卷 1. 北京：中国科学技术出版社 . 196，286

第四篇

经磨久砺结硕果(1952~1979)

1952~1979 年的 27 年，是魏寿昆一生中荣辱相依、地位惊变的一个时段。1952 年至『文化大革命』前，他担任教务长，带领师生完成新中国第一份钢铁专业的教学计划、课程设置、教材编写等的制定和实施工作；著名的高温活度理论、炉渣脱硫离子理论是在这一时段提出和推广的。『文化大革命』中，他受到严重冲击，可贵的是，他相信国家需要科学和教育，这场『浩劫』终将结束。『文化大革命』后期，他着力推广固体电解质电池定氧技术，又重返讲坛讲课。他以乐观豁达面对逆境。

(摄于 1962 年，北京钢铁学院 10 周年校庆)

第七章　钢院创始，主管教学

一、建校元老

1952年中央政府决定对民国时期留下的全国高等学校院系进行调整及教学改革，实行高等学校统一招生和毕业生统一分配制度，把教育事业纳入国家建设计划轨道。这次的调整方针是：以培养工业建设干部和师资为重点，发展专门学院和专科学校，整顿和加强综合性大学；而且，指明教学改革和专业设置是以苏联高等学校同类专业为蓝本，学习苏联社会主义办学经验。

在北京西北角海淀区满井村这片荒草野地、坟茔成片的土地上先后动工兴建八大学院，北京钢铁工业学院首先动土，其后为北京航空学院、北京地质学院、北京石油学院、北京矿业学院、北京农机学院、北京林学院和北京政法学院，与北京大学、清华大学组成一个大学区。

北京钢铁工业学院的基础是：①天津大学冶金系；②天津大学采矿系一年级的志愿学金属采矿的学生，二、三年级（春季班）金属采矿组学生，以及金属采矿方面的教师、图书、设备；③唐山铁道学院冶金系；④山西大学冶金系；⑤北京工业学院冶金系；⑥北京工业学院采矿系；⑦北京工业学院钢铁机械专修科；⑧西北工学院矿冶系冶金组。按照中央人民政府的决定，以上各系（组）的师资、学生（除应届毕业生）、设备、图书等，原则上全部调整到北京钢铁工业学院。

魏寿昆是建校筹备委员会成员，负责教学计划的制订和学生来校后的教学安排。教职员工及学生在新校建成前暂住在清华大学。

留德期间，他非常羡慕柏林工科大学和亚琛工业大学有仪器设备先进的实验室、强大的教师阵容和秀丽宁静的校园。抗日战争时期，他赞叹重庆大学是一块乱世中的福地，他也曾想在北洋大学实现强国的梦想。

他时常来到热火朝天的建筑工地，当看见一栋栋拔地而起的楼房、教学区、图书馆、学生宿舍区、家属生活区等时，一座他心中梦想的冶金高等学府已初显气派。

中央人民政府政务院相继任命魏景昌、杜若牧、张文奇为北京钢铁工业学院副院长；而后学校任命魏寿昆为教务长，陈大受为总务长，胡庶华为图书馆馆长，卢焕云为采矿系主任，林宗彩为冶金系主任，章守华为金相及热处理系主任，杨尚灼为钢铁压力加工系主任兼钢铁机械系主任。

建校初期的教师队伍相当强大和完整，即使是北洋大学、唐山铁道学院的鼎盛时期，也无法与其相比。国内著名教授有魏寿昆、赵锡霖、刘叔仪、刘之祥（原属天津大学），张文奇、林宗彩、朱觉、章守华、卢焕云（原属唐山铁道学院），童光煦、杨尚灼、陈大受、胡庶华（原属北京工业学院），任殿元、石心圃（原属西北工学院）等，以及一批中青年学者，如谢家兰、方正知和马如璋、王润、张凤禄、董德元、朱元凯、余宗森、王兆昌、宋沂生、陶少杰、周荣章、杨永宜、关玉龙等。各系学生共543人，其中冶金系315人，采矿系85人，专修科35人，其他专业108人。

1953年9月23～27日，北京钢铁工业学院从清华大学迁入新校上课，教学秩序井然，校园内生机勃勃，师生的脸上洋溢着快乐自豪的笑容。它宣告，新中国成立后，一所为社会主义国家培养冶金人才的高等学府已初步建成。

1953年5月，与北京钢铁学院学生运动队投掷组全体合影，中排站立者右三为魏寿昆

1954年8月5日，北京钢铁工业学院首届毕业生在毕业典礼上向母校赠送汉白玉横匾，上面题刻着“钢铁摇篮”四个大字。从此，北钢人将“钢铁摇篮”视为自豪和荣耀，激励每个学子努力为祖国多作贡献。

面对自己不熟悉的教育制度、陌生的上级领导和同事，魏寿昆努力学习，以身作则，谨言慎行，每做一件重要的工作，他总要调查研究，请示领导并与各系主任商量。他的辛苦劳累，保证了学校的教务工作的顺畅，由此他得到校领导的高度信任和全校师生员工的尊敬。

二、张文奇与魏寿昆

自1952年至1966年，魏寿昆任教务长长达14年。这期间，他与前后两位主管教学的副院长都合作得非常愉快。

建校初期魏景昌副院长忙于建校筹备工作，教学安排全部交给魏寿昆去筹划和组织。魏寿昆安排一、二年级学生全部下工厂、矿山实习。魏景昌对他的安排十分满意。事后证明魏寿昆的安排不仅没有占用清华大学很多的教室，免得让清华安排困难，而且借这次机会使师生有机会参加更多的生产实践。

魏寿昆与魏景昌相处的时间很短，他说魏景昌是一位事业心强、有魄力的好领导。

张文奇副院长（“文化大革命”后为院长）与魏寿昆的关系非常有趣。1936年9月魏寿昆留学德国归国后回到北洋工学院，任矿冶系教授，张文奇正好是矿冶系的四年级学生，他听过魏寿昆的课，因此张文奇是魏寿昆第一代的授业弟子，有着师生情谊；1948年，张文奇获英国帝国理工学院冶金学博士学位回国，受聘复校后北洋大学冶金系教授，当时魏寿昆是采矿和冶金两系主任，他们又是同事及上下级；1952年北京钢铁工业学院筹建，他们都是筹备委员会委员，之后分别率领各自学校师生合并到北京钢铁工业学院。张文奇因为要处理他担任的唐山市人民政府副市长离职后的事宜，迟来学校。

张文奇任北京钢铁学院副院长、院长达30余年，魏寿昆始终是他可信赖和依靠的副手或顾问。魏寿昆非常尊重张文奇的意见，张文奇也非常敬重魏寿昆治校、治学的经验，以及他的思考缜密、谦虚礼让的风格。他们之间的情谊可以称为“伯钟相知，管鲍之风”，广为学校师生盛赞。

魏寿昆说：“我与张文奇私下间，他叫我‘魏先生’，我称他‘张院长’；而其他领导都称我‘教务长’。我向张文奇汇报工作，他经常说‘行，按您的意见做’，偶尔提点建议，最后都要加上一句‘供您参考’。”“在他的面前，我很轻松，好像老朋友之间聊天。”

张文奇是我国著名的冶金学家及金属防腐学家。他在高强度铝合金的强化理论、应力腐蚀机理以及金属局部腐蚀机理和金属钝化的动力学过程研究方面都取得了很高的成就。他发明了拉普拉斯变换交流电阻抗测量方法中的高速测量方法和采样方法；提出了金属裸表面钝化的过程中电流衰减规律的概念，并找到了获得真实衰减规律的方法；推导出点蚀发展动力学规律的理论公式：$I=KT^b$，$b=0.5\sim2$，该公式将点蚀程度不变和欧姆降控制这两种理论都包含在内，形成了一种更全面的关于点蚀发展初期动力学腐蚀的新理论。

张文奇于1953年加入中国共产党，曾当选为中国共产党第八次代表大会代表。

魏寿昆与张文奇在冶金学领域共事，可说是形影相随、莫逆之交。张文奇担任国家科学技术委员会冶金学科组长、魏寿昆为副组长；张文奇任中国金属学会副理事长，魏寿昆任常务理事；1980～1984年张文奇、魏寿昆都担任《中国大百科全书冶金卷》编委会副主编，魏寿昆还兼任冶金物理化学学科编写组主编，等等。

张文奇曾说：

> 魏寿昆先生知识的渊博，思考的周全，待人的谦虚，做事的实事求是，以及学术上的创新，种种方面都是我学习的榜样。

三、忙碌的教务长

北京钢铁工业学院是新中国成立后新建的一所专业学院，对于魏寿昆来说，政策性问题他要学习，教务事情他要从头做起。各种教学规章制度制定、各种专业教学计划的审定、各门课程教学大纲的编写、苏联教科书的翻译及部分教材的编写、教学设备的选购，乃至教师速学俄语的组织工作等，他的工作量之巨大、时间之紧迫是可想而知的。

魏寿昆把教务长工作归纳为“3个6”和“1个馆”。

“3个6”是教务处的6个科室（教务科、科研科、教学设备科、生产实习科、出版科、业余教育科）；院设的6个系（采矿系、冶金系、金相及热处理系、压力加工系、冶金机械系、物理化学系）（1956年设置）；院属的6个公共教研室（数学教研室、物理教研室、化学教研室、外语教研室、机械制图教研室、体育教研室）。“1个馆”即图书馆。

1953年12月，从苏联西伯利亚冶金学院和莫斯科钢铁学院聘任的13位苏联专家陆续来到学校。专家组组长斯克多罗夫教授带来全套的莫斯科钢铁学院专业设置、教学计划、教学大纲及主要教材。此后，全面学习苏联冶金教育经验在全校展开。

魏寿昆在千头万绪的事情中抓住了三件关键的工作：一是安排参加清

华大学开设的俄文学习突击班，让多数教师在一个月内能够借助俄语词典阅读俄语资料；二是组织人员翻译俄文资料，尤其是俄文版的教学计划和教学大纲；三是由自己负责组织教务处学习研究苏联冶金教学经验。这三件工作进行得都很顺利。

1954 年 4 月，北京钢铁学院部分领导与苏联专家在一起合影，后排左二（穿白风衣者）为魏寿昆

清华大学俄文教师讲课的俄文学习突击班，魏寿昆及教授们都积极参加，青年教师学习俄文的热情更是高涨，一时间将一间可容纳百余人的大教室坐得满满的。

魏寿昆的英语、德语都很好，又有语言学习天赋，由于工作很忙，只坚持了程度较浅的第一期，但一个月学习班结束时，他亲自翻译了许多俄文资料，令同事们赞叹不已。

由魏景昌主持、魏寿昆负责编制的第一份教学计划在施行过程中暴露出学生负担过重、专业范围过窄、明显地脱离中国学生知识水平和传统教学方法的问题，引起教授们的不满。魏寿昆在广泛地征求教授们的意见后，认为其原因是：把苏联的 5 年制教学计划压缩为 4 年，打乱了课程系统；课堂讲授内容多，自主学习时间少；苏联教授主导教学，尊重和发挥本国教授作用不够。在校领导支持下，魏寿昆又制订了新的教学计划，推行后教师们普遍感到满意。

据校史资料记载：在短短的两至三年内，教学计划先后 4 次修订，才使得教学计划和教学大纲日臻完善。

1955 年 1 月受教育部委托在北京钢铁工业学院召开了高等工业学院钢铁冶金专业教学大纲审定会议，出席会议的有北京工业学院、重庆大学、中南矿冶学院、清华大学和北京钢铁工业学院 5 所高校代表共 56 人。教育部曾昭抡副部长出席会议。这次会议由张文奇主持，魏寿昆介绍制订“钢铁冶金教学大纲”的基本原则和主要思路。这份教学大纲经与会各校教授、学者 8 天的讨论顺利通过。它是新中国成立后第一份比较符合中国国情的、比较完善的钢铁冶金教学大纲。这份大纲为其他冶金类专业制订或修订教学大纲起着重要的示范作用。

魏寿昆为自己制定了一份一星期的时间安排：星期一至星期六为工作日，上午在办公室接待教师、职工和学生，当面听取他们的意见和建议，或通过电话听取并记录他们的意见；两个下午分别为政治学习和教务业务学习；其他四个下午参加各种会议；星期日休息，用来阅读文献或做研究。

有一天上午是魏寿昆的接待时间，金工实习厂厂长跑到他的办公室，气冲冲地说，工人师傅对学生金工实习时浪费金属材料的行为很有意见。

魏寿昆请他坐下慢慢地说。厂长望着教务长和蔼的笑容，刚进门时的一肚子气立刻消失了。他坐在魏寿昆的对面平静地说，工人师傅们认为学生在金工厂实习车工，把宝贵的钢材由粗变细，由长变短，浪费得很。魏寿昆听后马上打电话请来那两位有意见的师傅和带实习的教师，静静听取各方面的观点。而后他说：“两位师傅都有小孩上学吧，小学生认字就要写生字，每个生字还要写好多遍才能学会。生字本写完了就没有用了，只能卖废品，这是小学生学写字的合理消耗。大学生在金工厂学习加工零件就好比小学生练字，一次不可能直接加工成有用的零件，但他们学会了金工技术，懂得了很多知识，现在看起来是浪费些材料，其实是用作培养大学生所需要技能的必要的成本。你们说我这个比喻对吗?”

两位师傅笑道：“教务长，您的这个比喻我们都听懂了。现在没有意见了。”两位师傅心情舒畅地回了工厂。

魏寿昆认为做一件重要的事绝不可主观决定，尤其是教务长工作，更不能掉以轻心而出现丝毫差错，否则全校的教学会乱。魏寿昆说：“每当开会研究各部门的工作，会前我都会找有关人员谈话，征求他们的意见，进行调研工作，基本上形成共识之后再召开会议，然后形成决定。因此我从不开无准备的会议。在教务长工作中，我以身作则，从不突出自己原单位（指北洋大学），鼓励大家互相帮助，取长补短，在新单位为了共同的目的团结起来，克服困难，把北京钢铁工业学院办好。”

建校初期，原北洋大学合并来校的教师中流传着唐山（铁道学院）来的人占院系领导主要岗位的消息。这句话传到魏寿昆那里，他觉得这种情绪很不利于团结。一次在校园里遇到随他来校的原北洋大学教师董德元，就很认真地对他说：“我是北洋来的，我认为没有你们说的那种事。几个学校合并在一起，应相互尊重、互相取长补短吧！怎么能说这样的话！”平时和蔼的教务长这么严肃地讲话，着实让董德元不好意思，此后类似不利于团结的话没有再出现。

1953年9月从哈尔滨工业大学调来任副教务长的傅君诏，与魏寿昆共事多年。他评价魏寿昆说，建校初期，北京钢铁工业学院的教授来自不同的学校，有不同的办学思想和学术经历，怎样把他们联合起来共同办学，是一件比较难做的事情。中国知识分子有一个弱点，就是“文人相轻”，你看不起我，我又看不起你，互不服气。如果在教学计划制订方面出现“学校相轻”，做工作就更困难了。但是学校没有发生过这样的事。魏先生曾是天津大学副教务长，经验丰富，为人又很谦虚谨慎，工作做得很细、很周全，教授们对他都很佩服，也很敬重。

四、创办冶金物理化学专业

1956年1月在柯俊、魏寿昆等著名教授的建议下学校设立了物理化学系，下设2个专业，即金属物理专业和金属物理化学专业（冶金物理化学专业的前身）；物理化学系还兼承担全校公共基础教学的数学、物理、化学和外语等4个教研室的工作。

金属物理专业和金属物理化学专业属工科偏理性质，号称北京钢铁工业学院的“两大台柱”。

金属物理专业拥有雄厚的师资力量，柯俊、肖纪美、方正知、张兴钤被誉为“四大台柱”，还有马如璋、余宗森、田中卓等一批年轻英才。

金属冶金物理化学专业，一级教授魏寿昆是唯一的名师，朱元凯、王鉴、韩其勇、李道子、段淑贞等都是新中国成立前后国内高校的毕业生，此前他们没有冶金物理化学知识，还不懂得冶金物理化学专业的内容。

全面学习苏联期间，东北工学院请苏联专家开设一门“冶金原理”课。东北工学院寄来一份教学大纲，魏寿昆认真研究后决定派朱元凯等去东北工学院听课。

建校初期，冶金学教授中只有魏寿昆学过德国亚琛工业大学申克教授主编的《钢铁冶金物理化学》及乌利希教授主讲的《冶金过程物理化学》。对这两本专著他视若珍宝。回国后，政局动荡，颠沛流离，居无定所，劳顿谋生，以至于他在新中国成立前没有机会开设这类课程。

然而，魏寿昆在学校设立冶金物理化学专业的想法已久，难以释怀。当柯俊教授同他商量成立物理化学系时，他欣然赞成，而且开始谋划冶金物理化学专业人才培养、课程设置、实验室设备、学生招生等较为完善的蓝图。朱元凯去东北工学院进修是他构想计划中的一步。

朱元凯教授回忆道：“魏先生派我和另一位教师去东北工学院跟苏联专家马翰尼克教授进修冶金原理课。我上大学时养成一种习惯，就是听完课后要读老师课堂布置的参考书，之后将参考书中有关内容与讲课内容合在一起整理成比较完整的笔记。大约在我学了一半时间，我收到魏先生寄来的信，问我有什么资料，让我把笔记寄给他看看。于是我就把整理好的笔记本寄回学校，后来我再把另一半内容也寄给他。我原以为魏先生派我这位年轻教师来东北工学院进修，让我回校后开设这门课，他的任务就算完成了。回到学校后，我到教务长办公室向魏先生汇报，使我惊讶的是，魏先生从抽屉里取出一本装印好的讲义递给我，这本讲义原来是我寄给他的全部笔记。魏先生看到我有点激动，他亲切地说：‘现在冶金原理课也没有其他合适的教材。你寄给我的笔记，我读过了，一些地方我稍作修改，又补充一些内容。我感到它是可以作为教材的，因此我帮你装订好了，就把它作为讲义吧。’”

朱元凯激动地说：“这本讲义至今还保存在图书馆，已经发黄了。这件事早已过去50多年，对我来说好像就发生在昨天，难忘得很哪！冶金物理化学专业的成长和完善就是从这‘冶金原理’课开始的。那时‘冶金原理’的内容很简单，包括燃烧学、热力学、氧化、还原等，后来逐步增加内容；如今冶金物化专业已开设20多门课，包括冶金热力学、冶金动力学、冶金电化学、冶金熔体四大部分，此外还有相图计算、冶金物化研究方法等；从几十个学生发展到现在招收博士生，这一过程都是在魏先生直接指导和帮助下，经过教研室老师共同努力逐步完成的。”

《北京科技大学校史资料》第五辑、第八辑封面

《理化系志》写道：“冶金物理化学专业是 1956 年在魏寿昆教授等老一代专家的倡议下建立的，在我国教育史上是第一个冶金物理化学专业点。”“冶金物理化学专业教学三门主干课教材中有两门是理化系主编的。《冶金过程热力学》是学部委员魏寿昆主编的；《冶金过程动力学》是由博士生导师韩其勇教授主编，博士生导师周国治、刘庆国教授参编的。”

为了加速冶金物理化学专业教师队伍建设，学校接收了从国内著名大学分配来的几名优秀毕业生，如洪彦若 1957 年毕业于厦门大学化学系，李文超 1960 年从苏联莫斯科钢铁学院毕业回国也分配在该专业。更多的教师是从本校冶金系毕业生中择优留校充实教研室师资力量，如张圣弼、顾学范、倪瑞明、周国治、毛裕文等；1963 年初首届毕业生留校任教的有刘庆国、林勤、乔芝郁、李福燊、彭育强、张福林、胡茂甫、王宝珏等。1960 年 9 月调高诒善教授任系副主任。

1962 年中国科学院在上海召开了第一届全国冶金物理化学学术会议，并出版了学术论文集。北京钢铁学院（1956 年校名更改）冶金物理化学教研室向会议提供了多篇论文。至此，冶金物理化学专业在北京钢铁学院已初步组建完成。

前排左起：杨尚灼　柯俊　魏寿昆　李文　刘少华　高芸生　马纪民　林楠　胡庶华　陈放　刘景云　章守华　于殿栋
中排左起：赵鹏　石磊　朱耀中　李珍　孙海峰　边荣谦　贾峰　蒋恒　徐文兴　赵文志　符荣
后排左起：韩文植　陶少杰　肖敬德　张挺　王希福　王祖诚　贾世轸　董锷　杨静云　沙青　胡修本　吕济恒

一九六四年初秋摄于主楼前

1964 年北京钢铁学院领导同志合影，前排左三为魏寿昆，左六为院长高芸生

第八章　“文革”沉浮，荣辱自安

一、突如其来的浩劫

1966年5月16日，中共中央政治局扩大会议上通过了《中国共产党中央委员会通知》(简称《五一六通知》)。这份《五一六通知》号召“文化大革命”，批判所谓“学术权威”及其背后的反革命修正主义分子，即党内走资派。

6月1日，《人民日报》发表《横扫一切牛鬼蛇神》的社论，2日，校内大字报一夜之间铺天盖地。3日，冶金工业部派出“文化大革命工作队”进驻北京钢铁学院，学校停课，组织全校师生员工学习。8日，大字报中提出“打倒黑帮分子高芸生”的口号。北京钢铁学院党委书记兼院长高芸生竟成了首个被批判的对象。

高芸生1956年6月调到北京钢铁学院担任党委书记兼院长，从此结束了建校4年来党委书记和院长空缺的状况。赴新任之前，他是武汉钢铁公司副总经理、湖北省委委员、中央财经委员。他丰富的冶金厂矿管理经验及冶金生产知识，受到学校广大教师的信赖。

在高芸生主持北京钢铁学院校政期间，有过多次政治运动，如“反右”斗争、“反右倾”、“全民大炼钢铁”，又遇到国家三年经济困难等，他始终坚决执行党的路线、方针、政策。

“文化大革命”中将高芸生推向风口浪尖、置他于死地的原因，是始于1958年、历经3年的北京钢铁学院教育革命及他在此3年中与当时的中共北京市委的关系。

1958年党中央制定了“教育为无产阶级政治服务，教育与生产劳动相结合”的教育方针。全民大炼钢铁运动中，北京钢铁学院师生奔赴全国各地大中钢厂和矿山参加实践和研究，创造了多种新的教学方式和学习方式，高芸生把它们总结为“现场教学、真刀真枪、一参三改三结合”，并作为普遍经验在学校大力推广，成为北京钢铁学院教学改革的基本内容。

"一参三改三结合"是指师生参加厂矿生产实践，改革教学大纲、改革教学内容、改革教学方法，现场教学与课堂教学相结合，在现场实现教学、科学研究、生产劳动三结合。

高芸生组织和领导的这场北京钢铁学院的教育革命活动，搞得轰轰烈烈，受到当时北京市委和市政府的关注，高芸生署名的文章登在北京市委主办的党刊《前线》上，获得高度肯定。

这为高芸生留下了祸根，是他始料不及的。他在《前线》上发表的那几篇文章及编者的"按语"成为他"罪行"的依据。他对大字报中不实的事情，多次申诉事实真相，对诬陷歪曲的言词表示愤慨并反斥。他的罪名因此而增加。7月6日，他终于留下两份遗书后自杀身亡。遗书中坚持表明自己一生对党的忠诚及北京钢铁学院教育革命应当得到肯定。

高芸生之死引起多数教师和各级干部的不满。之后许多教授和干部都被抄了家，魏寿昆的家就被抄了三次。接着是被关进"牛棚"，随时被拉到各种形式的批斗会上被"主斗"和"陪斗"。

据校史记载：钢院被抄的家有数百户，被抄的财产价值不菲。从教授、干部、教师、职工抄去的物品，贵重的已难以返还。

二、牛棚事件和干校生活

1966年8月6日北京钢铁学院成立"文化革命筹备委员会"（简称筹委会），随后冶金工业部工作队撤离学校。筹委会分别建立"黑帮"劳改队和"牛鬼蛇神"劳改队。魏寿昆、杨尚灼、章守华等一批著名教授及建校功臣被关进劳改队，红卫兵称它为"牛棚"。

1966年5月，"文化大革命"前魏寿昆夫妇在北京十三陵长陵前留影

这一年，魏寿昆近60岁，已是一位老年人。风风雨雨的60年中，经过多少次磨难，他不愿意去想它。

1957年"反右"斗争，他平安地度过。背地里，他同样受到严格的审查。曾是他研究生的万天骥教授说："'反右'时科研部一位干部找我谈话。他说你是魏先生的研究生，魏先生在'反右'时期跟你说过什么话？一直追问这件事。我告诉那位干部魏先生除了业务上的事，从没有说过其他的事情。当然这位干部对魏先生也是很尊敬的，无非是例行上级布置的工作，并没有个人的恶意。”

这场“文化大革命”来势凶猛，魏寿昆有些茫然。高芸生含冤自杀、胡庶华被折磨致死、理化系副主任高诒善教授自杀、章守华教授受辱、柯俊教授几乎被逼上绝路等，他感到工作队来者不善。

魏寿昆私下烧了一些容易惹祸的照片，虽然这些照片是他人生轨迹的记录，在红卫兵眼里可能会变成他的罪证。三次抄家，他虽然损失了一些珍贵的文字资料和贵重的物品，却保全了一家人的平安。

关于魏寿昆“牛棚”的事情，他没有写下文字资料，也不愿意重提往事。傅君诏回忆说：“我和魏先生同时住进‘牛棚’。‘牛棚’设在图书馆。重‘犯人’，一个人住一间房，管得很严，可能怕他们自杀。我和魏先生等20几个人同时关在二楼一间大房里，睡通铺，就是在地上铺上褥子，被褥都是从自己家里带来的。白天，我们由监管人员分派劳动，打扫主楼的厕所、楼道，运垃圾、倒垃圾，20多个人干着这样一件事，劳动量不重，很轻松。晚上在一间房里睡觉，个人做个人的事，不敢说话。你若说话了就会让监管的人怀疑，好像我们正在商量什么事，谁也不愿意招这类麻烦。因此，我们这些‘牛鬼蛇神’每天就是劳动干活，空闲时学习毛主席语录、背‘老三篇’。饭菜是食堂送来的，主食多半是窝窝头，面食很少，反正筹委会不准吃肉。经过这场折磨，魏先生消瘦多了，我们这些同事都很心痛。但他很乐观，精神状态很好，活也抢着干。大概关了3个月，筹委会宣布我们这些‘牛鬼蛇神’可以回家住，但每天必须向监管人员报到，集合后听从劳动分派。记得有一次，我同魏先生抬一台很重的设备，约有百十来公斤。这是一台高频感应炉，炼钢用的。魏先生和我都当过教务长，建校后通过我们批准买来的，很贵重。我们都很心痛，真舍不得，可是没有办法。筹委会说，放在实验室里不用就等于浪费，结果这台设备让抚顺一家工厂搬走了。我们心里相信，钢院迟早要复课的，到那时这台设备一定是需要的。这是无知的悲哀！”

1968年1月，军宣队进驻北京钢铁学院，9月院革命委员会成立，11月开始清理阶级队伍，教授们仍然过着担惊受怕、屈辱的生活。魏寿昆等教授每天可以回家，与家人相聚，每天早晨仍要去报到，听从监管者分派劳动任务。

1970年底魏寿昆是第一批得到自由的教授，被下放到冶金物理化学教研室参加活动。1971年2月18日，院革委会为贯彻中共中央关于“五七干校”的指示，安排教职工接受“再教育”，在河北省安平县寨子公社办起了“五七干校”，计划在三至五年内将全校职工轮训一遍。第一批183名教职工中就有魏寿昆，这年他已是65岁的老人。

2月的安平正值隆冬季节，天寒地冻，滴水成冰。住的是砖瓦平房，一间房里住2～4人，床板搭在红砖上，每个角只许垫上两块砖，地上寒气逼人。房里自己烧炉子取暖，煤烟呛人。干校没有自来水，用水得自己从井中打水挑回来。

第一批教职工是干校的建设者，他们的任务是打井、盖房子，为后来的人创造较好的生活条件，因此他们的生活极为艰苦。

魏寿昆是第一批自愿报名来干校的。学校的气氛让他无奈和窒息，对多数人来说，到干校劳动倒是一种人身自由和思想解脱。这批教职工中绝大多数人是他熟悉的同事，朱元凯、李文超、张福林等与他同在一个专业，都是他的学生或同事。

在冬天的北方，打井是一种磨难。手上戴的劳动布手套一沾上水马上就被钻杆粘住，手抽出来而手套仍留在钻杆上，需要用很大力气才能把它拉下来，手套却常常被拉破，戴上后露出冰冷的手指。

起初，魏寿昆的手套也时常被粘住，他反复思考这个问题的解决方法。经过对打井工程量的计算，他提出一个建议，就是白天加快打井进度，晚上减少工作量；晴天加快进度，阴天减少进度，用这个方法安排工作，既保护同事的健康又保证打井工作按时完成。朱元凯说，魏先生常常提出一些合理化建议，打井，他也用科学的方法。

魏寿昆在干校劳动，不愿意别人照顾，凡是力所能及的劳动他都抢着干，而且干出的活比别人的质量更好。

三、阅览室的孤“读”人

干校劳动一年后，魏寿昆结束了在“五七干校”的劳动回到学校，参加冶金物理化学教研室的活动。此时，他有一种“无职一身轻”的自由之感。除了参加规定的政治学习外，他也参加工农兵学员教学计划的讨论。其余属于他的时间都被用来读书。

有一次，在教研室讨论科研问题会议上，恰好东北工学院冶金物化教研室主任冀春霖教授在场。他说国外固体电池定氧技术发展很快，可以研究。教研室请魏寿昆先行做文献调查，因为他英、德、俄文底子深厚，阅读速度及文献归纳能力学校无人能比。魏寿昆欣然接受。

他每天清晨准时来到图书馆期刊阅览室。偌大的阅览室读者寥寥可数，“文化大革命”前那种占座位的热闹景象已荡然无存。他感到一丝悲凉。

陈列在书架上的过期杂志上积满了厚厚的尘埃，新到的现刊一捆捆放在桌子上，窗下满地堆放着下架期刊和未上架的现刊。

一位名叫常乃欢的老馆员与魏寿昆交往许久，对他的阅读习惯十分了解。不待他开口老常已把一本本他需要的英、德、俄文过刊及现刊摆到他的桌上。魏寿昆乐了，呈现出“文化大革命”以来难得的笑容。他说：“老常呀，这么多期刊，我哪里能够看得完。”常馆员说：“看不完没有关系，我为你单独存放着，明天再拿出来，省得临时找，耽误您的时间。”稍等片刻，他好奇地低声问道：“魏先生，别人都在家里闲着，您还在忙碌着，不会图个清闲？”魏寿昆说：“忙碌了大半辈子，好容易有段清闲时间，到你这里坐坐，读读文献也是一种休闲吧！”

闭馆后，魏寿昆将期刊借回家，次日送还，日复一日，只用半个多月竟把五六年期刊有关浓差电池快速定氧技术的文献读完。1972～1973年，他分别以北京钢铁学院和北京钢铁学院冶金物化教研室名义编写了两份资料：《钢液直接快速定氧的固体电解质电池》及《浓差电池快速直接定氧法》。这两份宝贵资料后来成为开创冶金物理化学教研室新的研究领域的基础。

四、古稀教授重上讲台

1972年，按照教育部文件，北京钢铁学院恢复招生。新的招生政策规定：通过“个人报名，群众推荐，组织批准，学校复审”，从“斗批改”和“抓革命、促生产”的积极分子中选拔有一定文化的学员。这批学员通称“工农兵学员”，从72届至76届共招收5届。

这些工农兵学员来自冶金厂矿、研究院所、下乡插队知识青年、解放军战士或建设兵团知识青年，文化程度参差不齐，多半只有初中文化程度。他们入学后经过一年左右时间补习中学课程，再学习大学基础课。

工农兵学员是带着“上大学、管理大学、改造大学”，即所谓“上、管、改”的任务而来的。他们中少数人任意批判教研室制订的教学计划，随意给教师扣上“资产阶级右倾回潮”的帽子，容不得教师有半点不同意见。但多数学生十分珍惜大学的学习机会，愿意好好读书，改变自己的命运。

冶金物理化学教研室曾为72届工农兵学员安排一位老教师讲授“物理化学”课，这位老师教学经验丰富，讲课效果很好，然而却遭到工农兵学员拒绝。他们要求一级教授为他们讲课，否则就是反对“上、管、改”。

魏寿昆知道这件事后，主动承担讲课任务。他认为：“这批工农兵学员难得有这次学习机会，既然他们点名要我讲课，决不要伤害他们，更不能给教研室造成麻烦。”

他发现这批工农兵学员的文化程度高低不齐的情况与他在西康技艺专科学校十分相似。因此他用浅显、生动、具体的教学方法，让大多数学员听得懂，学到一般的物理化学基本知识，对文化程度较高的学员课后辅导时再“加餐”。

一年的“物理化学”学完后，学员说：“魏先生是我们最喜爱的教授。”

1974 年 9 月至 1976 年 7 月，魏寿昆又为炼钢二年制工人班讲授“炼钢物理化学”两学期。

卸下教务长职务的魏寿昆，在“文化大革命”后期又重回讲坛，他感到快乐和欣慰。这时他已是古稀之年，讲坛使他不觉“时光如水催人老”。

1973 年 4 月 28 日，赴武汉钢铁公司考察调研，
在武汉东湖留影，前排蹲者左为魏寿昆

第九章　厚积薄发，自成一家

一、四位活度研究先行者

以热力学三大定律为理论基础的化学热力学几成定型。平衡为经典化学热力学之中心问题。通常，为处理方便先讨论自由能、自由焓、化学势等函数；为具体用这些函数处理实际问题，又须讨论逸度与活度。活度是研究含有溶液参加的化学反应不可缺少的工具。

冶金反应通常在高温熔体中进行，反应过程十分复杂，研究者一般借用常温活度计算公式来处理高温下的化学平衡问题，其结果显然是不尽如人意的。因此，高温反应活度理论的研究便应运而生，受到学者格外青睐并成为国际物理化学界的研究热点。

1967 年英国坎帕矿业学院副院长派克（R. H. Parker）在专著《化学冶金学导论》序言中写道："在早期冶金学的课程中提炼冶金学和冶金分析占有很大的比重。但是随着物理冶金学的发展，在许多课程中化学冶金的内容几乎全部被取代了；因而提炼冶金学常常作为一门非主要学科来讲授，这就不可避免地导致只重视工艺过程的操作实践，而忽视其基本原理的现象。不过随着科学技术的发展，金属腐蚀和表面处理的重要性不断在增长，高温系统实验技术日趋完美，并且物理冶金学家也越来越认识到掌握化学热力学和化学动力学应用知识的必要性，所有这些已导致了化学冶金学的复苏。"

加拿大多伦多大学奥尔考克（C. B. Alcock）教授也有类似的论述。他说："火法冶金物理化学的研究工作的作用，常常由于那些直接从事金属制造者的兴趣而被放到第二位。"造成这种现象的原因，他认为有三条："一是生产决策者的决定主要从经济上考虑，学者的意见和建议得不到重视；二是高温化学家过去的贡献仅限于工业操作的改进方面，而不是提出可能开发的新流程；三是大规模生产中做到像在实验中研究热力学性质时必须保证的化学元素组成的均匀性是不可能的，也是不现实的。因此物理化学迄今对金属冶炼没有达到生产者所希望的效果。”

奥尔考克教授欣喜地说：“过去50年中进行的固态电化学方面的研究工作，其极有实际的价值，也只是在最近10年（注：20世纪60～70年代）中，当液体金属中含氧量的连续测定第一次表明可以用于工业生产时，物理化学研究的意义才真正被认识到。”

高温反应活度理论和固体电解质电池定氧技术是使冶金热力学应用于冶金工业生产的重要工具及冶金热力学学科自身发展的重要推动力。

20世纪50年代后，国际冶金学界曾有一批享有盛誉的冶金化学热力学家，如J. Chipman，O. Kubaschewski，C. B. Alcock，J. E. Elliot，E. S. Daken，F. D. Richardson，F. Korber，F. Oeters，等。

新中国成立之前，冶金过程物理化学的研究在我国尚是一片处女地。留学回国学生中大多搞冶金工程，办工厂，开矿炼钢，走实业救国之路；也有搞教育，兴学育才，走教育兴国之路的。然而，当时中国冶金技术落后，几乎无人从事冶金理论研究。叶渚沛、李公达、陈新民、邹元爔等早期研究高温活度理论的成就，都是在国外攻读博士学位时取得的。他们是中国活度理论研究的先行者、探索者和开拓者。

叶渚沛（1902～1971）于1928年获得美国宾夕法尼亚州立大学金属物理化学博士学位。1931～1933年被美国联合碳化物研究所和中央合金钢公司聘任为工程师，后又在美国机器铸造公司任职。1993年叶渚沛在德国考察时与柏林工科大学杜勒（R. Durrer）教授进行学术交流，同年回国。叶渚沛相继发表了《钢-碳系物理平衡的热力学研究》、《铁（$\alpha \rightleftharpoons \gamma$）相变自由能》、《弥散系统表面能的影响》等论文，已有较高的学术水平并涉及冶金热力学问题。

李公达（1905～1971）于1931～1935年留学美国密歇根大学并取得冶金工程博士学位，师从美国著名冶金物理化学家J. 契普曼（J. Chipman）教授。他的博士论文《液体铁中硫化铁与氢反应平衡及脱硫反应的热力学》取得开创性的成果，成为国际上研究钢铁脱硫物理化学理论的先驱，从而获得美国学术团体Sigma Xi的“金钥匙”奖。

陈新民（1912～1992）于1941～1945年在美国麻省理工学院研究所攻读博士学位，在导师J. 契普曼教授的指导下完成博士论文，获冶金博士学位。他的博士论文《熔铁中的铬-氧平衡》，首次以实验方法测出熔铁内的铬含量，并指出熔铁内的铬含量增加会降低铁内氧的活度，从而证明了氧的活度系数的对数与铬含量呈下倾斜的直线关系。这一发现是J. 契普曼等后来提出“交换作用系数”的实验依据。

邹元燨（1915～1987）于1947年获美国匹兹堡卡内基理工学院冶金学科学博士学位。他在博士论文《在液态铁和银之间某些元素的分配》中，利用液态铁和银互不相溶的特性，成功地测定和计算了铜、锰、硅和硫等元素在液态铁中的活度系数及其受铁中碳的影响，修正了炼钢过程中传统的脱硫机理，并为液态金属中元素活度的测定提供了新的途径。

二、高温活度理论自成体系

新中国成立前魏寿昆没有机会研究高温冶金反应物理化学，但他始终钟情于冶金过程理论，积累文献资料，关注国外冶金过程理论的发展动态。

谈到高温反应活度理论研究的初衷时，魏寿昆在《奋斗人生》一文中写道：20世纪50年代北京钢铁工业学院开始全面学习苏联冶金教育经验时，“有门‘物理化学’课是由苏联专家格里格良教授讲授。他将（物理化学）理论与炼钢过程紧密结合，使听课的师生收获很大。有一次他引用了美国人契普曼（J. Chipman）的一篇文章，因数据太多无法在课堂上写出来，听课的师生（包括东北工学院和重庆大学的老师）都很感兴趣，最后苏联专家把引用文献的出处告诉了大家。我借此机会在图书馆查阅了这些文献，并同时浏览了许多西方的最新科技期刊，发现各种冶金杂志上‘活度’的文章甚多（尤其是美国的冶金及材料汇刊），对这个领域的研究，我在德国留学时就知道活度已被著名学者申克（Schenck）、美国学者契普曼等提出了，我一直在关注着这个问题，没想到20年后发展得如此之快，讨论得如此之活跃，我如饥似渴地阅读了这方面的大量文献（晚上去图书馆，休息日就借出），收获甚大。”

魏寿昆阅读和研究了百余篇文献，凭借他深厚的化学和物理化学知识、熟练的归纳演绎研究方法、敏锐捕捉关键问题的能力、丰富的生产知识及坚韧不拔的意志，把国际上活度研究情况梳理清楚，开始他的理论研究。因此，他的研究不是跟随而是超越，具有自己鲜明的创造性。

傅鹰教授说：“我们处理这些真实溶液的原则与处理真实气体一样，即对于理想溶液的种种公式加以修正，以Lewis（注：G. N. Lewis）倡用的活度代浓度，经过如此处理之后，原来理想溶液公式的形式不变，或几乎不变，但内容不同了。”

活度概念自1907年由G. N. Lewis倡用，此后在常温非理想溶液化学反应系统已成功地应用，建立了包括关于标准状态的规定、活度系数及活度的测定等在内的较完善的理论体系。常温反应活度理论已是化学热力学处理溶液反应问题的主要工具。

然而，直到20世纪30年代中期，美国学者J. Chipman教授将活度概念成功地应用于冶金熔体，并用实验方法测定了熔体中元素的活度系数，才开创了高温反应活度理论。中国学者李公达、陈新民、邹元爔等都曾对早期高温反应活度理论的建立做出贡献。

魏寿昆研究高温反应活度理论的初期条件并不好。初建的北京钢铁工业学院一切工作还处在探索、磨合和整序过程中，冶金学教师对活度仍是一知半解，既感到了深奥又存在幻想，因此有一种“活度即糊涂”的流行说法。魏寿昆踏进这个令人望而生畏的禁区，揭开它的神秘面纱，把活度从神坛上请下来，使它成为冶金科技工作者有用的工具。

1956年魏寿昆在《北京钢铁工业学院学报》第3期发表《活度的两种标准状态与热力势》及《活度在钢铁冶金二相的气体-金属液化学平衡反应中的应用》两篇论文，这两篇论文在他科学道路上具有里程碑式的意义。

高温冶金通常存在下列四种平衡反应：一是单相的溶液反应，表现为某一元素溶解在另一元素中形成一种熔体合金；二是二相的气体与金属液反应或与炉渣反应；三是二相金属液，即渣液反应；四是三相的气体-炉渣液-金属液反应。

经典化学热力学中的拉乌尔定律、亨利定律、分配定律、质量作用定律是计算上述四种平衡反应的理论依据。

魏寿昆指出：由于高温下分子或原子间作用力比常温非理想溶液的作用力更复杂，由实验中得到的数据，往往是不符合这四个定律的，因此更需要采用“有效浓度”以代替实际浓度。也就是说，用一个因素把实际的浓度加以校正，使它能够符合上述四个定律。这个校正因数就是“活度系数”，而“有效浓度”叫做“活度”。

之后，魏寿昆又把高温反应活度的概念应用于钢铁冶金二相的气体-金属液化学平衡反应的计算，即H_2（气）＋［S］＝H_2S（气）（以H_2S/H_2－Fe液的化学平衡为例）；H_2（气）＋［O］＝H_2O（气）（以H_2O/H_2－Fe液的化学平衡反应为例）；CO（气）＋［O］＝CO_2（气）（以CO_2/CO－Fe液的化学平衡为例）3种二相气体-金属液化学平衡反应。

魏寿昆指出：各种元素在Fe液内相互作用的关系是复杂的。在二元系内，第二元素的活度可能随它本身的百分含量而改变。在三元系内，第三元素的百分含量又对第二元素的活度施有影响。为此，他推导出一个对钢液脱硫、脱氧及合金钢热力学性质的研究有重要指导意义的公式，且被广泛应用。

1959 年魏寿昆为本院冶金物理化学和冶金两个教研室教师举办高温反应活度理论讲座。讲授题目是《活度在冶金物理化学中的应用》，其目的是为了普及活度理论，推动和宣传活度理论的应用及研究。之后他对讲稿进行补充修改，继而在 1962 年春再次为冶金物理化学专业首届毕业班讲授，并再次修改成书。1964 年《活度在冶金物理化学中的应用》专著出版。这是一本国内外少有的、专门阐述高温反应活度理论及其在冶金过程应用的专著。因此该书一出版立刻受到国内外冶金同行的好评，被广泛引用。

魏寿昆在“序言”中写道：“有的人认为活度的理论很深奥，较难理解，甚至存有幻想，认为一经掌握活度，便可以解决冶金物理化学中理论上任何的疑难问题。但也有另一部分人认为活度只不过是人为的概念；由于活度不能说明物理化学现象的本质，因而认为它不能解决任何问题。我们认为这两种看法都有片面性，都是不正确的。”

《活度在冶金物理化学中的应用》共 12 节，魏寿昆以 10 节篇幅论述活度的测定和计算，用冶金反应实例论证各种计算方法的作用范围。

他说：“写这本书的目的，在于使学冶金的人对活度概念有一正确的理解，在于说明活度是从实际角度出发研究物理化学理论问题的得力工具。”

他在该书的最后一节，回答了“活度能解决的问题和不能解决的问题”。魏寿昆写道：“我们对活度应怎样的评价呢？怎样正确认识活度在物理化学中的作用呢？首先，应该肯定，活度是人为的概念。它反映真实溶液和理想溶液客观上存在的偏差，特别是活度系数反应产生偏差的后果。有了活度，可以计算有关溶液化学反应的自由能和其他热力学函数，这对化学冶金的理论研究有重大意义。通过活度，可以进一步了解并阐明化学反应的机构，并可促进发现不同物理化学现象的内在联系。由于计算方法本身的限制，活度不能反映真实溶液与理想溶液存在偏差的原因，所以为阐明造成偏差的本质，必须对溶液结构作进一步的研究。由于近年来大量活度实验数据的累积，冶金工作者已发现一些活度参数与元素内部结构一定关系的规律（当然这些规律尚不多，而且也不够系统化）。这也说明，活度的研究可提供探索合金溶液本质的途径。作为一个工具，活度能处理一些冶金物理化学中的实际问题；但应该明确，活度有它的局限性，不能过分夸大它的作用。”

《活度在冶金物理化学中的应用》的出版是魏寿昆科学人生中的一次

转折。他曾说："德国大学，以一个博士的荣位，驱使了多少青年学子致力于研究，其目的并不在于收效于立时，乃在为后来学者辟新途径。著名教授常常有很大的系统式的问题在脑海里，不知可供若干年去研究。"从德国留学回国时他已为自己立下了做一名著名教授（学者）的学术成就标准，为此他不停地寻求自己研究的领域；而且这个领域必须是广阔的，对国家有用的，能不断提出新问题且是创造性的。高温反应活度理论符合他的心愿和目标，因此他把它作为研究中国的冶金物理化学，特别是冶金过程热力学的起步。

三、炉渣脱硫离子理论

从 1964 年开始，魏寿昆把高温反应活度理论应用于铁和钢冶炼中的脱硫问题，连续发表了《炉渣氧化铁含量对脱硫的作用》（1964 年）、《空气顶吹过程中的熔渣的气态脱硫》（1965 年）、《高炉型渣脱硫的离子理论》（1966 年）等文章。

铁和钢中含硫会引起所谓"热脆"现象。炼铁和炼钢中一般采用碱性炉渣脱硫。

魏寿昆从文献中得知炉渣中 FeO 含量对脱硫作用有四种不同观点：一是炉渣内 FeO 含量越小，硫分配比越大，脱硫越有利——电炉还原期及高炉冶炼实验证实；二是炉渣内 FeO 含量在 3%～70%时对脱硫作用无影响——平炉操作实验证实；三是炉渣含高 FeO 对脱硫有利，特别是较酸性的炉渣；四是纯氧化铁炉渣也能脱硫，1600℃的硫分配比为 3.6。

他认为这 4 种分歧观点从表面上看是相互矛盾的，但这些分歧是可以用考虑炉渣不同碱度通过离子理论的计算统一起来，它们之间是有内在联系的。而这种联系说明氧化铁在不同条件下对炼钢反应显示不同的作用。

魏寿昆对文献中的饱和碳铁液和高炉型渣平衡实验数据，采用炉渣完全离子理论进行处理分析归纳，首次推导出高炉型渣硫 Fe 离子和 S 离子的活度系数与 O 离子的摩尔分数的关系式为

$$\lg\gamma_{Fe^{2+}} \cdot \gamma_{S^{2-}} = -53.5N_{O^{2-}} + 2.12$$

式中，$\gamma_{Fe^{2+}}$，$\gamma_{S^{2-}}$ 分别为高炉渣中 Fe^{2+} 离子和 S^{2-} 离子的活度系数；$N_{O^{2-}}$ 为高炉渣中 O^{2-} 离子的摩尔分数。

高炉型渣硫分配比公式一直为国内外冶金工作者广泛应用，受到好评。

1988 年攀枝花矿山公司与攀枝花钢铁公司因对攀枝花钒钛磁铁矿性质

1988 年，考察四川攀枝花钢铁公司，在该公司的钢铁研究所前合影。
前排左三为魏寿昆，左二为王之玺院士

发生争论。矿山公司认为铁矿中的 TiO_2 属碱性，因而该矿属半自熔性，品质高，应提售价；而钢铁公司则认为该矿石中的 TiO_2 为酸性，因而并非半自熔性，不该提价。最后冶金工业部出面请魏寿昆通过理论计算决断。

魏寿昆用攀钢钒钛铁矿高炉炼铁工艺数据代入高炉脱硫公式，得出的结论是：若矿石中 TiO_2 呈碱性氧化物，计算的硫分配比远高于现场生产数据约 20 倍；若矿石中 TiO_2 呈酸性氧化物，计算的硫分配比数据与现场生产相符合。因此，矿石中 TiO_2 不可能是碱性氧化物而必定是酸性氧化物；同时它不可能是半自熔性的矿石。

魏寿昆用炉渣完全离子理论平息了攀钢与攀矿两家兄弟公司的提价纠纷，是他提出的高炉脱硫公式的一次实践检验，也是高温反应活度理论的一次成功的应用。

四、推广固体电解质电池定氧技术

固体电解质电池定氧的原理十分简单，与其他电池一样：首先要设计一种能定氧的浓差电池，它由两个半电池组成，一个是已知定氧分压的参比电极（包括氧参比材料），另一个是待测定含氧量的金属液回路电极，中间用固体电解质连接。由于两个电池的氧分压不同，一定温度下在两个电极之间产生了电动势，由测定的电动势可计算出金属液的含氧量。通常采用的固体电解质为性质稳定的 ZrO_2，通常称此技术为“浓差电池直接定氧技术”，而由固体电解质电池制成的器械，称为“测氧传感器”。

炼钢过程是一个氧化过程。在炼钢的末期须通过脱氧操作适当地控制钢液含氧量，以便能炼成镇静钢或沸腾钢，只有这种钢才能轧成钢材，因此炼钢过程末期的脱氧操作，即钢液中氧含量的准确测定是钢锭质量的重要保证。

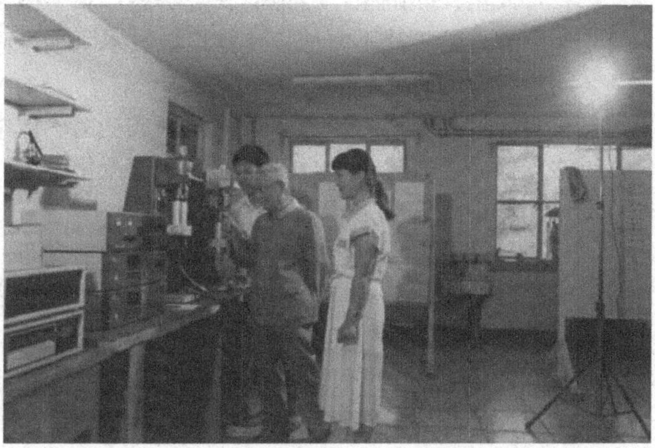
1994 年，在北京科技大学固体电解质实验室指导研究生实验

当时非直接定氧方法测氧时间较长，一般需要 4～7 分钟，只能给出钢液先前数据，不能反映实时的情况，难以判断即时的炉况。浓差电池定氧传感器可以直接插入钢液，只需几秒钟就能测得钢液即时氧含量。

常言道：“懵者暗于当事，智者烛于先机。”

他把《钢液直接快速定氧的固体电解质电池》及《浓差电池快速直接定氧法》两份内部资料，交给冶金物理化学教研室，又做了学术讲座。他说：“科学研究一定要善抓住一项新技术出现的苗头。固体电解质电池定氧技术，在国外还刚刚开始研究，这就为我们迎头赶上提供了先机；如果我们马上组织队伍开展研究，这叫做抓住了先机，否则就是放弃先机。”

有些教师问，经费从哪里来？他说经费问题可以他的名义向上级申请。

教研室决定成立由刘庆国、李福燊等组成的研究组，开始研究固体电解质测氧传感器工作。魏寿昆经常来到组中与他们讨论问题，帮助解决研究中遇到的困难。

丰富的研究经验告诉他，一项新技术从发明到推广应用，须具备三个条件：一是技术自身的先进、实用、易得、价廉、可靠；二是冶金厂对该技术的兴趣和积极性，就是说这种技术能否明显提高产品质量，增加经济效益；三是研究人员的能力和研究条件。

从1974年开始，魏寿昆在全国冶金界宣传推广这项技术，寄望国内钢铁界迅速普遍地开展研究。他在《北京钢铁学院学报》、《分析化学》等期刊连续发表10篇论文，在各种学术会上作报告，下钢铁厂为厂领导及技术人员开办讲座，为他们答疑解惑，希望激起他们的好奇心和兴趣。

魏寿昆坚持不懈地宣传推广该技术，冶金高校、科研院所等单位一时间纷纷开展研究。

经过几年努力，李福燊等研制成功的固体电解质电池直接快速定氧传感器样品，通过了冶金工业部专家组严格鉴定，成为我国第一个可直接应用于炼钢测氧的正式产品。

魏寿昆是专家组成员，他很高兴地看到第一个正式产品出自北京钢铁学院冶金物化教研室；同时预感到这批青年学者的才华正在喷发，如果为他们将前面道路铺得更平坦，他们的研究成果一定会更好。

20世纪80年代初，魏寿昆发现，定氧电池传感器设计和组装工作有了很大的改进，提高了测量精度，炼钢车间也在应用，但国内还没有一家作为定型产品大批生产。这种各家小作坊生产方式一定会严重阻碍这项新技术的继续发展，甚至因资金短缺而中途夭折。

1981年魏寿昆在《北京钢铁学院学报》上发表《固体电解质定氧电池近况应用及展望》一文。他在文章中指出：纵然固体电解质定氧电池尚有不少理论工作有待于进一步研究，其目的是在明确测量误差的来源及消除误差的措施，特别是对低氧量测定准确度的提高，但此种深入研究工作并不妨碍定氧电池被成熟地应用于控制炼钢操作，以改进冶炼工艺，提高钢锭质量，降低合金消耗，降低成本而提高生产率。我国经过7年的研究试用，定氧测头基本上已定型，极应迅速大批生产，投入炼钢工业上使用。

他又在多次学术会上发出同样的呼吁，利用下厂期间，他说服各厂经理支持定氧测头（传感器）工业化生产。

1979～1988年的10年间，北京钢铁学院固体电解质电池定氧技术的研究获得了骄人成果，推广了 ZrO_2 固体电解质、$\beta Al_2O_3-\alpha Al_2O_3-AlN$ 三相固体电解质在冶金熔体快速定氧技术的应用；将快速定氧技术从钢液定氧扩展到快速定碳、快速定氧定硫、快速定硅、快速定铝、快速定铁等领域的应用；此外还把这项技术用来测定烟道中的 SiO_2 含量。

为此，北京钢铁学院固体电解质研究室获5项美国和中国专利及冶金工业部科技进步奖二等奖。主要负责人刘庆国教授两次以访问学者身份到美国宾夕法尼亚大学访问交流，李福燊三度赴美分别到宾夕法尼亚大学、麻省理工学院访问研究。

1988 年北京钢铁学院更名为北京科技大学。1992 年经国务院有关机构批准，北京科技大学成立“固体电解质测试国家重点专业实验室”，研究领域已扩展到高能电池、高温电化学传感器，以及利用该基地开展多项冶金熔体基础研究。

魏寿昆于 1972 年开始倡导、宣传、推广的固体电解质电池定氧技术已在北京钢铁学院乃至全国冶金行业开花结果，这项新技术作为高科技项目在 21 世纪必将得到更广泛的发展。

五、包钢铌冶金

包头白云鄂博矿是一种复杂的共生矿，它含有铁、稀土、铌等三四十种有用元素。1952 年重工业部组成关于包头铁矿资源综合开发利用及包头钢铁公司（以下简称包钢）流程选择问题小组，开始研究工作。

关于包头矿如何利用问题一直存在两种观点：一种是苏联专家的以开采铁矿为主的观点，另一种便是叶渚沛的应以利用稀土元素为主的观点。争论结果，叶渚沛的主张未被采纳。1958 年包钢按照苏联专家的设计思想开始建设后，出现了生产达不到设计能力、资源流失以及污染严重等问题，叶渚沛于 1962 年 5 月亲自到包钢实地考察后，于 7 月向中国科学院及有关部委呈送了他的《关于合理利用包头稀土稀有资源的建议》。他指出，包钢已有流程，特别是选矿厂的设计，由于缺乏资源综合利用观点，而使稀土损失估计达 25%左右。为此他提出了新流程，要求拆掉平炉，采用氧气转炉炼钢。但叶渚沛的建议当时由于经济和技术条件的限制并未得到全部实施，上述问题仍然存在着。

1988 年考察调查包钢生产时，在包头五当召喇嘛庙前留影。前排右二为魏寿昆，右三为朱元凯

20 世纪 60 年代初，包钢平炉废渣已堆存约 20 万吨，邵象华开始利

用“大跃进”时建立但未投入使用的“中包钢”部分残存设备，开发了一个以平炉渣为原料的铁水中回收铌的流程：先在小高炉中炼出富锰含铌和磷的铁水，再在转炉中用空气“轻吹”，炼出高磷铁（供铁路工厂用）和富锰铌渣，而后将富锰铌渣在电弧炉中用焦炭部分还原脱磷和部分脱铁，得到铌锰铁合金。邵象华提出的流程在包钢一直沿用到80年代后期。

平炉渣提铌工艺小规模投产后，邵象华开始着手研究开发适合大规模生产流程的提铌工艺，提出“雾化提铌”的新流程：在反应器中用压缩空气将铁水喷成雾滴，与此同时，空气在很大的反应界面上将铁水中易氧化的硅、铌、锰氧化成渣，并从反应器底部流出。小型实验和扩大实验已取得满意的结果，后因“文化大革命”而被迫停了下来。

1981年在北京召开的第一次中日炼钢学术讨论会上，邵象华宣读了论文《包钢铁水提铌的工艺研究》。他依然继续进行“雾化提铌”的研究工作。

魏寿昆开始包头铁矿高炉铁水提铌的研究是在20世纪80年代初。他选定课题为“共生矿分离基础理论分析——铌在铁液及钢渣中的热力学行为”。该课题包括活度测定及热力学性质、铌铁合金去锰、铌铁分离新方法、含铌炉渣性质等。博士生谭赞麟等在他的指导下完成了下面的研究工作：

（1）利用固体电解质定氧电池测定了Fe-Nb、Fe-Nb-Mn及Fe-Nb-Si等体系中铌的活度及Mn对Nb活度系数的影响。

（2）铌铁合金去锰。魏寿昆等研究怎样从炼钢副产品高锰低铌炉渣中回收锰和铌这两种有用金属。他建议谭赞麟采用氯化法，因为现行的铁水提铌火法冶金方法都不能分离铌和锰。用 $CaCl_2$ 氯化分离 SiO_2-MnO-Nb_2O_5 三元渣，MnO生成 $MnCl_2$ 逸出钢相，Nb_2O_5，SiO_2 保留在渣中；Nb_2O_5 回收率高于90%，MnO回收率高于94%；氯化温度1050～1200℃，时间大于60分钟。

（3）铌铁分离新方法。1986年3月北京钢铁学院与日本金属材料技术研究所合作开展的铁水连续提铌研究圆满结束，分别在北京、东京申报专利，分享发明专利权。魏寿昆、谭赞麟、张圣弼的氯化脱锰工艺取得很好成果，但它们都沿用了高炉提铌工序，因此无法避免流程长、成本高、铌的损失率高的缺点，难以在工业中实施。因此魏寿昆、韩其勇等另辟蹊径，提出包头铌资源选冶结合的新思路：用CO-CO_2 混合气体选择性热还原含铌铁矿，使90%以上的铁矿物被还原为金属铁，铌矿物不被还原；磁选分离被还原的金属铁和其他矿物，得到含 Nb_2O_5 为6.91%的含铌氧化物，其品位较原矿富集了4倍；再用盐酸浸洗提取含铌氧化物，铌几乎全部留在浸渣中，90%以上的铁矿物、磷矿物及CaO和MgO进入浸液，得到的浸渣含Nb_2O_5近30%，Nb∶Fe（质量比）=6，Nb∶P（质量比）=12；富集铌的浸渣干燥后可用于冶炼铌铁。实施该流程的工艺条件：还原气体成分为90% CO+10% CO_2，气体流量为200毫升/分，还原温度为950～1150℃，金属化率>90%。

(4) 铌渣相图。魏寿昆为了对包钢铁水连续提铌工艺进一步改进提供热力学数据，他利用各种测试手段，包括DTA、X-射线衍射、SEM及固体电解质电池定氧技术等研究$MnO-Nb_2O_5$、$MnO-Nb_2O_5-SiO_2$等体系相图，由相图进一步得到该体系的自由能、熵等，测定$Nb_2O_5-MnO-SiO_2$渣中Nb_2O_5和MnO活度。

“共生矿分离基础理论研究——铌在铁液及钢渣中的热力学行为”课题获得1988年国家教育委员会科学技术进步奖二等奖。

六、矿产资源综合利用

20世纪80年代初，魏寿昆已开始接受我国华南铁矿高炉铁水脱砷的研究课题。

1981年11月，北京钢铁学院78届研究生答辩委员会的合影，后排左四为魏寿昆

我国南部地区蕴藏着丰富的、铁品位较高的铁矿资源，如广东大宝山褐铁矿、湘南连平磁铁矿，这些铁矿资源中 Fe_t 含量均在 48%～59%范围内，但砷含量较高，如大宝山褐铁矿砷含量平均为 0.383%。前人研究表明，矿石中的砷在高炉炼铁过程中全部被还原而进入铁水，炼钢过程砷仍然留在钢液里。

大宝山铁矿石中砷的形态以臭葱石（$FeAsO_4 \cdot 2H_2O$）为主，它在高温中易被分解并产生大量剧毒性的 As_2O_3 气体，严重污染环境，危及群众健康；如果砷进入生铁，继而留在钢内，会增加钢的脆性，降低钢材的低温冲击韧性，但少量的砷却能提高钢的耐腐蚀性；因此，除耐蚀钢中必要保留少量砷外，通常将砷与硫、磷都视为有害元素，高质量普通钢或合金钢，都必须考虑脱砷问题。

魏寿昆认为，研究脱砷需要进行热力学分析，因而必须知道 As 在铁熔体内的热力学行为，也即必须求出 As 在铁熔体中有关的热力学参数。

魏寿昆等通过实验和理论计算求出 As 在铁熔体中需要的热力学参数之后，进行钢铁脱砷问题的讨论。他的观点是：

（1）欲使在炼钢过程中 As 能氧化入渣，必须采取特殊条件下的还原脱砷。

（2）朱元凯、魏寿昆等进行了 CaC_2-CaF_2 渣系对铁水脱砷的研究，认为在 Ar 气保护及 1350℃下，渣系中最佳的 CaF_2 含量为 40%～50%，渣量为 150 克（100 克 Fe）时脱砷效率可达 65%～80%（生铁中含硅 0.4%～2.0%），温度降低，脱 As 效率稍有增加，而铁水中初 As 量对脱 As 率影响不大。其关系式为 $\eta = 61.8 + 9.6\ [\%Si]$。因此得出结论：在 CaO-$CaF_2$，$CaC_2$-$CaF_2$ 渣系对铁水同时脱硫、脱磷、脱砷是不可能的；在钢铁溶液中只能还原脱砷而不能氧化脱砷。

我国锰矿中含有磷元素，用选矿后的锰精矿石炼制的锰基合金内留有磷。锰基合金内的磷会进入钢中，易使钢发生“冷脆”现象，使钢易脆裂，表现为钢的冲击韧性大为降低。

魏寿昆早在 1943 年就已开始关注贝塞麦法去磷问题。他结合脱磷热力学分析，提出了小型贝塞麦炉的去磷程序以及用贝塞麦炉与马丁炉双联的操作方法，对抗日战争时期小型转炉钢液去磷有着实际的指导意义。1947 年魏寿昆发表《二十年来中国之冶金工程研究》一文，在“贝塞麦法炼钢去磷之研究”一节写道：“笔者曾引用理论上数字，详加计算，证明提高铁液温度，加入锰铁或提高生铁锰量，用碱性法吹炼可以去磷，锰量与磷量有相当关系。惟当时所采数据，因缺乏最新资料，稍嫌腐旧，以新数据计算，尚待更正。”他介绍美国人 G. M. Yocum 发明的新方法，即在吹风之前，生铁以 Si 与 Mn 比例为 2.5∶1 吹炼，得到含硅氧化物高达 65%而黏性极强的酸性炉渣。去磷反应在新生成的石灰、氧化铁、萤石混合和热钢液中进行，使钢内的磷自 0.1%降至 0.03%。

他虽然想“以新的数据计算，尚待更正”，由于时局动荡，国无宁日，没有一个做学问的环境，直到 1963 年，魏寿昆完成《活度在冶金物理化学中的应用》编著工作，才重新研究铁液脱磷的热力学问题。1964 年他在《金属学报》发表了《炼钢过程中铁液内磷、碳等元素氧化的热力学》一文。

他在论文中指出：“炼钢过程中铁液内元素，随着炼钢方法的不同，有不同的氧化顺序。”“反应自由能 ΔF 应该是评定氧化顺序最好的准则。”他采用已知的活度数据，通过热力学计算，分析和讨论氧化物顺序问题。魏寿昆通过热力学计算认为：氧化气体吹入铁液内，氧气无论是直接与杂质元素化合，抑或是由于铁液内铁原子数很多，在扩散条件不好的情况下，氧气先与铁生成［O］，后者再与杂质元素起反应；无论是气体氧直接氧化，抑或是通过［O］间接氧化，去磷是一界面反应，没有适当成分的炉渣是不可能进行的；磷与碳的氧化顺序取决于有无适当成分的炉渣存在及碳和氧反应是否能被抑制，迅速造渣；在较低温度下托马斯转炉可能存在使磷与氧同时氧化的条件，迅速造成适当成分（高 CaO 和高 a_{FeO}）的炉渣，而平炉能先于碳而氧化，主要是由于碳氧化有被抑制的现象；改变工艺操作方式可以改变并控制磷与碳的氧化顺序。

1983 年后魏寿昆从副院长职位上退下来，专心致志从事我国矿产资源综合开发利用工作。他让博士生董元篪研究铁水脱砷，另一位博士生成武研究还原脱磷。

1986 年 3 月，摄于书房

我国锰矿资源大多是高磷低锰贫矿，而且常伴有高铁、高硅。用这种原料生产的锰铁及硅锰，合金中含有磷较多，因此通常用还原脱磷方法，而放弃传统的氧化脱磷。从氧化脱磷到还原脱磷是魏寿昆技术路线的转变，这种转变反映了他对氧化脱磷局限性的深刻了解。但是他提出"去磷是一界面反应、没有适当成分的炉渣是不可能进行的"，无论是氧化脱磷，抑或是还原脱磷都是正确的。

1985 年，即离他的第一篇氧化脱磷论文完成 21 年后，魏寿昆发表了论文《还原脱磷》。他认为还原脱磷有较好的脱磷效果，而且不损失铁液中的合金元素（如 Cr、Mn），是铁合金及合金钢的一种可行的脱磷方法。同时他指出，为了得到较高的脱磷率和考虑经济效益还原脱磷需要：①在脱磷前进行预脱氧；②不同的渣系和不同的金属液都对应着不同的最佳初始碳含量，高于或低于此值，脱磷率都会降低；钢中铬含量对脱磷效果有影响，因为钢中铬影响了碳的活度。

1988 年考察调查上海宝山钢铁公司时在高炉前合影。
后排左三为魏寿昆，右一为王之玺院士

1989 年，北京科技大学冶金物化教研室教师与 85 级
冶金物化学生合影，前排左六为魏寿昆

1990 年“锰基合金热力学行为及其脱磷的研究”课题获国家教育委员会科技进步奖一等奖；1992 年“华南铁矿冶炼脱砷的基础理论研究——钢铁脱砷及砷在铁液中的热力学行为”再获国家教育委员会科学技术进步奖一等奖。魏寿昆科研团队为我国矿产资源综合利用的贡献得到社会的赞扬和公认。

参考文献

奥尔考克 C B. 1980. 火法冶金原理．绪论．北京：冶金工业出版社
北京钢铁学院校史资料编辑室．1987. 北京钢铁学院校史资料（四）．内部资料．1～16，33～45
傅鹰．1963. 化学热力学导论．序言．北京：科学出版社
派克 R H. 1982. 化学冶金学导论．龙正文译．上海：上海科学技术出版社
魏寿昆．1956. 活度的两种标准状态与热力势．北京钢铁工业学院学报，(3)：103～114
魏寿昆．1956. 活度在钢铁冶金二相的气体-金属液化学平衡反应中的应用．北京钢铁工业学院学报，(3)：115～136
魏寿昆．1964. 活度在冶金物理化学中的应用．北京：中国工业出版社
魏寿昆．1964. 炉渣氧化铁含量对脱硫的作用．金属学报，7 (2)：157～164
魏寿昆．1965. 空气顶吹过程中熔渣的气态脱硫．金属学报，8 (4)：420～434

魏寿昆．1966. 高炉型渣脱硫的离子理论．金属学报，9（2）：127～141

魏寿昆．1980. 冶金过程热力学．上海：上海科学技术出版社．231

魏寿昆．1988. 从炉渣离子理论计算的硫分配比看攀钢钒钛矿中 TiO_2 的属性．钢铁钒钛，（4）：1～3

吴石忠．2002. 献身科教，奋斗不息．见：张牧风．钢铁绘华章．北京：北京航空航天大学出版社．1～20

校史志编纂研究室．1994. 北京科技大学校史资料（九）．内部资料．1～15

第五篇

老树春深著新花（1979～ ）

1979 年魏寿昆被任命为北京钢铁学院副院长兼图书馆馆长。1983 年他以 76 岁高龄辞去学校领导职务，专事于科学研究和博士生培养工作。1980 年《冶金过程热力学》出版标志着他创立的我国冶金热力学体系已完成，他的学术研究已到一个新的高度。另外，他亲自创建的冶金物理化学专业及其学术团队已形成梯队，在全国享有盛誉，魏门传人如今已桃李成林，亲传弟子『四世同堂』，可谓『试问天下名冶师，几人不出先生门』。

魏寿昆以十秩之龄，居家颐养天年，幸福康健，但仍在关心国家大事和学校的发展。

（摄于 1979 年）

第十章　立言传世，精品育人

一、春回大地

“文化大革命”中北京钢铁学院是北京地区高校被破坏的重灾区，两派暗斗明争，教职工担惊受怕，形势错综复杂。

1977年9月，新任北京钢铁学院党委书记成克在党委常委扩大会议上说：“在冶金部开会时，唐克部长对我说，你们来了，要促你们一下。上面讲了话，要我们管钢铁学院。我们就管（揭批‘四人帮’）运动。”

1978年5月15日，北京钢铁学院举行欢迎冶金工业部工作组进驻的全院教职工大会，叶志强副部长说：“粉碎‘四人帮’以来，钢铁学院运动‘三起三落’，整顿工作进展缓慢。”

早在1975年邓小平同志主持党中央工作时，曾尖锐批评说：“（北京）钢铁学院办成中专水平，还要大学做什么？”同年8月9日和13日教育部部长周荣鑫曾两次召集北京钢铁学院部分教师、干部座谈教育问题。在谈到北京钢铁学院与首钢合办“七二一”大学问题时，周荣鑫说：“好是好，就是推广不了。”14日北京市委科教组两次电示不要传达周荣鑫部长的讲话，北京钢铁学院党委“以党纪保证不传达”。29日北京市委科教组长肖英来学校，对校党委说：“要认清‘文化大革命’以来的大好形势，钢院成绩不能否定。要听党中央和市委的。”10月20日，周荣鑫部长在铁道部科教局的一次会议上说：“要我讲话，我不讲了，一讲人家就消毒。我对北钢（指北京钢铁学院）讲了几句话，人家就派肖英去消毒。”这是发生在1975年下半年的事。北京钢铁学院运动“三起三落”的根源就在于此。

张文奇说：“第三阶段是从1977年至1980年，这个阶段是整顿恢复阶段。1981年开始走上了全面发展的第四阶段。”

邓小平在1977年5月24日“尊重知识，尊重人才”、8月8日“关于科学和教育战线的拨乱反正问题”等几次重要的讲话，给我国教育界整顿恢复指明了方向，北京钢铁学院教职工及干部如沐春风，感受到大地回春。邓小平说："一定要在党内造成一种空气：尊重知识，尊重人才。要反对不尊重知识分子的错误思想。不论脑力劳动，体力劳动，都是劳动。从事脑力劳动的人也是劳动者。将来，脑力劳动和体力劳动更分不开来。"对怎样估计全国教育战线十七年的问题，他说："我看，主导方面是红线。应该肯定，十七年中，绝大多数知识分子，不管是科学工作者还是教育工作者，在毛泽东思想光辉照耀下，在党的正确领导下，辛勤劳动，努力工作，取得了很大成绩。特别是教育工作者，他们的劳动更辛苦。""就今天的现状来说，要特别注意调动教育工作者的积极性，要强调尊重教师。"

北京钢铁学院在党中央和邓小平指示的引导下，整顿恢复工作进行顺利。冶金工业部工作组进驻学校，帮助北京钢铁学院重建校党委和院行政及各系、总支的领导班子。

1979 年 2 月 23 日冶金工业部宣布北京钢铁学院领导班子名单：党委书记叶志强（兼），副书记刘少华、符荣、崔鲁斌；院长张文奇，副院长王润、李辉东、魏寿昆、柯俊、朱觉、林宗彩；图书馆馆长魏寿昆（兼）。

1979～1983 年，魏寿昆身兼两职。1984 年，学校按照党中央规定的干部要"革命化、知识化、专业化、年轻化"的精神调整了院系各级领导班子成员。王润为北京钢铁学院院长，李静波、戚以新、杨静云为副院长，张文奇、柯俊为顾问。魏寿昆、朱觉、林宗彩因年事已高离开了领导岗位。魏寿昆从此把精力放在博士生培养、科学研究及咨询等工作上。

20 世纪 90 年代，参加建校工作的干部、教工合影（前排右七为魏寿昆）

二、新任图书馆馆长

“文化大革命”初德高望重的学者胡庶华馆长被迫害致死，副馆长陈放主持馆务，不久陈放被停职审查。之后造反派占据图书馆并作为总部，图书馆遭到严重破坏。1972年第一届工农兵学员招生，图书馆职工开始整理馆藏书刊，恢复借阅和采编制度。沙青被任命为副馆长，陶银熙为党支部书记。

1979年，魏寿昆兼任图书馆馆长是众望所归；陈放、程榕南、董洪哲三位副馆长协助他的工作。

“文化大革命”前，图书馆建筑面积随着北京钢铁学院学科的发展，已逐年显得捉襟见肘，大量书刊因无地方上架只能封藏起来。为了发挥图书的资料作用，部分图书按专业交给系资料室由专人管理，由系资料员向图书馆联系提书，年终调整；当购买新书后，系资料员将旧书还给图书馆，交换新的书。据1965年（“文化大革命”前）的统计资料，图书馆馆藏书刊达到54万册，初步建成以钢铁冶金及材料科学为特色的藏书结构和比较完善的管理制度。“文化大革命”期间，图书馆放在各系资料室的图书丢失损坏严重，损坏数量约8万册，但馆藏书刊，尤其重要书刊保存尚完好；专业书刊的采购量锐减，外文书刊采购已基本停止。

魏寿昆任教务长时曾主管图书馆，他也是图书馆借阅书刊的常客，与图书馆工作人员很熟悉。1978年后，图书馆在沙青、陶银熙的组织下，调整了机构，设办公室、出纳组、阅览组、期刊组。魏寿昆上任后对这次机构调整颇为满意。1982年他建议增设情报咨询组，1983年又提议设立技术组。关于增设这两个组的目的，他说：“图书馆工作一定要跟踪世界科技的前沿。情报咨询组收集国际钢铁、材料科技前沿的信息；技术组应掌握图书馆采编、储藏、借阅等计算机管理自动化程序和技术。因此图书馆机构调整能更有效地发挥它作为学校图书馆资料和情报中心的功能，更切实地为学校教学和科学研究服务。”

在魏寿昆的支持下，1981年北京钢铁学院和东北工学院两校图书馆联合倡议成立冶金系统高校图书馆协作组，得到鞍山钢铁学院、马鞍山钢铁学院、武汉钢铁学院、南方冶金学院、中南矿业学院、重庆大学等高校的广泛响应，协作组顺利成立，北京钢铁学院图书馆负责日常事务。1982年，协作组出版了刊物《冶图通讯》（后改名为《冶金高校图书馆》），编辑部设在本校图书馆内。

魏寿昆公务繁忙，日常事务通常由副馆长处理，但是每次外采书刊目录他必须亲自审定。他很关注阅览室的阅读人次、借阅手续是否简便、教职工是否能借到需要的书刊等这些容易被管理人员忽视的事情。1978 年图书馆开始试行馆藏图书开架借书制度，即读者凭借书证进入书库查书、选书、借书。魏寿昆上任后称赞开架制度是一种革新。

曲英教授说："魏寿昆先生兼任学校图书馆馆长时，要求工作人员要千方百计把'文化大革命'中丢失的、漏订的、损坏的书刊，尤其是外刊一一补全。这件事图书馆做得很出色。像德文《钢铁》杂志从创刊号开始就有了，建校时从北洋大学调过来的，保存得很完整。所以，柯俊教授曾自豪地说：'接待外宾时就应该把这些东西拿出来让他们看看，创刊号都有，世界上也是不多见的。'"

"魏先生做的另一项事情我记得很清楚，就是图书馆建立一项新的借阅制度，为教师阅读文献提供便利条件。这种制度当时叫做'代借制'。例如，一种期刊上登着一篇我需要的文章，学校图书馆没有订这种杂志，或者虽然订了但缺这一期。代借制建立以前，我必须亲自到北京图书馆或科学院图书馆去阅读。代借制就是我只要在学校期刊阅览室登记，几天后工作人员为我代借到，通知我去取，一星期后送回。这个借阅制度很受教师欢迎。"

1983 年魏寿昆完成了北京钢铁学院副院长兼图书馆馆长的任期，以 76 岁高龄从学校领导岗位退下来。他离任时，图书馆库存中文图书中自然科学、应用技术和工程三大类分别由 1979 年的 4589 种、78 种和 6485 种增加到 1983 年的 6470 种、236 种和 6632 种，三类中文图书品种都有大幅度增加。阅读人次显著回升且保持逐年增长。

三、《冶金过程热力学》出版

魏寿昆共出版过 5 本著作，它们是《平炉炼钢厂设计》（1954 年）、《专业炼钢学——平炉构造及其在车间布置》（1958 年）、《活度在冶金物理化学中的应用》（1964 年）、《冶金过程热力学》（1980 年）和《魏寿昆选集》（1990 年）。这 5 本著作中以《冶金过程热力学》的影响最为深远，尽管他的每一本著作都是精品，有着不可替代的作用，但《冶金过程热力学》总结了他大半生的研究成果，建立了自己的学科体系。

《冶金过程热力学》出版前后，国内由冶金工业出版社出版了傅崇说的《冶金溶液热力学原理与计算》（1979 年）、陈新民的《火法冶金过程物理化学》（1984 年）和《冶金热力学导论》（1986 年），以及一批冶金高

《冶金过程热力学》封面

校自编内部使用或由教育部组织编写公开出版的统一教材。对一个科学家来说，最重要的事情无疑是他的学术著作出版，而最欣慰的事情无疑是他的著作出版后深受国内外同行的高度评价。

《冶金过程热力学》一书传到东邻日本，受到日本冶金学者盛赞。日本著名冶金学家后藤和弘说：“魏寿昆教授的著作《冶金过程热力学》是迄今为止世界上最好的一部冶金热力学著作。”

1992年日本著名冶金学家、日本科学院院士不破佑先生在邀请魏寿昆参加日本举办的第六届日本—中国铁钢学术会议的信函中诚挚地说：“您是中国人民的宝贝，您也是我们日本人民的宝贝。”《冶金过程热力学》是一本传世之作，它的重要贡献在于：以经典化学热力学为理论基础，密切结合中国冶金工业实际，总结国内、外冶金理论成果，特别是魏寿昆自己的研究成果，对冶金过程热力学的理论及其应用的基本问题给予科学的回答和阐述，并指明冶金热力学今后的研究方向、途径和方法。

《冶金过程热力学》全书分12章：氧化还原的基本规律；选择性氧化与还原；铜、镍冶金的熔锍吹炼；氯化冶金；化学迁移反应；相图；炉渣；脱硫反应；脱磷反应；钢水凝固过程；热力学参数状态图；自由能计算。这12章内容几乎涉及钢铁冶金和有色金属冶金流程中所有冶金工作者所关心的、期望得到回答的热力学问题。

《冶金过程热力学》是魏寿昆经过10余年精心准备的成果，从1956年发表《活度的两种标准状态与热力势》开始，他的研究领域涉及铁水脱硫、钢水铁中磷碳氧化、浓差电池直接定氧、稀土钢冶炼、钢水凝固、半镇静钢气泡生成等问题。可谓“十年磨一剑，青锋闪寒光”。

魏寿昆在这本著作的前言中写道：“对学习冶金（特别是化学冶金）的人来说，物理化学一向被认为是一门重要的课程；但如何运用物理化学原理解决冶金过程问题，有相当一部分人是不够熟悉的。长期以来，在高等冶金院校进行的物理化学教学时，教师不善于联系冶金过程讲授，而担任冶金专业课的教师，也较少地将物理化学理论运用到冶金过程中去。”

造成这种理论脱离实际，特别是脱离我国冶金工业实际现象的基本原因，是缺少一种能够引导教师和冶金工作者有效接触的新途径。因此，魏寿昆说：“作者编写本书的目的，即在于填补这一空白区，为物理化学工作者和冶金工作者搭筑桥梁，使达到相互促进的作用。”

冶金过程中的化学反应是错综复杂的。面对这些错综复杂的过程，要利用什么样的手段，进行什么样的分析，才能使人们知道创造怎样的条件使反应按所希望的方向进行，又用什么条件使对冶金提炼不利的反应不发生，即按自己的意图来变更或控制反应进行的方向及平衡态，以达到预料的结果？这个手段就是热力学分析，更确切地说是由等温方程式求出任何其他条件下的自由能 ΔF，“任何条件”是指影响运用自由能这个手段的四个因素，即温度、浓度（活度）、压力、添加剂。

魏寿昆在前言中在温度方面提出“转化温度”这一重要概念，并强调它的意义和运用。活度是研究含有溶液参加的化学反应不可缺少的工具，在这本书内予以广泛地应用。真空冶金的原理即在于利用很低的压力完成必要的冶金过程。某些化学反应需要加用添加剂以促进反应向有利的一方进行。“转化温度”的提出及高温反应活度理论的完善是魏寿昆对冶金热力学的两项主要贡献，它们被作为冶金反应热力学的工具而得到广泛应用，由此构成的冶金反应热力学体系，更显出这本书的独树一帜。

美国康奈尔大学天文学教授、世界著名科普作家卡尔·爱德华·萨根说：“某些科学非常简单。当它们变得复杂时，那常常是因为世界变得复杂了，或者是因为我们变得复杂了。”“当我们越过障碍时，当我们理解了这些知识并将其付诸应用时，许多人就享受到了很高程度的满足感。对于每个人都是如此。”

经典化学热力学是简单的，当它被应用于冶金反应，特别是冶金熔体反应时变得复杂起来，这个原本简单的冶金世界让冶金工作者变得复杂了，不知怎样进入这个世界。魏寿昆找到了开启这个冶金世界大门的钥匙，将复杂的冶金反应还原为简单的、实用的、可控的一系列高温方程式。魏寿昆像许多科学家一样，理应享受到应有的成就感和满足感。

四、选择性氧化理论

从矿石中提取金属是一系列多组元多相反应的复杂过程。矿石经选矿除去脉石而得到精矿，精矿中仍残存一定量的杂质；有的矿石本身含有多种有价金属，需要尽可能分别提取，各尽其用。在冶炼过程中，燃料、耐火材料、熔剂等是不可缺少的添加物，它们也会参加反应。在多种反应的冶炼中，有的反应人们希望进行而有的反应人们不希望进行，须加以抑制；在希望进行的各个反应中，有的反应需要提前进行而有的反应需要推迟进行；等等。化学热力学上把这种现象称为还原、氧化顺序问题。这个问题早已众所周知而习以为常，没有引起冶金工作者的特别注意。

1964 年在《炼钢过程中铁液磷碳元素氧化的热力学》一文中，魏寿昆已着手研究磷、碳、铁元素的氧化顺序问题，后因“文化大革命”而中止。1976 年 5 月和 1978 年 9 月，魏寿昆在《含钒铁水炼钢的一些物理化学问题》和《稀土钢冶炼的物理化学问题》两次报告中再一次提起“氧化顺序问题”，并提出“最低还原温度”和“氧化转化温度”概念。

在 1980 年出版的专著《冶金过程热力学》中，魏寿昆写道：当有多种氧化物同时被还原或同时被氧化时，则存在着还原、氧化顺序问题，而这个顺序的确定通常可从 1944 年开始采用的 Ellingham 图，即 $\Delta F^{\circ}-T$ 关系图上找到；该图生成两个元素氧化物的 ΔF° 线相交点的温度，既是一个元素还原另一个元素氧化物的最低还原温度，又是两个元素的氧化转化温度。低于这个转化温度时，则有关元素优先被氧化；而超过这个温度时，则有关元素被还原。两个元素的氧化转化温度与氧存在的形式（O_2，[O] 或（FeO））及氧的压力（浓度）无关，而只取决于该两元素及其氧化产物的浓度（压力）。

魏寿昆于 1981 年和 1982 年发表的《镍锍选择性氧化的热力学及动力学》和《熔锍及熔融金属中元素选择性氧化的热力学》，是他运用选择性氧化理论进行多种工业实践成果的总结。例如，指导上钢三厂冶炼不锈钢工艺的脱碳保铬问题；为上钢一厂的摇包中铁水脱铬保碳提出了最佳工艺条件；结合攀枝花钢铁公司和包头钢铁公司的共生矿的条件，分别提出了提钒与提铌的最佳工艺条件；为金川有色金属公司的火法提镍，计算了镍锍中的元素的氧化顺序，提出卡尔多炉保镍脱锍的合理工艺条件，使镍的总回收率超过 95%。通过这些生产实践，魏寿昆认为，氧化转化温度概念对指导氧化冶炼的生产是有重要意义的：指出在高于转化温度的条件下进行氧化冶炼工艺的，如镍锍中的脱硫、不锈钢冶炼（包括 AOD 法）的脱碳，以及高碳锰铁的降碳等；在低于转化温度的条件下进行冶炼工艺的，如含铬铁水的脱铬、含钒铁水的提钒，以及含铌铁水的提铌等。

1988 年魏寿昆撰写的 *Selective Oxidation of Elements in Metal Melt and Their Multireaction Equilibria*（《金属熔体中元素的选择性氧化及多相反应平衡》）一文发表在德国出版的 *Steel Research* 期刊上。在这篇文章中，他对选择性氧化理论进行完善，并有意地选择在德国期刊上发表，因为他自信他的理论是创新性的，能够成功地应用于多金属矿有用元素的分离，这个理论对冶金热力学发展做出了贡献。

魏寿昆根据 Sigworth 及 Elliott 的数据绘出了铁液中元素氧化的 ΔF°

对 T 关系图，也称为改型的 Ellingham-Richardson 图，其标准态采用 1% 重量溶液。

$\Delta F^\circ - T$ 关系图上作出了铁液含有的其他元素，如［Cu］，［Ni］，［P］，［Mo］，［Wo］，［Cr］，［Mn］，［V］，［Nb］，［B］，［C］，［Si］，［Ti］，［Al］，［Ce］的 $\Delta F^\circ - T$ 曲线。

改型的 $\Delta F^\circ - T$ 关系图上存在着三个部分。中间部分是碳氧化的 ΔF° 线同其相近元素氧化的 ΔF° 线相交区，相交点即是该元素与碳的“氧化转化温度”，该温度下该元素与碳之间具有选择性氧化的性质，用以选择性分离某种元素。魏寿昆将具有“转化温度”的中间区域称为“选择性氧化的第一类型”。中间区上、下的区域称为“选择性氧化的第二类型”。第二类型选择性氧化的特点是：一种元素选择性优先氧化，经常伴随着该元素和其他元素的共同氧化，最后达到平衡。元素的氧化顺序受系统的最小自由能原理控制。他指出不具备转化温度的第二类型选择性氧化很难在常压下使该区域内元素相互分离，通常需要采用低压即真空条件。因此第二类型选择性氧化是真空冶金的热力学基础。例如，元素周期表中高熔点金属 Ti、Zr、Hf、V、Nb、Ta 的制备，必须在高真空条件下用碳或金属还原剂脱去它们氧化物中的氧（如 Nb_2O_5 碳还原）或用镁脱去氯化物中的氯（如 $TiCl_4$ 镁还原）。

第十一章 学术群体，继往开来

一、桃李成林

魏寿昆百岁华诞时，全国各地校友纷纷发送贺词，其中的一副有代表性的对联写道：“试问天下名冶师，几人不出先生门”，言真意切，发自肺腑，评价实在。

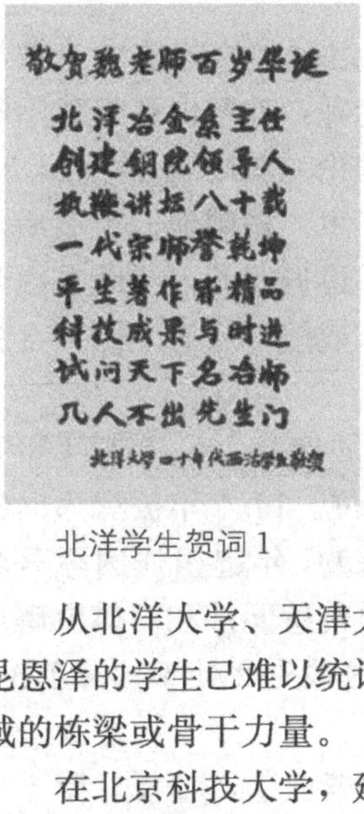

北洋学生贺词 1

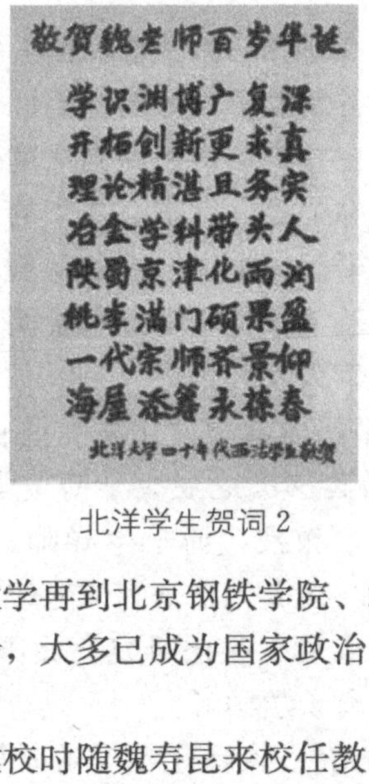

北洋学生贺词 2

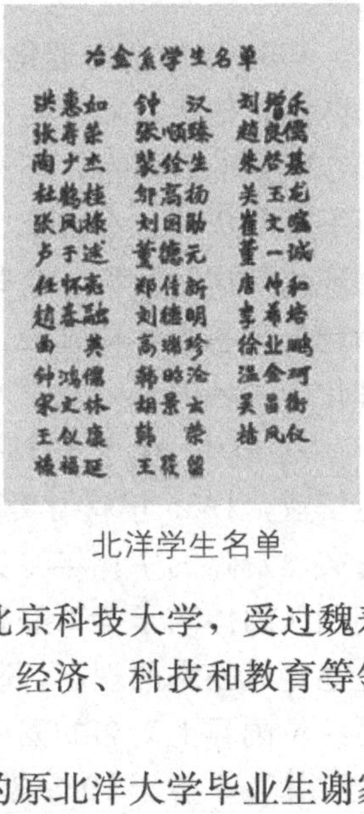

北洋学生名单

从北洋大学、天津大学再到北京钢铁学院、北京科技大学，受过魏寿昆恩泽的学生已难以统计，大多已成为国家政治、经济、科技和教育等领域的栋梁或骨干力量。

在北京科技大学，建校时随魏寿昆来校任教的原北洋大学毕业生谢家兰、张凤禄、曲英、韩其勇、陶少杰等，是建校初期冶金系各教研室的顶梁柱及冶金学科教学和科研的开拓者。

谢家兰教授是魏寿昆在北洋大学时的研究生和助教，建校时任炼钢教研室主任。他说：“魏先生引导我走上冶金学科的道路，以后我一直走下去，也走了几十年了。我学术底子是魏先生为我打下的，我很感谢他。”

曲英，生于1930年，1952年毕业于北洋大学冶金系，毕业后参加北京钢铁学院筹建工作并留校任冶金教研室助教，现为教授、博士生导师。1988年当选为中国金属学会冶金反应工程学术委员会主任。同年他与中南工业大学刘今合著的《冶金反应工程学导论》出版，这是国内第一本公开出版的冶金反应工程学领域专著。冶金反应工程学科创建的构想在提出后，马上得到了魏寿昆的支持，他还亲自参加全国冶金反应工程第二次、第三次学术年会。在第二次学术年会上，魏寿昆为冶金反应工程指明研究方向。他说："冶金反应工程学要造福、服务于经济建设，要造福、服务于人民。"曲英在研究工作中一直坚持这个方向。

张凤禄，生于1924年，1950年毕业于北洋大学冶金系，留校任魏寿昆助教，后随魏寿昆参加创建北京钢铁工业学院，历任助教、讲师、副教授、教授，曾担任冶金系、热能工程系副主任。在钢的水平连铸结晶器传热与凝固及板坯热送工艺等多项研究中取得优异成就，获国家科技进步奖二等奖、冶金工业部科技进步奖三等奖。他是我国钢的水平连铸工艺开拓者之一。

1956年冶金物理化学专业创立，魏寿昆着手组建和培养该专业的学术队伍，他为首届学生配备学校中最好的基础课老师，外聘内调组建师资阵容很强的教研室，还亲自登讲坛讲授高温活度理论。首届毕业生中，他留下了刘庆国、乔之郁、林勤等一批富有才华的学生，寄望他们发展冶金物理化学这门学科。这些第三代学生们不负众望，迅速成长，活跃在冶金物理化学各个学科领域，教学和科研都取得了骄人成绩，成为全国冶金物理化学领域的名师及学术带头人。

刘庆国，生于1938年，冶金物理化学专业首届毕业生，1966年研究生毕业，1986年获得美国宾夕法尼亚大学博士学位。1984年被评为国家有突出贡献的中青年专家，教授，博士生导师。1991年起担任国际著名期刊《固体离子学》编委。在氧化锆基固体电解质传感元件和固体电解质电池定氧技术的理论、制造及工业化研究方面国内领先并处于国际前沿，是一位国际上著名的固体离子学学者。

林勤，生于1939年，冶金物理化学专业首届毕业生，教授，博士生导师。1993年获北京市优秀教师称号，享受国务院政府特殊津贴。开设"冶金过程动力学"、"物理化学相分析原理及应用"等多门新课程，合作编写的教材多次获得国家、冶金工业部教学成果奖。他长期从事稀土在冶金和材料中的应用、表面物理化学与工程及功能材料物理化学应用，其研究成果中5项达到国际先进水平，2项达到国际水平，获国家科技进步奖、冶金工业部科技进步奖等奖项。1996～1997年应邀赴美国俄亥俄州立大学材料科学工程系进行交流和合作研究。

1981年北京钢铁学院恢复招收博士研究生，魏寿昆致力于我国冶金科学高级人才的培养工作。他说："作为科学工作者，脚步就要跟着时代走，不能落后。"学校里的中年博士研究生导师都没有指导研究生的经历，初次当指导教师大多不知所措，魏寿昆请他们当副导师，协助他指导博士生，在实践中学习。段淑贞、乔芝郁、朱元凯、倪瑞明、张圣弼、林勤、张家芸等博士生导师都是在魏寿昆引导下成长后来成为名师的。

1949年，指导北洋大学冶金系毕业班在实验室做实验，
右二站立者为魏寿昆

二、魏门传人

受过魏寿昆恩泽的学生遍布国内外，但能够继承他的学术使之传承和发展的后学需具备一定的条件：曾经是他的学生或仰慕他的学术继而受到他的教育；主要从事冶金热力学或冶金物理化学理论及其应用研究；传承他的学风严谨、崇尚实践的治学风格。

北京科技大学常有魏寿昆"四世同堂"的说法，即20世纪50年代的朱元凯和张圣弼、60年代初期的周国治和乔芝郁、60年代中期的张家芸及80年代后的邢献然等博士生们，如若包括张文奇，则为"五世同堂"。

朱元凯于1952年毕业于唐山交通大学冶金系，张文奇是他的业师。他与魏寿昆直接相处是在北京钢铁学院建校以后的冶金系。全面学习苏联

朱元凯祝词

期间，魏寿昆把他派到东北工学院听苏联专家讲“冶金原理”课，回校后，魏寿昆把亲自整理过的笔记装订成册送还于他，请他开设这门新课。从此，朱元凯在魏寿昆的引导下进入冶金物理化学之门。1956 年物理化学系成立，朱元凯调到该系担任冶金物理化学教研室主任，他与魏寿昆接触甚深，教研室的教学计划、教学大纲制定都是在魏寿昆的指导下进行的。朱元凯说：“实际上是魏先生指导我，我再去做教务工作。”1962 年冶金物理化学专业首届毕业生（62 届）将要做毕业论文。朱元凯在唐山交通大学学的是冶金工程，62 届学生则是工科偏理，理论基础很深厚，要指导基础理论比他深厚的学生，他心里有些发憷，朱元凯向魏寿昆求教。魏寿昆说，教师的基础理论永远是跟不上学生的，所以教师永远都不要停止学习，不断进步，否则就会退步。随后，魏寿昆为他定了一个研究课题，列出许多文献，叮嘱他事先一定要做好准备工作。这次大学生毕业论文的指导，是朱元凯第一次进行科学研究，他努力补足自己缺少的基础理论及实验技术，逐渐将自己从工科教师转换为理科教师，为后来指导硕士、博士研究生打下了很好的基础。1983 年，魏寿昆请朱元凯协助指导博士研究生董元篪。

朱元凯说：“我和博士生董元篪、教师彭育强在脱砷实验做了一半时，用实验数据处理出一条很有规律的曲线，我们都很高兴。但继续做实验却出了问题，学校冶金厂没有纯铁料，要等一个月才能到货，所以剩下一段曲线没有实验数据。我们想出一种偷懒的办法，就是把后一段曲线通过理论计算补上而得到一条完整的曲线。将论文交给魏先生审核时我心里很不安，因为我知道魏先生治学严谨，对学生要求严格。果然，魏先生审核后对我们说，前一段曲线的计算和实验都很好，后一段曲线也可以外推。但是即使理论上可以外推，没有实验证明，这个不算数。我知道如果在科学问题上同他讨价还价，讲困难，准得受批评。后来想方设法搞到铁料，白天黑夜连轴转，最后完成了课题。”

这件事使朱元凯受到了教育，在他后来研究稀土在钢铁及有色金属中的作用、攀枝花高炉钛渣的物理化学性质等课题中，魏寿昆的学术风格他一直继承着。

张圣弼，上海人，1956 年 7 月毕业于北京钢铁工业学院冶金系，而后留校任冶金物理化学教研室助教。20 世纪 70 年代至 80 年代中期，张圣弼长期担任魏寿昆的主要助手，协助他从事共生矿综合利用的基础理论研究，如利用固体电解质电池测定 Fe-Nb 熔体中铌的活度、含 Nb 及锰铁液中 Mn 对 Nb 活度系数及低 Nb 渣的预处理与物相分析等研究。因此，张圣弼是较早将固体电解质定氧技术应用于活度测定者之一。1984 年他与周国治、刘庆国、韩其勇、段淑贞继魏寿昆后第二批被授予冶金物理化学专业博士生导师资格。他协助魏寿昆培养博士生 1 人，自己培养博士生 3 人，硕士生 8 人，享有较高的学术声望。

张圣弼长期研究冶金新工艺，开发冶金新技术。1979 年他在铁水脱铬和半钢炼钢新工艺研究成果获冶金工业部科技进步奖一等奖；此后他又成功地完成底吹转炉生产金属化球团的实验室试验、中间规模扩大实验和工业化生产实验，解决了实验中的技术问题及相关理论计算。这项研究成果是国内首创，并与国际水平相当。他主编的《相图——理论计算及在冶金中的应用》，曾参加法兰克福国际书展，获 1991 年冶金工业部优秀科技图书奖。

张圣弼协助魏寿昆培养博士生期间受益匪浅，终生受用。他被评为博士生导师后，开始独立指导培养博士生，魏寿昆的身影一直在他身旁，因此他事事以魏寿昆为榜样，不断做出贡献，成为国内冶金界知名度很高的学者。

周国治，广东潮阳人，生于 1937 年，1960 年 7 月毕业于北京钢铁学院冶金系。大学期间，魏寿昆身居学校高层管理已不多亲自授课。毕业后，周国治留校在理化系冶金物理化学专业任教，主讲“物理化学”课。他说：“我在 1955 年考入北京钢铁学院，认真学习只有一年，以后开始搞运动就没有机会读书了。三年级时学校就把我抽出来做老师，把我推上讲台，大学时真正学习时间只有一年半，因此没有学完的课程就靠自己补，边学边教，边教边学。当时我想学问是补不完的，我必须走到科学前沿。怎么才能走到科学前沿？这条路需要有人指明方向，当时我还是个 20 多岁的助教，不敢去请教魏先生。我把他的《活度在冶金物理化学中的应用》这本著作作为进入学科前沿的指路明灯，由此一步步走上学科前沿。”

在研读《活度在冶金物理化学中的应用》中，周国治发现一个关于用“相图计算活度”，即关于 θ 函数问题，这个问题是邹元爔院士早年提出的，但没有给予解决。周国治应用魏寿昆的理论将其解决了。所以周国治说：“我的第一篇论文（即《关于 θ 函数问题》）就是在魏老的《活度在冶金物理化学中的应用》这本书和邹元爔院士论文的影响下写成的。带着这篇论文，我第一次向魏先生请教，受到他的热情接待和鼓励。不久，这篇论文就在《金属学报》发表了。”

论文发表后受到普遍好评，此后他的学术才能和智慧受到魏寿昆及其他前辈的关注和鼓励。

周国治的第二篇论文选择魏寿昆的专著中提到的难度更高的课题——关于“多元系偏克分子量的计算”。当时国际上的几种算法是由美国科学院院士 L. S. Darken 教授、德国 Max Planck 研究所 C. Wagner 所长等著名学者提出的，并以他们的名字命名。英国著名冶金物理化学家 F. D. Richardson 教授认为这一项研究工作在冶金物理化学发展史上具有“里程碑”的意义。

周国治选择这项课题作为他的主攻方向富有极大的挑战性和冒险性，同时也给他带来了快乐和热情。巴甫洛夫在《给青年们的一封信》中写道：“切记，科学是需要人的毕生精力的。假定你们能有两次生命，这对你们来说还是不够的。科学是需要人的高度紧张性和很大的热情的。在你们的工作和探讨中要热情澎湃。”周国治说为了完成这项计算“夜以继日地工作，才获得了一种更好的计算方法”。

“文化大革命”开始了，国内学术刊物几乎全面停刊，周国治把他的论文塞进箱底。这一耽搁就是 10 年。1975 年“文化大革命”后期，学术刊物逐渐复刊，他带着稿件第二次登门向魏寿昆请教。周国治回忆道：“我们见面是在晚上。我们的讨论非常投入和深入。从魏先生家出来，我立即做出决定，将这篇论文投到当时国内学术水平最高的刊物——《中国科学》去。”

有人曾问周国治为什么不早些向魏寿昆请教呢？周国治说：“当时我找魏先生不容易，他回答我的问题也不容易，为什么呢？因为我若找他，说明我在向资产阶级学者学习，不走红专道路，他回答我的问题说明他还在拉拢腐蚀青年教师。我们都怕扣帽子。”

1979 年北京钢铁学院派出一批富有才华的青年教师以访问学者的身份赴国外著名大学进修。冶金物理化学专业派刘庆国到美国宾夕法尼亚大学材料系，周国治被派往美国麻省理工学院。

周国治回国后被破格提升为教授，博士生导师。此后他多次出国讲学和进行合作研究，先后被美国麻省理工学院、尼瓦达大学和波士顿大学等著名大学聘为客座教授。他在熔体物理化学性质的测定与计算、相图理论、溶液模型、冶金过程模拟，以及新工艺探索等学术领域都取得了显著成绩。例如，他导出了一系列各类体系的熔体热力学性质计算公式；他提出新的溶液几何通用模型解决了国际上 30 多年来几何模型存在的固有缺点，为熔液模型选择及实现计算机程序化开辟新路；他提出的两相区边界活度计算被国内外同行公认为相图理论的新发展。1995 年周国治当选为中国科学院技术科学部院士。

周国治说："后来我做的几项工作也都是在魏先生著作的影响下做出来的成果。它们一起获得了国家自然科学三等奖。我和魏先生共同提出的一个模型也在国际刊物上被长年引用。"

乔芝郁，生于1938年，毕业于北京钢铁学院冶金物理化学专业，是该专业首届毕业生，于1960年提前毕业并留校在冶金物理化学专业稀有金属冶金教研室任助教，1989年评为教授，1991年评为博士生导师。他与刘庆国、林勤、李福燊等同为魏寿昆的亲传弟子。

乔芝郁把魏寿昆的著作《活度在冶金物理化学中的应用》和《冶金过程热力学》视为经典著作，为他后来的研究奠定了理论基础。

乔芝郁曾经是魏寿昆博士生邢献然的副导师，他讲述了魏寿昆教导他指导博士生的过程。

他说："我有一个博士生研究课题与魏先生商量，他会问我这个课题创新在哪里？我会详细地回答他。他听得很认真，接着提出各种问题，我必须一个个地回答，而且回答时必须用简洁语言，清楚表达。这是一场考试、一场论文预答辩。因此，我与他商讨之前需要准备很长时间，阅读很多文献。如果魏先生认为这个研究课题是创新的，而且适合博士生研究，他会给予肯定，而且愿意担任博士生导师，其后的具体工作由我去做。我会经常向他汇报研究情况，他会及时提出建议。实际上我当博士生导师初期没有经验，是魏先生教给的。"

乔芝郁教授是位勤奋好学的学者，长期从事冶金和冶金热力学、熔盐电化学、相图计算研究，出版学术著作《熔盐化学——原理和应用》、《冶金和材料计算物理化学》等；1987～1988年在英国伦敦帝国理工学院任客座研究员，担任国际性学术期刊*Plasma and Irons*和*Melten Salt Form*编委及国内著名期刊《稀有金属》、《中国稀土学报》等多家期刊的编委。

张家芸是在古稀之年的魏寿昆培养帮助下成长起来的青年教师，在她从助教到博士生导师的学术道路上，受魏寿昆教益颇多。

张家芸，女，天津市人，生于1942年。北京钢铁学院65届冶金物理化学专业毕业，1968年研究生毕业，1973年由上海市第五钢铁厂调入母校任教。是年下半年，北京钢铁学院接受了金川冶炼厂委托的一项有关卡尔多（Kaldo）转炉吹炼镍的科研项目，冶金物理化学教研室派张家芸等几位教师赴金川参加现场实验。当时正处在"文化大革命"中工农兵学员"上管改"时期，学校的教学秩序无章可循。魏寿昆此时正在忙着整理浓差电池直接定氧法文献，但他仍然抽空来到金川考察和收集生产数据，并

邢献然说：“魏先生的教导，使我懂得了博士论文不能遇到困难就绕过去，掩盖起来，你必须学会怎么解决，如果解决了，你的能力也就提高了。”

现在邢献然已是博士生导师，他对学生要求也十分严格。他说，一个博士生导师应像魏先生那样对学生负责，对自己负责，更重要的是对科学负责。

2009年全国百篇优秀博士生学位论文获奖者陈骏是邢献然指导的博士生，他在获奖后说：“邢教授对我的影响非常大，他给我传授知识和做人之道，还为我的学术研究提供了良好的条件，为我的人生规划上指明了方向。”2009年陈骏被破格提拔为教授。

从乔芝郁到邢献然再到陈骏，魏寿昆学术及他的学风正在薪火相传。

董元篪是我国颁发学位条例后魏寿昆最早招收的博士生，副导师是朱元凯。在攻读博士学位期间，他随魏寿昆研究铁水脱砷热力学，这一成果获得国家教育委员会科学技术进步奖一等奖。毕业后，他受聘于华东冶金学院（现安徽工业大学）任教授、博士生导师，学院院长。他在安徽工业大学创办冶金与资源综合利用省级重点实验室，继续从事资源综合利用研究。

当前活跃在冶金理论研究领域的年轻学者，无论他们毕业于哪个高校，在他们的心中，魏寿昆是他们的先师，在他们的学术道路上，魏寿昆的理论一直像一盏明灯引导他们前进。

1988年，在北京科技大学冶金物理化学实验室与研究生讨论学术论文。中为魏寿昆

第十二章　社会兼职，建言献策

一、九三学社常委

1952年10月，魏寿昆加入九三学社。当时北京钢铁工业学院正处在筹建阶段，教师借住清华大学，魏寿昆参加清华大学九三学社支社的组织活动。

北京钢铁工业学院建校初期，魏寿昆是该校九三学社唯一成员，迁回新校址后，他的组织关系落在北京石油学院支社。1957年前后，胡庶华（兼中国国民党革命委员会成员）、陈兆东相继转来组织关系，而后学校又发展了杨永宜、郑国彬，至此北京钢铁工业学院已有5名九三学社成员，按章程组建了学校九三学社支社。至1989年底北京钢铁学院九三学社支社社员达到22人，其中教授5人，副教授（副研究员）10人，讲师（助理研究员、工程师）6人，助教1人。魏寿昆任组长，1984年后先后由周亨达、郑国彬继任。

魏寿昆积极参加政协或九三学社组织的活动。1950年全国实行土地改革，九三学社中央决定号召动员社员积极支持和参加土地改革运动，魏寿昆于1951年暑假期间参加全国政协组织的西南土改团川南队，在广袤贫困的农村宣传政府的土地改革政策长达三个月；1981年8月他应山西九三学社之邀赴太原讲学一周，并参观太原钢铁公司；1984年夏，又应九三学社贵州省委员会、贵州省科学院、贵州省金属学会的邀请再赴贵阳讲学两周。在此期间，

1981年8月，应山西省九三学社之邀
在太原讲学时留影

重访贵阳花溪贵州农工学院旧址，沧桑变化，他感慨不已。

魏寿昆在北京市政协第六届（1983～1988 年）和第七届（1988～1992 年）会议上被选为政协委员、常务委员，又担任九三学社中央委员、常务委员兼中央委员会文教工作委员会主任等职。

1997 年魏寿昆从事冶金工程教育和科研工作 67 年，他以不图名利、严谨求实、勤奋探索、勇于创新的科学精神和诲人不倦、甘当人梯的师范品格，培养了大批专家、教授及院士，1997 年被授予“何梁何利基金科学与技术进步奖”；九三学社社员得此奖者还有清华大学张光斗院士（1996 年）、中国地质大学教授杨遵仪院士（1997 年）。

原九三学社中央委员会副主席洪绂曾说：“魏老对我国钢铁工业的发展和九三学社的建设做出了重要的贡献，受到全社同志的敬仰和爱戴。”全国人大常委会副委员长、九三学社中央委员会主席韩启德为魏寿昆百年华诞亲笔题词“躬耕不辍，悉育桃李”八个大字，盛赞他的芝兰之风骨，树人之师德。

1984 年 10 月 23 日，应贵州省科学技术协会及贵州省九三学社之邀，
赴贵阳进行冶金物理化学专题讲学，与贵州铝厂同志们合影。前排左二为魏寿昆

二、中国金属学会创始人

中国金属学会成立于 1956 年 11 月 26 日。北京钢铁工业学院的魏寿

昆、张文奇、傅君诏、杨尚灼等都被推举为学会筹备委员。1954 年 11 月 1 日首次中国金属学会筹委会座谈会在京召开，由周培源主持，讨论学会名称问题。

魏寿昆是这次筹委会的参加者，他回忆道：新中国成立之后，全国冶金科学技术工作者即有迫切组织学会的要求。1951 年春，全国各地曾有恢复成立于 1927 年 2 月的中国矿冶工程学会的呼声。1954 年初，东北部分科技界人士建议筹组中国金属学会。同年，在北京举行鞍钢技术革新展览会时，中华全国自然科学专门学会联合会（简称全国科联）曾组织部分科学家举行座谈会讨论学会的名称（注：指 11 月 1 日那次）。当时有两种意见：一种主张恢复旧有的中国矿冶工程学会，仿效美国 AIME；另一种则主张弃旧立新，成立中国金属学会。

1954 年 11 月 6 日中国金属学会筹委会第一次会议在北京全国科联会议室召开。会上同意以中国金属学会命名；选举产生由下面 18 人组成的筹委会常务委员会，即王之玺、王世丰、甘柏、丘玉池、李薰、李文采、周仁、周志宏、邵象华、吴学蔺、施汝为、孙艳清、陈新民、张文奇、靳树梁、叶渚沛、魏寿昆、颜鸣皋；周仁任主任委员，靳树梁、张文奇、王之玺任副主任委员，魏寿昆为秘书长；筹备委员会日常办公地点设在北京钢铁工业学院。

中国金属学会共开过 8 次筹委会工作会议。1956 年 11 月 26 日至 12 月 1 日在北京举行中国金属学会第一届全国委员代表大会，推选周仁为理事长，刘彬、张文奇、靳树梁为副理事长，王之玺为秘书长，丘玉池，颜鸣皋为副秘书长；张文奇、魏寿昆等 25 人为常务理事；理事有 68 人，北京钢铁学院的张文奇、魏寿昆、柯俊、傅君诏、林宗彩、杨尚灼、章守华、卢焕云等为理事。

魏寿昆历任中国金属学会第一届至第四届常务理事。从 1991 年 11 月第五届开始已年过八旬者，不再任职，1990 年 8 月魏寿昆、师昌绪、陈新民、陆达、邵象华、柯俊等 11 人被授予中国金属学会荣誉会员，同年 12 月肖纪美、徐宝陞、朱觉、章守华、童光煦、郭慕荪等 29 人被授予荣誉会员。

中国金属学会下设钢铁学术委员会、有色金属学术委员会、采选学术委员会和焦化及耐火材料学术委员会。其中钢铁学术委员会由张文奇为主任委员，王之玺、陆达为副主任委员，魏寿昆、柯俊、傅君诏、杨尚灼、徐宝陞、杨永宜等 25 人为委员。

中国金属学会冶金过程物理化学分会在魏寿昆、陈新民、郭慕荪等著名学者的倡议和推动下，于 1961 年成立，当时称为中国金属学会冶金过

1986年5月，在成都科技大学参加全国第三届冶金过程动力学学术讨论会时同与会者合影，前排左四为魏寿昆，左五为邵象华院士

程物理化学学术委员会。1962年在上海召开了第一届全国冶金物理化学学术会议，并出版论文集。1964年在长沙召开第二届学术会议，“文化大革命”期间被迫停止活动。1979年后恢复学会活动，此后学会成员逐步扩大，冶金物理化学学科得到快速发展。

魏寿昆历任恢复活动后的两届负责人，即1979年冶金过程物理化学学术委员会主任及1985年冶金物理化学学会理事长，李文超两届均任秘书长。自1992年冶金物化理事会换届后，魏寿昆卸任并由李文超接任主任委员，张家芸接任秘书长。

冶金物理化学分会在魏寿昆、陈新民、邵象华、邹元曦、郭慕孙等院士指导下，学术活动质量逐步提高，学术会议民主开放，自由讨论，新思路、新观点不断产生。魏寿昆亲临各次年会。1994年在广州举行的年会上，魏寿昆因年事已高，身体不适未能亲自与会，但他预先准备了他的讲话录音，发言内容是《如何写好学术论文》，录音播放后引起很大反响。参加学术年会的一位台湾科技大学教授把魏寿昆的讲话录音复制带回宝岛，他说魏教授的录音讲话对海峡对岸同仁的学风启示也是绝好的教材。

中国金属学会建会五十周年纪念刊《光辉的历程》中评价魏寿昆对学会的贡献时写道：“魏寿昆的《高温活度理论》、《选择性氧化理论》、《固体电解质电池定氧技术》、《复杂矿中元素的热力学行为》等多项科技论文，均在中国金属学会不同类型的学术会上被宣读，不但广泛宣传了有关新的理论研究成果，且促进其在实际中的应用。1992年在魏寿昆院士的支持下，成立了青年学术委员会，其有效的工作在我国冶金物理化学界得到公认。”

冶金物理化学分会是中国金属学会专业分会中学术活动最活跃、成效最显著的分会之一。中国金属学会对此给予高度评价，在纪念刊《光辉历程》中写道：“特别是在材料科学、冶金过程物理化学方面取得的成就更为显著。”“冶金物理化学学会在（学术）活动中把引导学术发展的方向和目标放在首位，注意把握国际学科发展的前沿，确定学科发展方向；强调理论联系实际，基础研究和工艺技术相结合，促进科学成果转化为生产力；注意梯队建设，加速培养中青年学术骨干。”“冶金物理化学学会鼓励年轻人向年会投稿，参加学术活动，1994年的学术会议中博士论文已占所有论文的70%，评选的优秀论文中约50%是博士论文。”

李文超担任主任委员后对冶金物理化学分会在新形势下的建设和发展做出了很多贡献。

李文超，山东省招远县人，1936年11月生。1960年7月毕业于苏联莫斯科钢铁学院，回国后被分配到北京钢铁学院理化系冶金物化教研室任教，历任助教、讲师、副教授、教授；1993年后为博士生导师；1988年7月至1991年10月任理化系主任。

李文超曾在苏联学习期间受过系统的冶金学教育，比国内同时代运动中度过大学生活的教师具有更扎实的知识和科研训练，加之他聪明干练，才华出众，勤奋好学，年轻有为，深受魏寿昆的信赖和赏识。1979年冶金物理化学学术委员会恢复活动后，魏寿昆任主任委员，李文超为秘书长，协助他组织、策划该学术委员会开展的各项学术交流活动。冶金物理化学分会荟萃冶金界院士和耆宿鸿儒，如魏寿昆、邵象华、陈新民、郭慕荪、傅崇说、陈家墉、陈念贻、谭庆麟、唐定骧等，李文超以他的组织协调才能，将每次学术活动组织得井然有序，富有成效，广受称赞。1992年冶金物理化学分会理事会换届，李文超任理事长，张家芸任秘书长，冶金物理化学分会的学术活动搞得更加活跃生动，气氛热烈，内容深入，不但包括传统的钢铁冶金热力学及工艺理论，还扩展至冶金动力学、电化学及有色金属冶金物理化学；20世纪90年代又增加了计算物理化学、材料制备的物理化学及绿色冶金和环境保护物理化学等新学科内容，使中国的冶金物理化学学科发展与国外同步，适应了国家冶金工程的发展需要，并展示它的学科前沿性质，培养梯队人才。

李文超的学术研究兴趣广泛且博学多才，对传统的冶金热力学、冶金动力学、冶金物理化学研究方法等内容有真知灼见，并在金属陶瓷、无机材料、稀土金属应用、相图计算等新领域有重要贡献，发表学术论文近300篇，培养博士10人，受聘为重庆大学、武汉冶金科技大学、华东冶金学院等高校的兼职教授。

李文超在担任冶金物理化学学会秘书长和主任委员期间，非常敬重魏寿昆。他与魏寿昆合作发表过3篇关于冶金物理化学发展与展望的文章，关注国际冶金科学前沿，提出冶金物理化学研究方向。冶金物理化学分会已由魏寿昆到李文超薪火相传，再续辉煌。

三、高级咨询学者

中国科学院为促进我国冶金工业发展，落实冶金行业科技发展规划和把握各专业技术发展方向，充分发挥冶金系统著名专家学者，特别是两院院士的知识宝库作用，多次组织科技咨询活动。魏寿昆是这类多项咨询活动的积极参加者，并提出很有决策价值的咨询报告。

从1988年至1991年，魏寿昆与王之玺、蔡博、韦刚等学者两次远道跋涉，深入矿山、工厂，走遍10余个省市进行实地考察调查，提出发展钢铁工业的专题报告。彼时，王之玺82岁，魏寿昆81岁，已是耄耋之年。魏寿昆和王之玺都毕业于北洋大学矿冶工程系，魏寿昆比王之玺早毕业两年。新中国成立后，王之玺从事技术管理工作，曾任冶金工业部技术司、钢铁司副司长及科技办公室主任，因此他对中国钢铁工业现状很熟悉；而魏寿昆是学者、科学家，深知冶金科学技术发展方向。魏王合作堪称珠联璧合。

1988年，考察南京梅山钢铁厂时合影。左三为魏寿昆，左四为王之玺院士

1989 年 3 月 16 日，考察山西太原钢铁厂时合影。
左一为魏寿昆，左三为王之玺院士

1988～1989 年，他们进行第一次调查，目的是考察我国钢铁工业原料、燃料储藏和开采情况。他们走遍华北、东北、华南、西南等地区的 10 余个省市，以及鞍钢、宝钢、武钢、马钢、包钢、攀钢等 10 余家重点钢铁企业，查明我国铁矿石储藏资源不足，提出了合理利用国外铁矿资源的建议。同时，他们调查后发现我国焦煤资源储藏丰富，但各地分布不均，浪费严重，为此又提出了合理开发利用山西省储量丰富的焦煤、肥煤，有计划地支援各地炼焦工厂的意见。最后王之玺、魏寿昆一起提出了《发展我国钢铁工业原料路线的建议》的调查报告。

第二次调查是在 1990～1991 年，魏寿昆和王之玺用了一年多时间考察了长江水运情况及沿江各冶金企业利用进口矿的条件，重点对山东、浙江、福建和广东 4 省 6 个沿海港口进行建厂条件的调查，认为湛江东海岛、福建湄洲湾东吴或斗尾、浙江宁波北仑港和山东日照石臼港四处都具有深水港区，有较长的深水海岸线和宽阔陆地域，主航道稍加疏浚，即可通航 20 万～30 万吨的运矿巨轮，适合建设年产钢 600 万吨以上的港厂合一的大型现代化钢铁厂。同时还到上海宝山钢铁厂进一步了解引进冶金新技术、高技术发展钢铁工业的经验。最后他们写成《我国钢铁工业长期发展中若干战略问题的研究》报告。这两个报告都呈交冶金部和中国科学院，中国科学院还把《发展我国钢铁工业原料路线的建议》上报国务院。对于这次调查，魏寿昆回忆道，现在看来还是有遗憾的，一是当时根据美、日两国年产 1.5 亿吨钢的状况，我们预定 1.2 亿吨钢的目标太低了；

二是当时没有预见到西部大开发，未敢考虑西部地区钢铁工业的发展。总的来说太保守了。

魏寿昆还进行多次其他的咨询工作，如《包头白云鄂博铁矿资源综合利用调查报告》（1989 年）、《上海宝钢综合经济效益和新技术应用及推广情况的调查报告》（1992 年）、《关于提高我国钢质量及推广新技术诹议》（1992 年）等。魏寿昆虽然身在陋室，心却系在冶金工业的发展上。

1991 年 6 月 14 日，全国自然科学名词审定委员会委托中国金属学会和中国有色金属学会共同成立“冶金名词审定委员会”，魏寿昆担任主任，该书历经 7 年于 1999 年由“全国科学技术名词审定委员会”公布，定名为《冶金学名词》，于 2001 年 2 月出版。

参考文献

北京钢铁学院校史资料编辑室．1987. 北京钢铁学院校史资料（四）．内部资料．104～142

九三学社北京市委员会．2001. 九三学社北京市委五十年（1951—2001）北京：北京医科大学出版社

王之玺，魏寿昆．1989. 发展我国钢铁工业原料路线的建议．见：中国科学院技术科学部．中国科学院学部委员咨询报告（总 001～006）．内部资料．12～22

王之玺，魏寿昆．1993. 我国钢铁工业长期发展中若干战略问题的研究．冶金计划统计，(3)：2～7

魏寿昆．1964. 炼钢过程中铁液内磷碳等元素氧化的热力学．金属学报，(8)：419～434

魏寿昆．1976. 含钒铁水炼钢的一些物理化学问题．攀钢技术质量处印

魏寿昆．1978. 稀土钢冶炼的物理化学问题．稀土钢冶炼工艺和加入方法会议，柳州

魏寿昆．1980. 冶金过程热力学．上海：上海科学技术出版社

魏寿昆．1982. 熔锍及熔融金属中元素选择性氧化的热力学．金属学报，18 (2)：115～126

魏寿昆．2006. 学会成立前后背景和发展历程．见：中国金属学会．光辉的历程——中国金属学会建会五十周年（1956—2006 年）纪念刊．内部资料．250～252

魏寿昆，洪彦若．1981. 镍锍选择性氧化的热力学及动力学．有色金属，33 (3)：50～60

魏寿昆，张圣弼，佟亭等．1983. 利用固体电解质定氧电池测定 Fe-Nb 熔体中铌的活度的研究．稀有金属，2 (1)：10～18

校史志编纂研究室．1987. 北京科技大学校史资料（五）．内部资料．5

张圣弼，佟亭，王济舫等．1984. 含 Nb 及 Mn 的铁液中对 Mn 对 Nb 活度系数影响的研究．金属学报，20 (5)：A348～A355

中国金属学会．2006. 光辉的历程——中国金属学会建会五十周年（1956—2006）纪念刊. 内部资料．120～123

周国治．2006－09－08. 衷心感谢魏寿昆院士对我们年轻一代的培养．北京科技大学校报，第 3 版

Wei S K, Zhang S B, Tung T et al. 1985. An electrochemical study of the activity of niobium in molten iron. Chin. J. Metal Sci. Technol.，1：14～21

第六篇

静水深流显本真

芝兰的风格、宽容谦让的品德、实事求是的态度、自强不息的创新精神、动静结合的生活方式及美满幸福的家庭环境，是魏寿昆安度天年的基本原因。一言以概之：静水深流方显本真。

（摄于 2001 年）

第十三章　师者如兰，人民之香

一、最喜爱当教师

“芝兰生幽谷，不以无人而不芳，君修道立德，不为穷困而改节。”芝为灵芝，象征祥瑞高贵，兰是兰草、兰花的总称。芝兰常用来比喻君子的高贵品德，因此有“与善人交，如入芝兰之室；从名师学，幸登桃李之门”之类的佳句。

在北京科技大学家中看书

1965年著名女画家肖淑芳先生画了一幅兰花，赠给教师节，郭沫若先生为该画题词。他写道：“古称兰为王者之香或花中君子，其实兰蕙之类生于山谷与苔藓为邻，最与劳动人民接近而远于所谓王者君子，如须赠以适当称颂人民之香。”

郭沫若先生的题词给芝兰的品德赋予新的含义：芝兰是比喻人民之香，而不再是脱离人民、孤芳清高的王者君子之香。

“师者如兰”，用“兰”比作教师是因为教师是百业之首，上至领袖，下达百姓，若有成就必先登桃李之门，接受教育。“玉不琢，不成器；人不学，不知道。是故古之王者，建国君先，教学为先。”用“兰德”比喻“师德”是因为教师不论学生门第富贵或贫穷、天资聪明或迟钝、好学或厌学，都是一视同仁，因材施教，将学生视为自己的孩子或骨肉相连的兄弟，谆谆教诲。

魏寿昆是学术界名流、教育界名宿，有多个头衔，如政协委员、学会领导、高校教务长、副院长等。曾经有记者在采访他时问道：“在您的众多头衔中，你最喜欢哪一个称谓？”魏寿昆毫不迟疑地回答说：“教师。”

魏寿昆从教77年，任过教的高校有北洋大学、西安临时大学、西北联合大学、西北工学院、西康技艺专科学校、贵州农工学院、重庆大学、唐山交通大学、天津大学、北京钢铁学院等10所大学，教龄之长，任教高校之多，在中国高等教育史中可以说是独一无二的。他曾多次说过：“以做好教师本职工作要求自己，以为祖国培育英才为己任。”

二、学无止境

读书、教书和做学问是魏寿昆人生中三件最快乐的事。他说：天下的学问无穷，人生的精力有限；一个人的知识仅是沧海一粟，需要活到老、学到老，持之以恒，不能满足。

陆宗贤与魏寿昆相识于留学德国期间，抗日战争中他们同在西康技艺专科学校任教授，两家住所相邻，上班时同行到学校。新中国成立后，陆宗贤任国家建材局总工程师，魏寿昆任北京钢铁学院教务长，由于行业相隔，公务繁忙，又遇到多种政治运动，相互往来日渐疏远。

1975年“文化大革命”的后期，陆宗贤得知魏寿昆已获自由的消息后非常高兴，便与夫人来到北京钢铁学院登门看望。

陆宗贤回忆说：“魏先生住的房间很小，书架与床之间只留着一条很窄的通道，两个人一块过还得侧着身；靠窗的地方有一张书桌，摆满书或资料，可谓‘斯是陋室’；书柜里整整齐齐地排列着德文的、英文的、中文的、俄文的化学和冶金书籍，只能用‘书香满溢，惟吾书馨’来形容。魏先生平日最大的乐趣就是特别爱读书，嗜书如命，惜时如金。他是一位手不释卷的读书人。”

“文化大革命”中，北京钢铁学院大多数教师不敢读书也无书可读，图书馆的书刊被封存，停止外购新的书刊；少数敢读书的教师大多住在校外，逍遥自在。“文化大革命”后期工农兵学员进校，尤其到了恢复高校招生时，教师们普遍觉得自己的知识已陈旧，基础课程很薄弱，痛惜十载年华虚度，强烈要求学习新知识，夺回流失的时光。为此，学校开设了包括数学、外语在内的各种辅导班、进修班。

关毓龙教授回忆说：“在北洋大学我是魏先生的学生，北京钢铁学院建校时我随他来到学校，起初分配在一个系。魏先生是教务长，一级教授，泰斗式的学者。这类数学辅导班他是不会去听课的。然而，出乎我的意料，在数学班课堂里，我竟然发现魏先生端正地坐着，当时我都惊呆了，见面时不知道与他讲些什么话。当时我是电冶金教研室主任。我去课堂原本不是来学习的，而是检查教研室谁在听课。当我看到魏先生全神贯注地听讲，认认真真地做着笔记，我被感动了，也坐下来听课了。自那以后，我不敢丝毫偷懒，无故缺课，坚持学完了。由于魏先生以他的谦虚好学的精神为大家做了榜样，这次数学辅导班的学习气氛十分浓厚，学习效果也非常满意。我把这次数学辅导班称为老中青少‘四世同堂’。”

俗语说：“能者为师。”魏寿昆一向以好学、乐学、广学著称，博采众长，丰富知识，活到老，学到老，持之以恒。

1993年，周国治从美国麻省理工学院回到学校，利用这次机会向母校师生汇报自己的研究成果。地点设在采矿楼学术报告厅。周国治回忆道：“我向报告厅走去，抬头发现魏先生正走在我的前面，距离不远，满头华发，穿着中山装，啪啪地走得很快。我赶紧加快步子想追上他。当我走到楼梯口时，听到了嗒嗒的爬楼声音，我知道他已上三层楼梯了。我的心里顿时涌上一股热流。魏先生那年已是86岁的老人了，他的身体还是那么健康，我居然赶不上他；再说，像我这么一个学生辈分的人做一次学术报告，或者说向学校做一次汇报，居然惊动了他，着实出乎我的意料。”

1985年8月，参加美国固体离子学国际会议留影。右二为魏寿昆，右三为周国治院士

韩海鸥是魏寿昆84级的博士生，副导师是林勤教授。他与魏寿昆相处4年，师生情谊甚深。韩海鸥毕业后受聘于瑞士ABB公司从事技术工作5年。其后，他于1992年定居加拿大创办自己的公司，任总经理。他曾对魏寿昆愧疚地说：“我没有听您的话继续搞学术，真是不好意思。”魏寿昆回答说：“你别这么讲，不管你做什么事，只要对社会做了贡献，这就是你的功劳，我也光荣；不是说一个博士生毕后非要搞这个专业不可，对社会的贡献，在各种岗位上都同样可以做到。”

韩海鸥听了导师这番话，他的忐忑不安的心才平静下来。从此以后，他与魏寿昆之间鸿雁不断，情谊越笃。

2003年末，韩海鸥接到魏寿昆的来信。信中写道：

海鸥总经理：你好！好久未见面了，至念！寄来年历及台历，均收到。每年都收到这份厚礼，至为感谢！新年到来，敬祝新年快乐，万事如意，身体健康，全家吉祥！尊夫人在加好否？

前在文献中看到一本书，是最近几年出版的：Sano，W-K-Lu，Rebound[1]：*Advanced Physical Chemistry for Metallurgy*

该书可能由加拿大出版，不知是工具书（多有 data）？抑论文集？或教学参考书？能否在加的书店找一找？价值多少，有无价值买下来？请费心了解一些信息为盼。敬祝工作顺利！问候尊夫人安好！魏寿昆 2003.12.18。

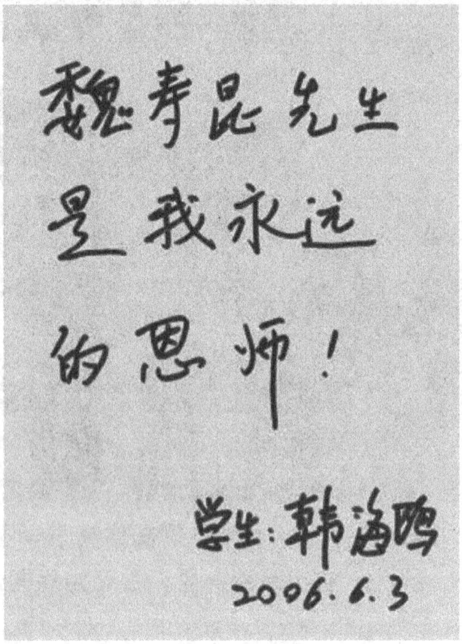
魏寿昆先生
是我永远
的恩师！
学生：韩海鸥
2006.6.3

韩海鸥祝词

韩海鸥说，他接到信后四处打听多时，终于找到这本书的一位编辑，巧得很，这位编辑是北京钢铁学院的校友，他听说魏先生想买这本书，便热情地送了一本。这本书的专业性很强，发行量很小。2005 年韩海鸥回国时，亲自将书送到魏先生的家里，他很高兴。这年魏先生已是 98 岁高龄，双目视力很弱，不能自己阅读。后来他把这本书转赠给了学校图书馆。

2009 年春，中央电视台科教频道《科技人生》栏目为制作“三位院士的世纪人生”专题节目，在采访魏寿昆时，问起他的生活状况。魏寿昆说：“现在我最大的苦恼，一是视力很差，几乎看不清字，不能读书；二是听力又不好，听不清新闻。”

为了改善父亲的听力，儿子魏文宁买了国内最好的助听器，但跑遍北京城却买不到父亲需要的高倍放大镜。魏寿昆虽不能自己读报看书，仍让儿女为他讲新闻、读报纸，关心着国家大事。

魏寿昆喜欢朋友、学生、同事来家做客。他起身相迎，挨肩而坐，清茶一杯，谈笑风生；大多时间，他静静地听着，不时地提一些有趣的问题，或者大声地谈着自己的看法。他说听朋友、学生谈论学术上的事情或者学校中的情况，常给他带来快乐，仿佛自己年轻了许多。

---

① Sano 为日本人；W-K Lu 为卢维高，加籍教授；Rebound 可能是法国人

韩愈在《师说》中写道："师者，所以传道、授业、解惑也。人非生而知之者，孰能无惑？惑而不从师，其为惑也，终不解矣。生乎吾前，其闻道也，固先乎吾，吾从而师之；生乎吾后，其闻道也，亦先乎吾，吾从而师之。吾师道也，夫庸知其年之先后生于吾乎？是故无贵无贱，无长无少，道之所存，师之所存也。"又道："弟子不必不如师，师不必贤于弟子。闻道有先后，术业有专攻，如是而已。"

韩愈这段话的意思是：学习求知是为了解惑，从师是直接的方式。何谓师？谁掌握了我不知不懂的知识，以他为师，向他学习；生在我前面的人，他掌握知识本来比我早，我跟他学习；生在我之后的人，如果他掌握的知识也比我早，我也向他学习。我学的是知识何必计较老师的年龄或辈分呢！

三、贵在创新

魏寿昆的人生格言是：活到老，学到老；苟日新，日日新。2004 年 4 月，魏寿昆写下如下人生感悟：

> 光阴似箭，日月如梭，人的短暂一生能学到的知识，只不过是沧海一粟。周恩来总理教导我们："活到老，学到老。"古人云：苟日新，日日新。想跟上时代，必须与时俱进，天天学习新知识。
>
> 闻友人言，"人们对过去记忆犹新，对将来充满憧憬，惟独对现在最马虎，不知道要干什么。这样便白白地浪费许多时光。"要珍惜光阴之可贵。一寸光阴一寸金，寸金难买寸光阴。
>
> 魏寿昆 2004 年 4 月，时年 97 岁

"苟日新，日日新，又日新"出自《大学》。它的原意是对人和事革故鼎新，为此君子须用各种方法以达到其目的。中国知识分子崇尚"天行健，自强不息"的精神。因此，日日新与自强不息正是中华民族生生不息、刚健有为的文化品格。

魏寿昆在《漫谈博士及科技工作》一文中有一节是专门谈博士论文创新问题的。他开门见山地指出："博士论文的精髓是创新。无创新的科研工作不应写入博士论文。"他同时阐明博士论文与硕士论文的本质区别。他说："硕士论文不要求创新，课题大都采用他人的研究方法，对曾研究过的类似事物进行研究；也可以重复他人的实验，研究同样的事物，以期得到更正确的研究结果。"这里，他用"论文有无独立创新的内容"来区分硕士与博士论文，泾渭分明，易于衡量。这件事似乎老生常谈，却是一

个常谈常糊涂、纠缠不清的问题，因而社会上才会出现“用三篇硕士论文累积成一篇博士论文”的做法。

1999 年 2 月在北京科技大学家中写作（92 岁）

魏寿昆说：用三篇硕士论文亦不能累积成一篇博士论文，因为其缺少创新的内容；如果加入新的创新成果，即可成为一篇博士论文。总之，无独立创新的内容的论文不能称为博士论文。

魏寿昆曾对乔芝郁说：“怎样做好博士生导师？首先你得有一个好的选题，你得学会指导博士生开展创造性的研究活动；其次，导师应该有虚怀若谷、谦虚好学、不耻下问的态度，不要以为自己什么都懂了，换个角度，如果这个课题你真的都懂了，又何必让学生再去做一次呢？你不那么懂没有关系，让学生自己去解决问题，而后你才真正懂了。”乔芝郁说他从魏先生那里总有学不完的东西，不仅学到知识和方法，还能学到怎样做人。

对当下学术领域时有发生的学术不端行为，如抄袭、剽窃、伪造数据、隐瞒成果中缺陷等现象，魏寿昆认为这是一种损人损己的不道德行为。他说：“对引用的文献加注作者姓名及来源，一则尊重他人劳动成果，二则便于读者查考，这是中外学者共同遵守的准则。有的作者将他人文献成果与个人研究成果并列一起，不加区别、不加注解，此系泾渭不分的不道德行为；且很易为同行专家所识破，从而使自己研究成果的真实性被人怀疑，实是损人损己。”魏寿昆也反对过度引用文献。他指出：“实际上，列入论文的文献都应与课题密切相关，任意列入未经筛选或显然重复的文献均有沽名钓誉之感。”魏寿昆批评的种种现象并非无的放矢，空穴来风。吴石忠曾多次遇到这种现象。

1992 年，吴石忠担任《北京钢铁学院学报》的编辑。他在审读本校一位很有名气的教授的稿件时，发现这位教授引用文献多达 40 多篇，于是请这位教授删去与课题无关系或不密切或没有读过的文献。这位教授回答说一篇都不能删。吴石忠无奈之下打电话求救于魏先生，他听后说：“让他过几天来找我。”吴石忠将魏先生的原话转告这位教授。他听后生气地说：“你好厉害啊，竟把魏先生搬出来了。好吧，我自己删。”魏先生听完吴石忠的故事，笑道：“我预料他会自己删的。他是个好老师，有时会在青年教师面前摆架子。但学术论文写作是有规范的，要尊重编辑的劳动。”2002 年吴石忠为魏寿昆写《献身科教，奋斗不息》一文时与他谈起这件事。他说已记不得了，不值得一提。

四、实事求是

“实事求是”是北洋大学的校训。李书田说：“以‘实事求是’为校训之北洋，从未尝铺张学术，付诸铅椠，故为眩世而盗名。惟有时技术深研之所至，理工探讨之所达，无可复遏，往往发而为文，以思贡献于社会。”就是说，科研上的“实事求是”是反对写论文以欺世盗名为目的，提倡技术成果达到实用，理论研究颇有创意，瓜熟蒂落，无可复遏，才能发而为文，贡献于社会。

北洋大学校训

“实事求是”出于班固《汉书》：“修学好古，实事求是。”唐朝颜师古注释云：“务得事实，每求真是。”因此，“实事求是”是一种治学精神。

魏寿昆说，学校（注：北洋大学）企图用实事求是的精神治校，学生争取用实事求是的精神学习。北洋校徽是一个钟形棕红色铜牌，中部镶以景泰蓝的工科大楼图样，两旁镶有“实事求是”四个篆体字。

魏寿昆深懂北洋大学校训的真谛，他一生奉行“实事求是”的精神。他认为做一名科学家应具备的最基本的素质是学风正派，具有热爱祖国的奉献精神。他反对科学研究急功近利、急于求成，更不能容忍浮夸弄假，鱼目混珠。

在学校，魏寿昆做学术研究的求真务实、严谨磊落是出了名的。一次，有位研究生把论文送给他审阅。这篇论文写得很好，看得出这位研究生是用心去写的。魏寿昆在审读中发现，图中的曲线似乎是经过精心处理的。于是，他重新计算和绘图，得到的曲线与论文中的曲线有几处差别。事后，他让这位研究生对比两组曲线的计算方法。研究生自知做错了事，诚恳地向导师道歉。他对魏寿昆说："我预先将曲线中几个'不理想'的实验数据删去，使实验曲线符合导师要求是学校研究生中流行的做法。现在我懂了这是不良的科学态度。"魏寿昆对他非但没有严厉地指责，而且和善地说："科学研究贵在诚实、严谨，要有一丝不苟的态度，来不得半点虚假；随意增删数据无益于社会又损害自己。"

中国某些高校曾一度流行着"向300篇论文进军"的口号。2001年魏寿昆已94岁高龄，极少出外，他是从来访的朋友、同事交谈中知道这个口号的。他也曾听说一些教师为了多发表论文，将一篇完整的学术论文拆分为若干篇，分别投向不同期刊，甚至把尚不成熟的研究成果提前发表。他态度鲜明地反对这种学风不正的现象，并撰文批评这种以量取胜、哗众取宠的不良学风。魏寿昆写道："笔者初步统计，自25岁到65岁，平均每年发表3篇文章，40年间亦只发表论文120篇。国际上知名的科学家退休时学术论文总数多在80～150篇，达200～300篇者不多。后者多系身兼多职，有不少挂名文章。""善于文笔的作者写出大量科普文章，宣传科学真理是值得称赞的，但此类科普文章不应计算在学术论文之内。如果在本人研究领域宣称向300篇文章进军，则只能是粗制滥造，哗众取宠，发表不少水平低下的论文。事实上，以300篇论文申请院士而落选者大有人在，可引以为鉴。"

朱鸿民回忆道："2001年我从日本回国来到北京科技大学冶金系任教，立刻登门拜访魏先生。魏先生仅寒暄几句就谈到做学问的问题。我们谈到学术造假现象时，魏先生说：'学问上我们宁愿少做，但绝对不能造假。这是一个科学家做学问的基本原则；不止做学问，无论我们做什么事都应该坚持这个原则。'魏先生讲这段话时，他的表情是严肃的。"

曾任美国斯坦福大学校长、《科学》杂志前主编的唐纳德·肯尼迪（Donald Kennedy）在《学术责任》"前言"中对类似"向300篇论文进军"的口号给予社会学方面的论述。他写道："学术作为一种竞争活动，尤其是在自然科学领域，我的经验表明，这种现象现在越来越明显。这不仅仅表现为学术和商业活动日益密切的联系，而且学校晋升和其他奖励也越来越注重学术声望。因此，我对这种奖励制度给一些科学家带来的冲击非常担忧。他们匆匆忙忙地发表文章，尽管那些文章没有很好地完成。一稿多投，或者有意忽略那些对自己的研究结论不利的研究发现，却有愈演愈烈之势”。

肯尼迪的精辟言论切中当下国际学术界通病的要害。魏寿昆的文章虽言微语轻，却引起国内不少学者的共鸣，尤其是在北京科技大学倡导严肃学风的呼声颇为强烈，一批中青年学者受到很大的教育。

五、28 门课程

魏寿昆讲的第一门课是在 1930 年北洋大学任矿冶系助教时，讲授“试金学（实验部分）”；他讲的最后的课程是 1976 年在北京钢铁学院为炼钢工人班讲授“炼钢物理化学”。他从教 77 年，除行政工作和培养研究生外，课堂授课共 46 年，先后在 10 所高校任教，主讲 28 门课程。

他主讲的课程大致分为 6 类。①化学类 8 门课：普通化学，定量化学分析，定性化学分析，物理化学，色染化学，工业分析，水质分析，吹管分析。②冶金工程类 9 门课：普通金属冶金，钢铁冶金，有色金属冶金，冶炼厂设计，专业炼钢学，耐火材料，冶金计算，电冶金，冶金学。③采矿工程类 3 门课：岩石学实验，矿物学，选矿学。④材料工程类 2 门课：金相学及热处理，钢铁热处理。⑤冶金物理化学类 3 门课：活度在冶金物理化学中的应用，活度理论与脱硫理论，炼钢物理化学。⑥其他类 3 门课：德语，流体力学（冶金炉部分），测高温学。这 28 门课中讲授次数最多的是冶金厂设计和冶金计算，各 11 次；其次是钢铁冶金 7 次。

魏寿昆讲授这么多的课程有以下三个原因。

一是国难时期，教授奇缺。“七七事变”后平津失守，又适逢暑假，教授们回乡探亲或度假。家在国统区的教授因通信中断，交通堵塞，难以返校，各自寻找避难及谋生出路，因此只有家在天津及其附近地区的教授随校西迁。魏寿昆说：“抗战时期，像在西安临时大学、西北联合大学、西北工学院、西康技艺专科学校，仅有地质、采矿各一名教授，冶金教授包括我在内只有 3 人，另有两位助教，而学生有数百人。为了满足抗战时期急需人才和教学质量的保证，按冶金、采矿四年制本科生培养的教学计划设置的课程，都须给学生讲授，因此我不得不同时讲授多门课程，甚至有时一个人包揽全部冶金课程。”从魏寿昆亲自编制的“讲授课程的年代排列表”可以看出，抗日战争时期他每学年讲的课都有 4 门甚至 4 门以上。例如，1938年下半年在西北工学院，他同时开设钢铁冶金、普通金属冶金、选矿学和金属学与热处理等4门课。

二是受聘教授未按时到校，或一时聘不到合适的教授，再或某门课程没有人愿意讲，必须有人马上顶岗上课。魏寿昆说："我是系主任更应首负其责（也包括个别支援外系的情况）。"魏寿昆讲的是系主任的责任。是否每个系主任都能胜任或敢于承担这种责任呢？魏寿昆做到了，这是因为他的博学、他的治学态度及他的爱国惜才之心。

三是某门课的内容比较深奥，备课较麻烦，没有其他教授愿意接课。他说："在北京钢铁工业学院，苏联专家撤走之后，专家的课程没有人去接，当时我任教处长，没有授课任务，但在教师和学生的请求之下，我立刻接着上。"魏寿昆提到的这门课是冶金炉中的流体力学部分，讲授者须具备很好的数学基础及冶金炉知识，在当时的北京钢铁工业学院兼具这两种知识的教授十分稀缺；即便有这样的教授也不愿意因接替苏联专家的课程而冒教学效果欠佳的风险。他因责无旁贷地接课而深受好评。

魏寿昆说："劳累辛苦是必然的。但抗战时期国家急需人才的压力和教师崇高的职责激励着我，心情还是很愉快的。并且我认为讲授多门课程也能使自己的知识更加全面广博，对业务能力和教学水平的提高很有帮助。"

六、悦者远来

"近者悦，远者来"出自《论语·子路》。哲学家李泽厚的译文是："近处的人民多欢乐，远处的人民来依归。"我国学生报考大学曾有"择师"或"择校"的说法。名师或名校都是以自己的声望远播而吸引青年学子来投考的。

魏寿昆在北洋大学已是名师。北洋大学校志里有记载："矿冶系魏寿昆主任，他在课堂教学，条理之清晰，逻辑之严密，科学论证、分析之透彻，深为师生折服与钦佩。"

韩其勇是魏寿昆从天津大学（原北洋大学）带到合并后的北京钢铁工业学院的在校学生之一。他说："我报考北洋大学冶金系是我哥哥的建议。我哥哥是北洋大学毕业的。我高中毕业后曾问哥哥考哪个大学？哥哥说考北洋大学冶金系。我问为什么考北洋大学冶金系？他说因为北洋大学最好的教授魏寿昆在冶金系，他是系主任，讲课很生动也很有学问。我接受哥哥的建议，考人北洋大学冶金系。因此可以说，我报考北洋大学冶金系是冲着魏先生去的。”

在北京钢铁工业学院冶金系曾有过这样一件动人的事：有些没有听过魏寿昆教授讲课的毕业生，集体向学校领导提出请求，在他们毕业之前请魏教授为毕业班学生开设一次专题讲座。魏寿昆欣然答应。魏寿昆的讲座博得学生们的盛赞，他们说听魏教授的讲座是一次知识的满足、心理的享受。

乔芝郁教授报考北京钢铁学院也是奔魏寿昆教授来的。乔芝郁高中毕业后被推荐到北京外语学院留苏预备班学习俄语。后来由于中苏关系紧张，中国政府停止向苏联派送留学生，这届学生需要重新填写志愿。乔芝郁说：“当时我们俄语班上许多同学按录取分数线进入清华是没有问题的。1956 年正逢党中央提出‘向科学进军’的号召，同学们都很振奋。我听说北京钢铁学院理化系教授魏寿昆、柯俊很有名。我很崇敬老科学家，在填写志愿时就填上了北京钢铁学院理化系，成了冶金物理化学专业第一届学生。因此说，我到理化系上学，很大程度上是慕魏先生、柯先生这些名教授名声来的。”

北京钢铁学院建校后，教授阵容很强，非昔日北洋大学可比。除特殊情况外，魏寿昆专事教务管理工作，不再安排授课任务，因此冶金类学生大都没有聆听过他的课。但在下列三种情况下，他会登台讲授：一是各种学术会议，魏寿昆希望将自己研究的成果介绍给国内冶金界同行。例如他的高温活度理论、选择性氧化理论、固体电解质电池定氧技术、复杂矿中元素的热力学行为等新理论、新技术、新方法均在中国金属学会下设的不同专业的学术会议上宣讲。他企望他的研究成果尽快让同行知道并应用于生产实际；同时企望他的宣讲能促使更多同行，特别是中青年学者推动和发展我国的冶金物理化学理论。二是为培养学校青年教师而开设讲座。例如，20 世纪 70 年代，他开设的“活度在冶金物理化学中的应用”系列讲座。三是为工人班或工农兵学员讲课。

魏寿昆编著的《活度在冶金物理化学中的应用》和《冶金过程热力学》两本传世著作，远播海外，因而他在国际冶金界，特别是在德国和日本，有很高的学术声望，深受国际冶金界学者盛赞，多次被邀请参加国际冶金学术会议。

1992 年 11 月 26 日，魏寿昆作为中国金属学会代表团成员来到东邻日本，参加“第六届日中双边铁钢学术会”，期间他们参观了川崎钢铁公司千叶制铁所和高技术研究所等厂所，在日本停留时间共一周。现任北京科技大学冶金学院院长的朱鸿民教授，当时正在日本留学，负责接待魏寿

1989 年 12 月在上海宝山钢铁公司参加第 5 届中日钢铁会议同与会者合影。前排左七为魏寿昆

昆。他说：“我第一次见到魏先生就是在那次学术会上。我在国内学的不是冶金专业，来到日本留学后选择了攻读冶金学博士，因此对国内冶金界的学者并不熟悉。有一天，日本东北大学金属材料学科有位很有名气的教授万谷志郎对我说，中国有一位很了不起的教授要来学校访问，他的名字叫魏寿昆，一级教授。万谷志郎教授建议我们组织东北大学金属材料学科的中国留学生和学者与魏先生开一次座谈会。魏先生一行到仙台日本东北大学参观访问是由日本金属学会会长、东北大学名誉校长不破佑教授陪同的。魏先生当时已是 85 岁高龄，比不破佑年长 10 多岁。在这次座谈会上，10 多位留学生每人给 10 分钟时间介绍自己来到日本后的研究工作，之后魏先生和我们非常具体地讨论一些专业方面的问题。我们都非常惊讶他的渊博知识和他的记忆力，并且留下了深刻的印象。会后，我开车送魏先生等人回到他们下榻的仙台宾馆。一路上，魏先生和不破佑教授谈得很愉快，也和我聊天，这时我才对魏先生有较全面、较深的了解。”

后来，万谷志郎教授对我说：“魏寿昆教授作为科学家应该打满分的。就像我们考试之后，怎样评价考试成绩？100 分是满分。作为科学家，学问能做到魏寿昆教授这样的程度是很不容易的。”

2000 年，魏寿昆（前排左二）会见到北京科技大学访问的不破佑教授（前排右二）

朱鸿民慕魏寿昆的声望，2001 年回国后受聘于北京科技大学冶金系任教。

日本冶金学界对魏寿昆教授的学术成就和他的学品师德都有极高的评价：国际著名冶金学权威、中国工程院外籍院士不破佑教授称他为“老师”，并说：“您是中国人民的宝贝，您也是我们日本人民的宝贝。”日本著名冶金学家后藤和弘说：“魏寿昆教授著的《冶金过程热力学》是迄今为止世界上最好的一部冶金热力学著作。”1985 年魏寿昆当选为日本钢铁学会外籍荣誉会员。

七、行为世范

“学为人师，行为世范”是北京师范大学的校训，1996 年由启功先生提出。在阐释校训含义时，启功先生说：“所学要为世人之师，所行应为世人之范。”校训把教师的“学”与“行”统一在以身作则、为人师表的知行过程，而且在不懈追求中走向卓越和完美。古语曰：学高为师，身正为范。“学高”须学无止境，永不满足；“身正”须品德高尚，洁身自好。魏寿昆以他的高尚师德和渊博学识被师生、同行誉为教师的楷模，学人的榜样。

刘松乐和钟汉抗日战争时期曾就读于重庆大学，抗日战争胜利后，两人一同转学到北洋大学。魏寿昆将他们请到系主任办公室，了解他们在重庆大学的学习情况，随意地提了几个专业方面的问题，难度不高。刘松乐多个问题回答得很好，但有一个地质学方面的问题回答得不够正确。刘松乐说重庆大学冶金系的课程设置，地质学不是主课，因此没有认真学习。魏寿昆没有责备他，却和善地对他说，大学是培养各行各业领导人才的，大学生在学校读书不仅要学深学透本专业的知识，而且还要尽可能扩展知识面，掌握与本专业相关的知识。学校设置的每门课程都是需要的，不能因为它是辅课而不去认真学习。刘松乐说这是他第一次面对面聆听魏先生教诲，至今仍记着，在以后的工作中经常以魏先生的教诲激励自己，实在是很幸运的。

毕业设计时，魏寿昆是刘松乐的指导教师。刘松乐选择钢厂设计作为毕业设计课题。他阅读了许多资料，精心写了一份设计大纲。魏寿昆审读后对刘松乐说："一家真实的钢厂一般是以旧厂为蓝本，分析研究它的缺点而后再加以修改，经过这套程序新的工厂才能设计出来。你的设计内容太泛、面太广了，是不容易做好的。"于是，魏寿昆建议他设计课题不如改为高炉设计，并说："这样设计题目缩小了而设计的内容反而丰富实用了。"随后魏寿昆递给他一些高炉设计资料，安排他去天津钢厂、石景山钢铁厂实习并收集现场资料。刘松乐最后完成的毕业设计得到好评。刘松乐感慨地说："魏先生是我一生最敬重的老师。当年先生的教诲及先生的严谨作风一直是我做事的榜样，不敢辜负先生的期望，因此我才能取得一些成绩。"

段淑贞教授长期从事熔盐电化学教学和科研工作，在熔盐电极过程、电结晶、电镀机理及应用方面在国内享有声誉。

1991年，段淑贞教授首次招收博士生，这位学生来自包头稀土研究院，有一定的生产和研究工作的经验。段淑贞为他订的研究课题是"高温熔盐电化学生产钇镁（Y-Mg）合金和钇铝（Y-Al）合金及其物理化学原理的研究"。该课题涉及电化学和热力学理论，后者不是她的学术专长。段淑贞深感冶金热力学知识尚不够深厚，因此请魏寿昆与她共同指导博士课题研究。他欣然同意，同时向段淑贞借两三本电化学方面著作读一读。魏寿昆说他一生教过28门课程，唯独没有教过电化学，自己需要学习电化学方面的知识，先当学生，再当老师。

段淑贞为魏寿昆从学校图书馆借来了两本电化学名著，一本是《理论电化学》，另一本是《电化学研究方法》。这两本书都是英文原著。段淑贞没有借这两本书的中译本，她担心中译本往往由于译者缺乏电化学知识，或者英文修养不够而误译、曲译；况且魏寿昆精通英文，更愿意自己看英文原著，喜欢按照自己的知识和经验来理解原著的理论。

魏寿昆将两本专著通读了一遍后，提出了一些书中有关电化学与热化学相关公式的推导问题，找段淑贞切磋探讨。这些问题很深、很关键。段淑贞说：“魏先生其实对电化学基本理论是很精通的，他是为了帮我指导博士生再把电化学温习了一遍。这两本英文原著我也读过一遍，相比之下，我没有魏先生读得那么细，理解得那么深。”

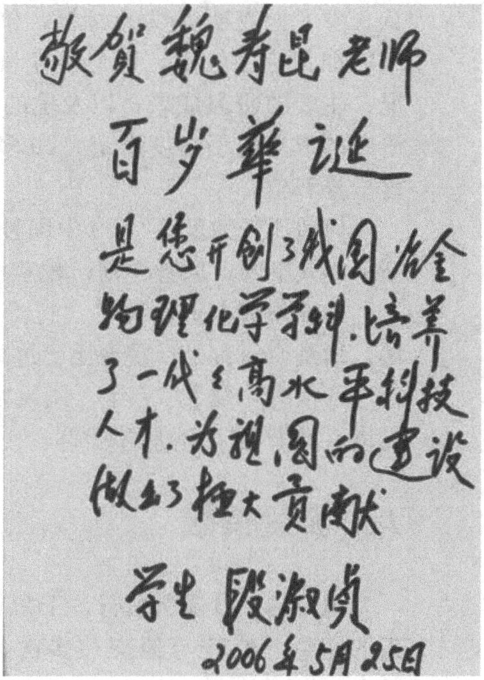
敬贺魏寿昆老师
百岁華誕
是您开创了我国冶金
物理化学学科，培养
了一代代高水平科技
人才，为祖国的建设
做出了极大贡献
学生 段淑贞
2006年5月25日

稀有金属教研室主任段淑贞祝词

16年后，段淑贞回忆起这段往事仍然很激动。她说：“自那以后，我经常带着这位博士生登门向魏先生请教，与他讨论一些理论问题。他静静地听我们讲，而后给我们指导。有了他的指导，我的心里也就踏实了。这位博士生的论文很顺利通过，成绩很好。因此我们都很感谢魏先生的指导。”

方克明教授是北京钢铁学院冶金物理化学专业65届毕业生，留校任教，现为博士生导师。方克明回忆说：“20世纪七八十年代，我研究稀土元素在钢铁冶金中作用的机理，就是用放射性同位素示踪法探求稀土元素在钢铁中的固溶规律。我把研究的部分成果写成一篇稿子，准备投到美国一家权威冶金杂志。投稿前，我请魏先生审阅并给予指导。魏先生读后与我就稿中具体内容，包括英文修辞讨论了3个多小时，告诉我文中有几处是必须修改的。后来我恳请魏先生在论文上署名。他严肃而和善地说，我没有参加研究，没有做过贡献，我是不可以署名的。他婉言谢绝了。”

1985年，方克明想到联邦德国马普学会进修，需要国内著名教授的推荐，他请魏寿昆写一封推荐信，魏寿昆爽快地答应了。写信之前，他认真看了方克明提供的材料，包括论文，之后才亲笔写下整整4页A4纸的推荐信。信中，魏寿昆全面客观地评价了方克明在国内的研究概况、主要的研究成果，以及他的研究方向，对稀土元素在钢中作用机理研究的成果给予高度肯定。20多年过去了，方克明至今仍然精心珍藏着这份推荐信。

何谓“行为世范”？《中国教育史》的阐释如下：学而不厌；温故知新；诲人不倦；以身作则；教学相长；关爱学生。

这6条基本上诠释了“行为世范”的内涵。若能一生贯彻而不离不偏，却是谈何容易！魏寿昆已过天年，始终坚守“以为祖国培育英才为己任”的信念，从教77年，风风雨雨，矢志不移，显示出“教师的风范，是世人的楷模”，为后辈敬仰。

八、师爱情暖

魏寿昆平日谨言慎行，不苟言笑，常给初相识的人留下威严而不敢接近的印象。倘若与他交往多次，会发觉他是位情感热烈、和蔼可亲的长者。

朱鸿民说：“如果与魏先生谈论家常，他就是一位和善的老人家、长辈；只要一讨论起学术问题，才让你感到他是一位学问家、学者。学者有各种各样的，魏先生不是那种让你一眼看去就是学者的那种人，而是只有在与他讨论学问中才能让你感到他是位学问家。因此，我觉得魏先生是个非常慈爱的老人，尽管我们之间有半个世纪的年龄差距，但是他说话时没有一点架子，和他交谈心里非常轻松。”

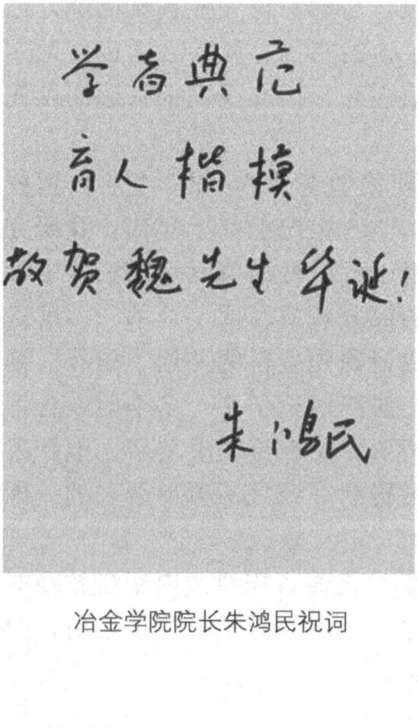

冶金学院院长朱鸿民祝词

邢献然博士说：“魏先生是位大学者，但很平易近人。他在冶金界的地位那么高，威望那么大，因此我做博士论文时第一次见他，心里是很紧张的。后来接触渐渐多了，无论在他家里或者在他的办公室，魏先生都那么随和，对我们这些学生丝毫没有大权威的架子，很亲切，我的心里就轻快了。”

韩海鸥博士与魏寿昆私人交往较多，感受也更深。他说：“我的英语比较好，外国专家、学者来北京钢铁学院访问，只要是魏先生接待，多数情况下会要我跟随翻译。因此我们交谈得很多。我们之间聊天无拘无束，海阔天空。他想多了解一些国内外的事情，我知道什么就说什么。例如，手机刚在国内市场上市，它的外形比较大，那时叫做‘大哥大’。他拿着我的手机，问我怎么用，他听我讲解后，幽默地说：‘呦！这个东西好呀！以后你无论在哪里，我都可以用这个东西找到你了。’因此，我对魏先生有一份特殊的感情，那是一种忘年交的感情。”

段淑贞说他心目中的魏先生既是恩师，又是慈父。

和善的老人家、大学者、慈父、恩师、忘年交等，这就是一个真实的魏寿昆，在后辈的心目中，他既高大又平凡，既严肃又和善，既威严又热情。

新中国成立初期，北洋大学为了解决教职工的子女上学问题，在校园内建了一所北洋大学附属小学，魏夫人杨英梅是该小学的负责人之一。

1951 年，共青团天津市委决定在天津市小学组建少年先锋队，机械系 48 级学生方华灿当时担任北洋大学校共青团副书记，负责筹建附小少先队的工作。方华灿等人来到魏寿昆家与杨英梅商量少先队筹建的具体工作。恰好工学院院长魏寿昆在家，他饶有兴趣地来到客厅，静听他们商谈。方华灿想听取他的意见，魏寿昆高兴地说：“新中国成立了，小学生要接受爱国教育。建立少年先队是件好事情，这是新生事物，一定要把这件事做好，我也大力支持。”在北洋大学党支部和校领导的支持下，附小发展了第一批少先队员，成立了少先队组织。曾任中国石油大学副校长的方华灿教授，他在所写的《忆我和魏老接触的二三事》一文中谈了这个故事，并写道：“回想起这件事，魏老这种热爱新中国、支持新生事物的精神，实在使我深受感动，令我难忘。”

大凡学问家皆为读书人。买书、读书、藏书、借书、用书是他们的爱好；惜书、还书是他们的公德。但是他们对自己的藏书，特别是那种难得一求的孤本，除非是至朋好友，他们绝不会随意借给别人。因为一些读书人有一种陋习，看书时或划、或写、或撕。学问家最痛恨这类所谓“书生”。魏寿昆同样有学问家惜书的习性。因此，他的同事和学生通常不便开口向他借书，生怕他为难。但有一种例外，就是魏寿昆知道借书的人同样是爱书、惜书的，而且这本书对借书的人实在是很重要的，而他一时又难以得到。这种情况下，魏寿昆会很愿意把书借给他，因为他爱惜人才胜于爱惜书籍。

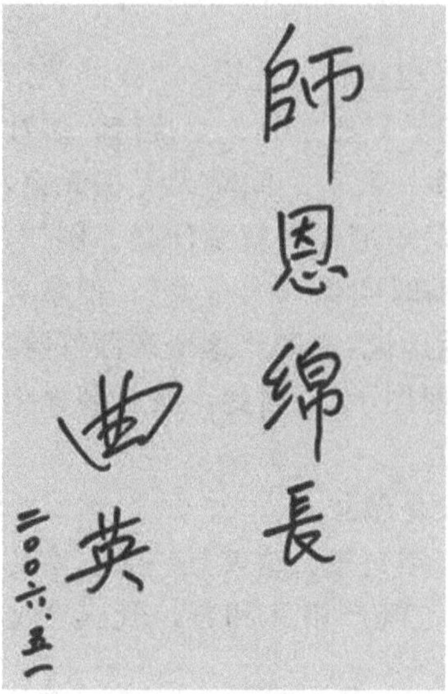

曲英教授祝词

曲英教授讲了他向魏寿昆借书的旧事。他说：“我曾在北洋大学冶金系上大学。二年级时，魏先生讲‘耐火材料’课，课堂上推荐了几本参考书，其中一本是英文原版《耐火材料》。我很想读一读英文原著，但是北洋大学图书馆没有采购。一次偶然机会，我听人说魏先生自己刚买了这本书。我知道魏先生很喜欢这本书。我犹豫很久，最后终于鼓起勇气来到魏先生家，在见到他时我却一时又难以开口。魏先生看到我局促不安的模样，说：‘你找我有什么事，没有关系，尽管说出来。’我说：‘想借您新买的英文版《耐火材料》读一读。’魏先生笑道：‘想读原著很好嘛！有什么不好开口的。你拿去吧！’他当即从书柜中取出递给了我。当然我尽快读完还给了他。”

北洋大学毕业后曲英随魏寿昆来到新建的北京钢铁工业学院，师生交往 50 多年。曲英说：“我坐图书馆的习惯是在魏先生的影响下养成的；甚至‘文化大革命’后期我带 72 届工农兵学员到上海实习，半年期间只要有空闲时间，我也会跑到上海图书馆查阅资料。”

门派之争、门户偏见是我国知识界通常存在的一种不良的学风。魏寿昆言行光明磊落，不搞门派，不分亲疏，一视同仁。

周国治接受《师者如兰》写作组采访时讲到了学术界存在的门户之见或门派的问题。

周国治说，有些教授、学者，如果那个人是他的学生，或是他的课题组成员，这些教授就会竭力保举他课题组的人、他的学生当上教授。但是魏先生不会这样做。他待人一视同仁，一碗水端平，某个人能否当教授主要看这个人的研究成果对国家的贡献有多大。

周国治以自己的经历为例来证明魏寿昆没有门户之见。他说：“我是基础物理化学教研室的，魏先生则在冶金物理化学教研室，虽然教的都是物理化学，实际上两个教研室之间没有实质性的往来。1986 年初物理化学教研室划归化学系后，与冶金物理化学教研室分属两个系，相互间交往更少。再说，我是冶金专业而不是冶金物理化学专业毕业，因此与魏先生接触不多。但是，当我登门向魏先生请教时，他从来不和我计较我是不是他那个专业的，帮助我同帮助其他人同样认真、同样耐心，对我研究取得的成就同样高兴，给予同样的鼓励。魏先生做事历来是从学校、学科及国家的根本利益考虑的。”

罗干同志在贺信写道：“先生教课程之精细，导研究之巅峰，育品格之健全，师德风范，殊为楷模。”这是对魏寿昆从教77年的评价。

参考文献

李书田．1933．国立北洋工学院季刊发刊辞．北洋理工学刊，1（3）：1～2
罗干．2006-09-08．贺信．北京科技大学校报，第1版．
孙培青．1992．中国教育史．上海：华东师范大学出版社．81～85
唐伯学，王四海，张予滨．1985．中华人民共和国教师节纪念册．北京：教育科学出版社
唐纳德·肯尼迪．2002．学术责任．第2版．阎凤桥等译．北京：新华出版社．232～234
魏寿昆．2000．活到老，学到老；苟日新，日日新．心迹——中国院士实话实说．北京：科学普及出版社．D册．212～223
魏寿昆．2001．漫谈博士及科研工作．科技导报，（3）：13～15
魏寿昆．2003．读书与任教期间几个片断的回忆．见：汤佩松等．资深院士回忆录．第1卷．上海：上海科技教育出版社

第十四章　兰室桃林，颐养天年

何谓“天年”?《素问·上古天真论》中写道：

> 恬淡虚无，真气从之，精内守，病安从来？是以志闲而少欲，心安而不俱。形与神俱，而终其天年，度百岁而去。

俗语说：“山上也有千年树，世上难逢百岁人。”尽管现代医学很进步，社会较稳定，百岁寿星不再难逢，但仍然是凤毛麟角。

2009年春，中央电视台“科技人生”栏目录制并播放了纪录片《三位院士的世纪人生》，主人公是生物学家贝时璋（106岁）、冶金学家魏寿昆（102岁）、地质学家杨遵仪（101岁），然而贝时璋院士、杨遵仪院士已于当年相继仙逝了。

一、珍爱生命

几年前，有家报社的记者曾问魏寿昆：“您是怎样保养身体的，百岁高龄依然这么健康?”

魏寿昆淡淡一笑说：“我自己也没有想到能够活得这么长。类似的问题拿去问医生、养生专家，他们也未必敢回答说我能活到一百岁。”

1998年，在北京科技大学家中书房查阅资料（91岁）

常言道：天有不测风云，人有旦夕祸福。长寿的人通常一生中磨难不断，如自然灾害、战乱、疾病、贫穷、政治环境等，但他们善于避灾祸而珍惜生命。

北齐文学家颜之推著的《颜氏家训》“养生”一节中说：“养生者先须虑祸，全身保性，有此生然后养之，勿徒养其无生也。”

20世纪上半叶是中国人受苦受

难的年月，内忧外患纷至沓来，魏寿昆历经的磨难，有流离颠沛、贫困、疾病、政治运动等，总之，他在前60多年中过着不安宁的日子。然而，他都能沉稳应付，有惊无险地保护全家平安度过。

由雅安至西昌约有450公里的路程，中途须翻越海拔2830米高的大相岭顶峰，跨过急流奔腾的大渡河，再越海拔3030米高的小相岭山顶，旅程中处处隐藏着凶险，生死难卜，困难未料。魏寿昆为了追随李书田开创西康的高等教育事业，使流亡在大西南各地的学生得到求学机会，他毅然面对安危，踏上旅途。

魏寿昆预先查阅资料，估计行程中可能遇到的各种困难风险，出发前充分做好心理上、物质上的准备，未雨绸缪，长虑识见，后来面对旅途中所遇到的风险，他都能临危不乱，化险为夷，平安地抵达西昌。

对知识分子来说，政治运动是一场精神灾难。新中国成立前夕，北洋大学学潮高涨，罢课、游行不断。魏寿昆保持中立，静观形势；但在北洋大学南迁的重大决策上，他毫不犹豫地选择留下，等待解放。他看似政治上糊涂，在关乎国家命运时却是心知肚明，谨慎聪明。新中国成立后20多年中，在“以阶级斗争为纲”的年代，政治运动一个接一个，“反右”斗争、“文化大革命”，魏寿昆受审查、进牛棚、被抄家、到干校劳动等，他始终保持平静心态，不怒、不怨、不语、不乱，上级让做什么他就做什么，认认真真做人，踏踏实实做事；不曾以上居学校高位而尊贵，不以下放当一名普通教授而抱怨，无论做什么工作，他都会尽力做得更好，宠辱不惊，随遇而安。

古人云：“大事、难事看担当，逆境、顺境看襟度，临喜、临怒看涵养，群行、群止看识见。”西昌办学是大事，他敢担当；进牛棚、干校劳动是逆境，可以看出他的胸怀宽大；高位不喜、去职不怨，可以看出他的涵养很高；与他人和睦共事，可以看出他的见识高明。

孔子很重视保全自己的生命，避祸而安生。他说：“危邦不入，乱邦不居。天下有道则见（出现），无道则隐。”保全生命的目的，以便将来在开明政治下为国家服务。

魏寿昆在乱世谨行守口，不招飞来横祸；他的志向很远大，这就是以为国家培养建设英才为己任。他说：“我是个读书人，教书人。除此以外，我都不很懂得。搞不懂的事，我不会乱发表意见，宁愿多听、多看、多思，心里明白哪些事、哪些意见是对是错就足够了。”魏寿昆的教书育人和发展冶金学科，正是他坚守的人生意义和价值所在。

二、持守四则

魏寿昆是20世纪30年代留德归来的北洋大学教授。控制论奠基者维纳曾在20世纪30年代较长时间生活在北京，结识了很多中国教授。他说："我结识的所有有教养的中国人都继承儒教的传统，当他们是基督教徒时，也同样是虔诚的儒教徒。"他们"都怀有这种绅士、学者、政治家三位一体的儒教观念：为人严肃稳重而彬彬有礼，并有一种幽默感，以大众的利益为己任，并以有尊严的学术作为手段"。这是一位外国科学家眼中对中国20世纪30年代教授的印象。魏寿昆的道德观、价值观同样受到中国优秀传统思想文化的影响。

然而，魏寿昆持有自己的为人处世原则——慈和，勤俭，不争，创新，不妨称其为"四则"或"四律"，或者如老子称的"四宝"。

慈和就是慈祥和善，有同情心、怜悯心、仁爱心、慈悲心。朱鸿民说，不谈学问时，魏先生是个非常慈爱的老人；谈起学问，他才是大学问家。段淑贞将魏寿昆比做恩师和慈父。邢献然说，魏先生待人很亲切随和，没有大权威的架子。慈爱之心、和善待人，魏寿昆很受学生、同事的敬重。

西北工学院汉中古路坝四校学生发生的械斗事件深深印在魏寿昆的心里。他说："李书田忽视学生流离失所的复杂情绪，缺乏耐心有力的思想疏导工作，致使学生间思想鸿沟加深。"

魏寿昆极少批评他人，尤其是自己的老师李书田，但这次例外。当然这段文字是写在后来的回忆文章中的。李书田是个有胆识、敢担当的学者，但他处事时缺少一个"慈"字，多了一个"躁"字。"躁"能生怒，常常把事情搞糟。

钟汉和刘松乐在抗日战争胜利后北上继续求学，他们原是重庆大学学生，无奈之下找到北洋大学的魏寿昆。魏寿昆把两人插班到他主管的冶金系。钟汉说："如果没有魏先生的扶助及他的关爱之心，我们只好失学了。"魏寿昆给两人一份"爱"，使国家多培养了两位人才。

勤俭是指有而不尽然，但求衣暖食饱。司马光说："有德者皆由俭来。"（《训俭示康》）

寒门之子的魏寿昆保持着魏家勤俭过日子的传统家风，从而养成良好的生活习惯及性格特征：贫穷时节衣缩食，安贫乐道，即便当上教授，待遇很高时，仍然过着俭朴的生活。至今在他的书房和客厅里没有豪华时尚的摆设，只有古旧的书柜和书桌，摆满书籍和资料，他以藏书为富，以俭朴为足，三餐粗茶淡饭，不挑食、不贪吃，以营养均衡为限。平淡的生活使他过得心安理得。

“不争”是魏寿昆的座右铭，一生恒守且自律。

“不争”是不和别人争名、争功、争位、争权、争利。老子说：“人之道，为而不争。”（《老子·八十一章》）意思是，人世界的法则，多做事而不争夺。魏寿昆是在少年时从孟子讲的“上下交征利而国危矣”这句话悟出道理的，从此他把“不争利”作为“做作风正派人”的标准之一。

北京钢铁学院建校初期，原北洋大学教师中流传着院系领导班子安排不公正的言论，对此魏寿昆严肃批评。这是不争位、不争权。

朱元凯说：“魏先生从来不问课题获奖的奖金，给他多少他拿多少，还说实验工作是你们做的，你们应该多拿一些。”这是不争利。

方克明请求魏寿昆在他亲自修改过的，但由方克明独立完成的论文上共同署名，被魏寿昆严肃而和善地拒绝。这是不争名。

魏寿昆讲课语言生动，逻辑严密，理论联系实际，名闻北洋大学和北京钢铁学院。然而他常对人说，他的教学方法是向他的老师何杰教授、福乐尔教授等人学来的。他是高温活度理论大家，但他说我国高温活度研究的开拓者是邹元爔、陈新民、李公达等人。这是不争功。

魏寿昆修己以安人，实事求是，不争浮名，不贪虚华，不图己利，显示出他本真的品格。

然而，对国家冶金工业发展有益的事，他是据理力争的。固体电解质电池定氧技术在工厂的应用曾一度受阻，伤害着研究人员的积极性，更不利于钢水质量的控制。魏寿昆在多种场合大声呼吁将定型的定氧测头放心大胆地应用于炼钢生产。这是据理力争。

孔子说：“君子矜而不争，群而不党。”（《论语·卫灵公》）意思是君子庄重而不争夺，合群而不搞宗派。

“苟日新，日日新”是魏寿昆做学问的原则。从1929年发表在《矿冶》杂志上的《长城煤矿最近调查记》开始至2002年登载在*Steel Research*的*Separation of Nb from Nb-bearing Iron Ore by Selective Reduction*为止，魏寿昆个人或与他人合作73年中共发表学术和技术论文140篇，平均每年发表论文不到2篇；这73年中他出版5本专著，平均15年出版一本专著。在同时代的科学家中，魏寿昆是一位勤奋多产的科学家。他根据国家冶金科技发展需要确定自己的研究目标和任务，他在“高温活度理论”、“选择性氧化理论”、“固体电解质电池技术”及“复合矿中元素的热力学行为”冶金学4个重要领域的研究成果都具有开创性、超前性和实用性，成为后继研究者必读的文献。魏寿昆编著的《活度在冶金物理化学中的应用》和《冶金过程热力学》已成当代经典著作。

慈和、勤俭、不争、创新是魏寿昆一辈子持守的原则，“内省不疚，何忧何畏”，因此他“发愤忘食，乐以忘忧，不知老之将至”。

三、动静相宜

动和静原本就是人体存在的两种状态。亚里士多德说的“生命在于运动”常被理解为体育运动，但不够全面；他是一位哲学家，如果从哲学意思去理解，“运动”包括身体的运动和脑子的活动。如果人的脑子停止活动了，人的生命也就停止了；而脑子运动，如读书、写作等又被称为“静”。王夫之说：静是相对的，是“运之静”。朱熹认为：“静不是虚静，若虚静便入佛家了，静复于动，其动静亦无端。不改定之以中正仁义而静，正是要人静定其心，自作主宰。”因此说，静既不是脑子里空空的虚静，也不是胡思乱想“无端”的妄静，而是由自己的心作掌控，想的是中正仁义之事，这样的静才能“定其心”。

动能强筋骨、壮脏腑；静能清心养神，储精调气；因之，动养身，静养心，动静结合便能养生。

魏寿昆上小学、中学时，为了节省家庭开销，选择离家最近的学校，步行上学，中午回家吃饭，一天来回四趟。他习惯于快走，久而久之，练成一双能走长路的双脚。在铃铛阁官立中学上学时，他多次参加爱国游行，常常步行几十里，回到学校仍不觉疲劳。

1984年10月，摄于贵州黄果树大瀑布（77岁）

在德国留学时，魏寿昆和王淦昌游哈茨山，登上海拔1140米的布罗肯峰，顿感心旷神怡，逍遥超脱，仿佛身在神仙的世界里。他喜欢游览参观，将其当做文化美食来享受、欣赏。他游览过英国的伦敦塔桥、国会山、白金汉宫、海德公园、大不列颠博物馆、牛津大学；法国的凯旋门、艾菲尔铁塔、卢浮宫、拿破仑墓、蜡人馆；意大利的梵蒂冈、威尼斯和那不勒斯附近的维苏威活火山等。

抗日战争时期，从雅安至西昌途中，登海拔2830米的大相岭顶峰，最后的7.5公里需爬800米高度的陡坡，他步行登顶。他写道："我步行登上山顶，一眼望去，山下阴云密布，山中大雾弥漫，间有小雨；快到山顶时雨过天晴，蓝天在望，汉源城处在变幻的云海中……"此时此刻，他已被大自然的美景陶醉，忘却身体的劳累了。

从北洋大学复校至北京钢铁学院，魏寿昆已由中年渐渐进入老年，他的健身方式是步行上班，饭后在校园中散步；上班捷步而行，"身轻如燕，健步如飞"，甚至在80多岁高龄时，魏寿昆去听周国治院士的报告，壮年的周国治竟赶不上离他不远的魏先生，上楼时只听到魏先生嗒嗒的爬楼梯的脚步声渐渐消失。

魏寿昆伉俪喜欢的娱乐和休息方式是"听抒情歌曲及音乐，早年多跳舞"，"对快、慢圆舞曲最感兴趣"。

魏寿昆伉俪喜欢跳舞闻名于北京钢铁学院。20世纪五六十年代，每逢周末晚上学校工会必举办一场舞会，青年教师及学生会跳舞的人不多，教授夫妇是舞池的佼佼者，而魏寿昆伉俪则是最受舞池四周观看者青睐、最受热捧的舞者。四五十年过去了，至今当年的同事和学生谈起魏寿昆夫妇的舞姿仍津津乐道。他们回忆说，只要学校大饭厅音乐声起、魏寿昆夫妇双双进入舞池，随着优美的圆舞曲旋律翩翩起舞，优雅的舞步，绅士般的舞姿，飘逸的旋转，让观舞的人赞叹不已，因此他们至今记忆如新。魏寿昆夫妇还曾多次参加北京政协举办的舞会，每次北京政协开完会都举办舞会，魏寿昆在门口等候杨英梅到来，双双进入舞场。

晚年的魏寿昆患有眼疾，行动不便，很少下楼；他自编了一套适合自身的简易太极拳，每天坚持锻炼，持之以恒。

季羡林先生说："我首创了三'不'主义：不锻炼，不挑食、不嘀咕，名闻全国。"但他解释说："我并不绝对反对适当的体育锻炼。锻炼但不要过头。一个人如果天天望长寿如大旱之望云霓，而绝对相信体育锻炼，则此人心态恐怕

1988年8月15日，与夫人在北京景山公园的北京市政协中秋节招待晚会上（81岁）

有点失常，反不如顺其自然为佳。”季先生的一席话看起来与常理相左，但对老年人来说不愧是一个好建议。

魏寿昆的性格偏于内向。据心理学家荣格（C. C. Juny）的理论，内向型的人，心理活动倾向于内部，表现为处事谨慎，性情沉静，不善交往，多思多虑，不善言辞，反应缓慢等。事实上现实人的性格大多居于内向和外向之间，即偏内向或偏外向。

在回答《院士心迹》问卷时，92 岁的魏寿昆是这样写的：

问：您的性格是属于内向还是外向？

答：偏于内向。

问：您最大的优点和缺点？

答：优点：刻苦学习，有恒心，有毅力；缺点：活动能力差。

问：您做人的准则是什么？

答：不损人利己，谦让对方。

问：您最钦佩的人？

答：学风正派的科学家。

问：您最不愿做的事？

答：最不愿做违背良心、丧失道德的事。

中国传统养生主张“修内以安外”，内即人的内心，外即人的身体。内心须修养才能安定、平和、谦让，才能静下来读书、搞教育和做学问，才能遇挫折不烦乱，才能遇烦事不生气，才能遇病痛不丧气，才能遇衰老不恐慌，等等。

因此，长寿的人，尤其是学问家，大多需要安定平静的生活和工作环境。

魏寿昆说：“1936 年留德回国，立即从事教学和科研工作。1937 年‘七七事变’，颠沛流离，在后方各省，直到 1946 年回到天津。建国后任行政工作，直至‘文化大革命’后才安心从事科研工作。思维活跃就算后一年龄阶段了。”他又说，他在科研和教学工作中最出成绩的年龄是“1942～1946 年在重庆四年（35～39 岁），当时在重庆（国民政府）矿冶研究所工作；（另一段是在）1972 年以后（65 岁以后），特别是在改革开放之后”。

魏寿昆能够做到闹中取静，忙里偷闲，闲时读书，心如止水。他的《活度在冶金物理化学中的应用》这本书的资料准备是在学校轰轰烈烈地学苏联经验阶段写出来的，别的教授热闹地评论苏联教学制度，他却静心研究高温活度理论。正如傅君诏所说的："他不管这件事，他正在做他的学问和踏实地做好教务工作。"

魏寿昆能够做到不随大流，不合俗流，心定气静，持守己任。他的"固体电解质电池定氧技术"的研究成果是在他从教务长被下放到教研室的逆境下完成的。他对常乃欢馆员说："忙碌了大半辈子，好容易有段清闲时间，到你这里坐坐，读读文献资料也是一种休闲吧。"他把个人的命运顺逆并不放在心上，"静"之一字使他超凡脱俗。

明代文学家吕坤《呻吟语》中写道："天地间真滋味，惟静者能尝得出；天地间真机括（规律），惟静者能看得透；天地间真情景，惟静者能题得破。"大学者常具备志高气静，有恒心、有毅力的品质。魏寿昆在回答《院士心迹》问卷时，说："遇到工作或生活挫折时，我常换换环境，使心情松弛和欢快；在紧张和高强度的科研工作中，我常多睡眠，多休息。"换环境、多睡眠、多休息，使他动静自如，动得潇洒，静得随心，劳逸结合，身心健康。

孔子说："知者乐水，仁者乐山。知者动，仁者静。知者乐，仁者寿。"（《论语·雍也》）意思是：聪明的人喜欢水，仁爱的人喜欢山。聪明的人活动，仁爱的人安静。聪明的人快乐，仁爱的人长寿。魏寿昆兼具聪明人和仁爱人的基本品德，他很重视品德的修养，躬自厚而薄责于人，持其志而心静神清；清心、养心和健身相结合。

四、长寿之道

魏寿昆私下对韩海鸥说："我能活到百岁，一是不生气，二是有事做。"又说："笑也是一天，哭也是一天。与其徒增烦恼，何不乐观面对。"百岁老人周有光说："做人胸襟要宽，不生气。"望百岁的季羡林说："对什么事情都不嘀咕，心胸开朗，乐观愉快，吃也吃得下，睡也睡得着……应尽便须尽，无复独多虑。有这样的心地，焉能不健康长寿？"三位百岁寿星都认为"不生气"、"心胸开朗"、"乐观愉快"是长寿人必备的心境。

俗语说："人生不如意事常八九。"魏寿昆一辈子坎坷不断，怎能做到无气可生呢？抗日战争期间，山河破碎，报国无门，他曾有过情绪波动，也曾有过愤恨、彷徨、困惑；新中国成立前夕，时局晦昧，光明难睹，他心里为学生安危而焦虑，为自己无学可教而难安；政治运动中，他进牛棚，受审查，下干校，遭抄家；他得过重病，痛失了妻子，耳聋目盲几乎不能读书看报；等等。他这一生中磨难接踵而至，祸福相随而来。

魏寿昆面对磨难和困境不消沉、不沮丧，由误解生的气用宽容、慈仁去消除；由生活拮据生的气用节俭去克服；由得失生的气用不争退让去排解；由研究陷入困境生的气用恒心毅力去战胜；等等。因此，不生气需要平静乐观的心态；而具备平静乐观心态的人一定是修养很好的人。魏寿昆、周有光、季羡林等百岁寿者都属于很高修养的长者，他们是智者仁者。

魏寿昆说他长寿的原因之一是“有事做”。他说：“脑子么，不用就浪费了。”他的格言是：“活到老，学到老。人生能学到的知识，只不过是沧海之一粟，想跟上时代，必须天天学习新知识。”

1988 年，考察南京梅山钢铁厂时在该厂铁矿井下留影。右一为魏寿昆，右四（穿一身蓝色衣服）为王之玺院士

年过 80 岁，魏寿昆仍在忙碌着：1987～1991 年他与年长自己一岁的王之玺院士行遍全国矿山、钢厂和港口，历时 4 年写成“大船运矿”、“港厂合一”的调研报告，由中国科学院和冶金部上报国务院有关部门，新首钢等厂的选址，他们提供科学的咨询；1992～1999 年他受聘担任《冶金学名词》审定委员会主任；21 世纪以来，他应各种期刊或出版社之约撰写回忆文章；平日里常有校内外专家登门与他讨论各种冶金学术问题。

魏寿昆的“有事做”不局限于做国家需要的大事，读书、看报、看电视、听广播，他每天都坚持；眼睛几乎失明后，他让子女为他读报纸，讲时事。他特别喜欢年轻朋友来访问，每次交谈都会给他带来新的知识和快乐。韩海鸥说：“我和魏先生交谈无拘无束，海阔天空。他想多了解一些国内外的事情，我知道什么就说什么。”

生活有规律，不挑食，不乱吃东西，是魏寿昆一以贯之的生活方式。他说：“不乱吃东西很重要。1943 年夏天我和朋友在一家小饭馆用餐，吃了不干净的凉菜，后来得了副伤寒，那位朋友却没有事，据他说喝了些白酒。我以前不饮酒，从此以后在外面用餐我都饮些红酒。”魏寿昆坚持一天喝一杯牛奶，吃一个鸡蛋；喜欢喝茶，牙齿好时嚼几片心里美，后来改吃几块西瓜。他爱吃肉，一天二两左右牛肉或瘦猪肉。起居有常，劳逸结合。

长寿之道因人的体质、性格、爱好、工作环境而异。

人内心和谐就是人的自我和谐。魏寿昆一生持守慈和、勤俭、不争、创新四律，内心清澄平静，自然不易生病，身体健康精神饱满，怎么会不长寿呢？陈至立同志于 2006 年 9 月 4 日下午来校看望魏寿昆。交谈中，陈至立询问他的“长寿秘诀”，魏寿昆笑呵呵地说：“我不抽烟，不喝酒，睡得好。现在经济发展，政通人和，我这心情自然也是一天比一天好。”

五、温馨家庭

魏寿昆一生中最怀念的是他的母亲和妻子杨英梅。他的儿子魏文宁回忆说：“在我的记忆里，父亲一辈子痛哭过两回。一回是在重庆，日本刚投降，父亲接到天津老家的来信，得知祖母刚去世，他大哭了一场；另一回是 1994 年我母亲因脑溢血突发，抢救无效而去世，父亲又痛哭一场。”这两场痛哭是一位硬汉男人的真情流露，是一位感恩男人对两位伟大女性内心愧疚的表达。

家庭需要充满温暖，洋溢着温馨；而温暖和温馨常常是由妻子营造的，因为她是家里的“主脑”。因此，思想家弗洛姆（Erich Fromm，1990～1980）说：“有了母爱就好像有了祝福；没有母爱，生活的一切美丽之光就消失殆尽。”“母爱是极乐，是安宁，它无需去争取，也无需被恩赐。”

与杨英梅结为夫妻是魏寿昆一生的福分，魏寿昆心里也十分珍惜这份福分。

杨英梅大学学的是音乐专业，她曾有一个心愿，希望有一把属于自己的、音色优美的小提琴。这个心愿曾向魏寿昆流露过，他一直惦记着。在留德期间，魏寿昆在柏林一家乐器行里看到一把杨英梅喜欢的那种小提琴，想把它买下来。但他看到标价后吓了一跳，倾其所有积蓄也无力买得，失望地离开那家乐器行。几个月后，他终于存够了钱，高兴地买下那把小提琴，寄回天津。杨英梅收到这份定情之物，视为珍宝，一直带在身边。

1945 年，摄于重庆大学，
魏寿昆夫妇及子女

抗日战争期间，这把小提琴伴随着

杨英梅和魏寿昆辗转西安、汉中城固等地，不离不弃。后来，魏寿昆到西康技艺专科学校任教，担心路途颠簸损坏小提琴，路过成都时，杨英梅把小提琴寄存在她相识的一位音乐教师家里。谁料想，抗日战争胜利后他们返回成都再寻找那位音乐教师时，旧地已成一片废墟。小提琴的遗失，让杨英梅的心里难以割舍，感到一阵惆怅。魏寿昆也感到十分惋惜，他细心地安慰妻子，让她高兴起来。

在西康技艺专科学校，魏寿昆的教学任务十分繁忙，回到家里已是精疲力竭。有一次他回家心情烦闷，缺言少语，与平时判若两人。杨英梅细问之下才知道他是为学生生活枯燥，思乡情绪重，学习积极性低落而发愁。于是，杨英梅安排好子女，自愿来到学校教学生唱抗战歌曲，激昂的歌声唤起了学生们的民族觉醒，激发起他们的爱国激情，唤发起他们的学习热情。同学们很喜欢这位编外的音乐老师。

俗话说：苦夏难度。西南边陲西昌、贵阳夏天很闷热，蚊子和臭虫常常将一双儿女身上叮得斑斑红点，痛痒得使孩子不能熟睡。

魏文宁回忆道："西昌和贵阳夏天又闷又热，有许多蚊子和臭虫。听母亲说，她和父亲采用当地老百姓的土办法，床的四条脚放在四个大碗里，碗里再盛满水，臭虫就爬不上来了。"

1961 年，夫妇二人摄于王府井中国照相馆

1981 年 8 月，与夫人同游山西太原晋祠

魏寿昆在重庆时得过两次病，一次是夜盲症，另一次是副伤寒。患副伤寒那次，天府医院医生因缺少检查设备，起初疑为肠胃炎，杨英梅遵照医生的嘱咐，做各种软食为他调养。后来他胸部出现红色斑点，医生确诊为副伤寒。魏寿昆此时食欲大振，想改善伙食。杨英梅严肃地说，"你这次是死里逃生。医生嘱咐绝不能吃半点硬食，否则将有生命危险。"魏寿昆说夫人对他的饮食管理很严格。

1943 年春，女儿魏文莹患百日咳，1945 年夏儿子魏文宁患了肺炎，他们在母亲的调养、呵护下卧床三个月才恢复健康。

魏寿昆多次在回忆文章中写道："一生蒙夫人杨英梅多方面精心相助，恩爱相伴，始能完成各项工作，获得点滴成就，深感欣慰。"

魏文宁回忆道："我们小时候更亲母亲，因为父亲非常严厉。父亲和母亲关系非常好。家里的事多数由母亲最终说话管用。我们有一位严父，又有一位慈母，全家人过着快乐和美的生活。"

吕坤云："一家之中，要看尊长，尊则家治。"意思是在一个家庭里，家长有尊严，家庭就会治理得和美。吕坤的话有一定的道理。

曾同魏寿昆家人来往较多的朋友、学生、邻居，他们共同的印象是魏寿昆慈和，杨英梅善良，子女孝顺，一家人和和美美，幸福快乐。

魏文宁说："我父亲能够长寿，很大程度上得益于母亲照顾得好，每天保证一杯牛奶，一个鸡蛋。"在凭票证的困难日子里，魏夫人把家中最有营养的食品留给丈夫吃，深含着真情关怀。杨英梅偶尔生病，卧床不起，魏寿昆下班后匆匆回家，坐在她的床旁，握着她的手，默默地陪伴他。

1994年7月盛夏季节，杨英梅突发脑溢血在医院抢救。魏寿昆守候在她的身边，伴她走完人生最后的路程。杨英梅弥留之际，他含着泪水在她的额头上深情地轻吻，抬起头来，大哭一场。魏寿昆说："那时刻，我真的失去精神支柱了。"十多年过去了，每每谈到夫人，他仍是沉默，眼圈红红的，在他的心里夫人的音容宛在。他说至今想念之极，悼念不已。常言道："夫妻多情人不老，老来多情情更浓。"杨英梅的突然辞去，沉重地打击着魏寿昆。之后他病倒了，做了一次大手术，但他奇迹般地恢复了健康。魏寿昆无比欣慰地说："夫人去世后，多亏子女的孝敬。我应该感谢他们。"

魏寿昆住在二层复式楼的一层。日常起居主要由学护理的长女文莹照料，次女文津是医生，懂得科学护理老人。每逢周末，儿子文宁教授从北京工业大学回家侍奉父亲，陪他谈话，帮助他处理各种事务。

魏寿昆说："我耳朵不好，文宁为我买来助听器；我眼睛不好，文宁跑遍北京城买高倍放大镜，市场上的放大镜倍数都不够，更高的倍数的又买不着，我们都没有办法。"

魏寿昆的住室很宽大。文宁说："房中那张小床原是我睡的。后来文莹和文津说还是让父亲单独睡好，夜晚室内空气清新些，对老人有好处。因为这个原因，我才住到二楼。为了父亲的安全，我们为父亲床头装上铃，一按钮，我们都知道。"温馨的家是魏寿昆福寿天年的幸福港湾。

六、夕阳依旧美丽

从丧妻之痛和疾病中恢复过来的魏寿昆，志更坚强，心更淡泊，但时有闲思遐想，不能释怀，总想把自己的人生苦甜留存后学。

这期间，登门求稿的编辑记者很多，他尽量满足，想借书刊文章回忆昔日师友的情谊，倾吐对当前科技和教育的看法及回顾自己走的道路，了却一段心内积存已久的愿望。

从 1994 年至 2005 年，魏寿昆发表文章 15 篇，大致分为三类：一类为回忆自己的读书与任教期间的生活；一类是为同事好友的著作写序；一类是阐发对当前冶金工业和教育的看法。

魏寿昆的眼睛高度近视，后来又患眼疾，写一篇文章需思谋许久，写的字往往落在方格之外，因此写完后要文宁重抄或用计算机打录一遍。

魏寿昆的文章朴实言简、叙事实尊重历史、评人物客观有度，文如其人。然而，在 2001 年发表在《科技导报》上题为《漫谈博士及科研工作》的文章中，他却文笔犀利，言近旨远，严肃指出在当时培养博士生中盛传的"以多篇硕士论文充作博士论文"是错误的；而且批评了科学研究中曾流行的"向 300 篇论文进军"的口号，指出这种口号"只能是粗制滥造、哗众取宠，发表不少水平低下的论文"。这篇文章力透纸背，充满着对后辈科学工作者的深切关怀。

1999 年魏寿昆发表《关于"碳""炭"二词的用法》，2001 年又发表《再论"碳""炭"二词的用法》，用大量例子辨析"碳""炭"词义的区别。他指出，碳是一种化学元素，即碳是 100％的炭；炭是自然界存在的物质，如煤炭，或工人制造的物质，如焦炭、木炭、炭纤维等，炭是含有多杂质且以碳元素为主的混合物。他的文章澄清了长期存在于科技论著及教材中碳、炭使用混乱的问题。

2006 年，在北京科技大学中，魏寿昆与全国政协副主席、中国工程院院长徐匡迪院士

魏寿昆在身体条件允许的情况下，仍争取参加中国科学院及学校的活动。

2006 年 6 月 5 日，望

百岁的魏寿昆在女儿陪同下，参加了两院院士大会，合影时他坐在江泽民和李鹏之间，他说这是领导对自己的关爱。同年，他坐着轮椅在学校会见了日本著名冶金物理化学家不破佑教授。

2009 年 5 月，魏寿昆在家接受中央电视台“科技人生”栏目专题片《三位院士的世纪人生》的采访和录制，历时两个多小时。

2009 年 9 月 11 日，首届“魏寿昆科技教育奖”颁奖典礼在北京科技大学举行，他亲自参加为获奖者颁奖并讲话。

至此，笔者以拙诗一首，来表达敬仰之情：

芝房兰香四时满，陋室书味百年浓。
学问志为国家强，著书心无传世言。
梧桐参天凤凰至，阶前桃李已成荫。
凌云老树松偏健，十秩未了冶金情。

参考文献

冯川 . 1997. 弗洛姆文集 . 北京：改革出版社 . 363～365
何尚 . 1996. 撬动地球的人们 . 广州：广东经济出版社 . 166
季羡林 . 2007. 季羡林谈人生 . 北京：当代中国出版社 . 103～104
李怀宁 . 2008. 周有光百岁口述 . 桂林：广西师范大学出版社 . 161～165
吕坤 . 2002. 呻吟语 . 延吉：延边大学出版社 . 21.
钱穆 . 2002. 朱子学提纲 . 北京：生活 · 读书 · 新知三联书店 . 100～104
魏寿昆 . 1980. 固体电解质定氧电池的近况应用及展望 . 钢铁，(8)：54～64
魏寿昆 . 2000. 活到老，学到老，苟日新，日日新，心迹——中国院士实话实说 . D 册. 北京：科学普及出版社 . 212～233

余声　百岁未了冶金情*

魏寿昆在座谈会上有感而谈

2006年9月6日，在“庆祝魏寿昆院士百岁华诞暨从教77周年座谈会”上，魏寿昆听了大家后讲话后，从座位上站起来发表了长篇答谢讲话。座谈会的气氛热烈而感人。聆听他的讲话时人民大会堂河北厅内鸦雀无声，一双双眼睛注视着这位十秩高龄的冶金界、教育界前辈。魏寿昆的即席讲话如行云流水，洪钟般的声音包含着深情，流露出他对祖国、对党的热爱。他的感恩之情，发自肺腑，听后使人动容。

一、新旧社会，沧桑巨变

我想借这次机会稍微向大家谈一谈我过去的经历，谈一谈我对旧社会和新社会的感受。我的小学、中学和大学时代，国家正处在一个军阀混战、民不聊生的时代。小学读书时，我曾碰到两次复辟，就是1916年袁世凯复辟洪宪帝制及1917年张勋复辟清朝旧制；中学期间，我又遇上两次军阀混战，就是直皖战争和第一次直奉战争；在北洋大学读书时，我再遇上第二次直奉战争和冯（玉祥）李（景林）战争。冯李战争就是在北洋大学校舍围墙外面打仗的，我的一位同学不幸被流弹片击中一只眼睛，瞎了。

1930年秋，我通过考试获得了天津市公费留德的机会。1931年5月，我途经苏联的西伯利亚、莫斯科，再经波兰到了德国。就在这一年的9月18日，日本军国主义发动了“九一八”

---

* 按照魏寿昆先生嘱托文字稍作修改

事变。因此说，在德国学习的五年里，人虽然在那里读书，我的心里却很想念祖国，念着天津家人的安危。

1936年7月，我结束留学生活回到祖国，开始在北洋大学矿冶系教书。仅仅过了一年，到了1937年7月7日，日寇又制造了“七七事变”，全面抗日战争开始，平津形势危急。北洋工学院、北平师范大学、北平大学陆续西迁到西安。抗日战争期间，我先后在西安临时大学、西北联合大学、西北工学院、西康技艺专科学校、贵州农工学院、重庆大学等6所学校任教，又在重庆矿冶研究所和重庆材料实验处两个研究单位工作。除了重庆大学还比较正规外，其他5所学校或是合并或是新建的，没有校舍，没有实验设备，学生在寺庙或仓库里上课。在汉中城固县40个学生挤在一个大房间里，睡在大通铺上，上面睡20个人，下面睡20个人；没有厕所，没有食堂，捧着饭菜蹲着用餐，生活条件非常艰苦。但是，教师和同学都真正认清了国家正在受难，民族正面临存亡，满怀着仇恨，教师认真讲课，学生努力学习。每位学生都在想：再艰苦，我都要好好学习，将来好报效祖国，让祖国强盛起来，不再受外国侵略者凌辱。

1945年8月15日日本投降，抗日战争胜利了。次年我从重庆回到北洋大学。抗日战争前的北洋大学校园是很美丽的。因为我在重庆处理矿冶所搬迁到内地的事情，多待了一年，因此回到北洋大学时校园已整理完了。据同事们说，他们回校时，学校曾是日本军队的军营，日军撤走后，校园里野草丛生，垃圾成山，实验室空空如也，好多大楼连窗户纸都没有。

教师和学生结束流亡生活，回到复校后的北洋大学，心里还是很高兴的。

学校开始上课了，学生高兴，教师却犯难得很，因为实验室必需的设备、仪器还没有配全，试剂、药品也很难买到。当时国民政府对公办教育不够重视，也可能抗日战争刚结束没有什么钱。因此可以说，在新中国成立前，我的读书、教书完全是在一种动荡不定的环境中的，处在一个战乱不断的时代。

1949年1月15日天津解放了，大家很高兴。师生们看得出来，共产党、新政府很重视教育。因为天津解放不久正赶上农历春节。这个春节家家户户过得很平安。我们家也过得乐融融的。

春节后，天津市军管会派黄松龄部长到学校里来，组成学校新的领导班子，赶紧复课。准备只花了三个多月，4月初就开始上课了。

有一件事情，我要向大家特别报告一下，就是我们上课以后，毕业班的生产实习问题。

矿冶专业的毕业生觉得大学里学了四年连一回工厂也没有去过，没有一点生产实践知识，因此他们要求学校安排学生到东北各地的矿山、冶炼厂参观实习。我们马上跟东北人民政府联系参观实习的事情。东北人民政府很快回信表示热烈欢迎我们去。学校安排采矿、冶金两系毕业班学生一起组成实习队，由我领队。我们参观了鞍钢、本钢等钢厂及抚顺铝厂，接着又到吉林省的金矿、铜矿参观。无论我们来到哪个厂，厂里对学生的招待都特别周到细致，吃的是小灶，住的是招待所，看得出他们都希望这批北洋大学毕业生毕业后能到东北各家冶金厂、矿山工作。

这次东北参观实习有过一件很有趣的事。在炼金厂参观时，同学们要求看看金锭是什么样的。工厂领导抱来一块很大的金锭，大概有一米长，很厚，一个人都抱不动；同学们看到金锭有这么大，都很惊奇，特别高兴，有好多学生是从农村来的，他们说我们从来没看见过金子，更没有看见过这么大的金块了。

从东北人民政府对我们的热情招待我们都感到，共产党是非常重视高等教育，非常重视高等人才培养的。它与国民党时期对公办高等教育的重视程度相比真是新旧两重天。

二、科教兴国，民富国强

新中国成立后，我国高等教育发展得很快。大家都记得，1952年进行全国高校院系调整时，抗美援朝还正在进行，国家财政不富裕，工业百废待兴，需要钱恢复生产。可是我们党中央领导同志高瞻远瞩，还拿出钱来积极进行高等教育建设，培养新中国的建设人才，在北京西北郊建成八大学院。请大家想一想：新中国成立前一所规模大的高校，学生总共也不过千余人，一般规模的高校都只有六七百人、四五百人。可是现在各高校一招生就是上千计的，全院学生新中国成立初是几千人，现在重点高校大多都达到万人以上，这种现象在过去是不可能想象的。而且现在重点高校从学士、硕士到博士设置完备，在过去是不可能短时间做得到的。所以我说我们国家很重视高等教育。

院系调整时，我由北洋大学，就是后来的天津大学，调到北京钢铁工业学院，当时我担任教务长职务。教务处主管6个系、6个公共教研室、6个科室和1个图书馆，一共是19个单位。建校初期，我的工作头绪比较多，工作还是比较忙的。但是，学校有党组织领导及校领导具体安排，再加上全院师生的帮忙，我主管的教务工作进行得很顺利。在这期间，除完成教务长本职事情以外，我还为钢57班讲了一学期课，同时带钢57班一年毕业设计；另外，我还教过了三次半学期的课，包括冶金系二年级冶金炉中的“流体力学”部分及为在职研究生讲授脱硫理论和活度理论。

北京钢铁工业学院成立初期的研究生教育是应苏联专家建议而设置的。他们说，高等教育不仅要培养设计工厂的人才，还应培养研究生，让他们在学校学会搞科学研究。学校领导接受了苏联专家的建议，经教育部批准，学校开始试办无学位的在职研究生，一共招了四位，其中两位研究生正式写了论文并通过答辩毕业的；另外两位受到“文化大革命”的影响，研究工作中途被迫停止了，没有完成研究生学业，因此没有毕业。

这期间，我个人是非常荣幸的。北京钢铁学院的领导、各系的主任，以及广大教职员工对我主管的工作都非常支持，给予热情指导和大力帮助，因此那个时期的工作还是很顺利的。

1972年2月，学校安排我到河北安平县“五七干校”劳动一年，同事们都很照顾我，但我要求自己尽力多参加各种体力劳动。从干校回到学校，我被安排在理化系冶金物理化学教研组参加活动。这段时间，我经常去图书馆阅读资料，后来编写了名为“固体电解质定氧技术”的资料；此外，我还教了两年课，一年是为72届工农兵学员教“物理化学”；另外一年是为炼钢二年制工人班讲“炼钢物理化学”，也就是炼钢原理。

1979年邓小平同志提出改革开放，教育部要求全国重点高校设立研究生院，北京钢铁学院在1984年成立了研究生院。此后，我的教学工作重点是培养硕士生，特别是博士生。改革开放以来，我多次参加国际学术活动，国际性的学术会议我大概参加了十多次；国内金属学会各分会组织的学术会议，只要有时间，只要身体允许而且是与我专业有关的，我都会参加。

刚才师昌绪院长谈到我走过全国好多地方，国内所有的钢铁大厂我都去过。那是在1988～1991年，我们成立了一个小组，组长是王之玺院士，可惜他已经去世了，另外还有冶金部两位专家。成立这个小组的目的，就是要搞清中国铁矿蕴藏量到底是多少、蕴藏在哪里，我们要给政府拿出明确的数据，这是第一次调查的任务。第二次调查的任务是提出新建大型钢铁厂的港口条件。这些资料我们都写成报告送交给政府有关部门。像这花钱搞调查的事情，在新中国成立前恐怕当时的国民政府是不会愿意花钱让你去的，一定是不会的。

因此，我们可以说新中国现在已经到了太平盛世，我们可以说共产党不但领导中国人民推倒了三座大山，摆脱了旧中国贫穷落后的状况，而且领导全国人民走上了民富国强、科教兴旺发达的康庄大道。在座的年长同志都一定会和我有同样的感受：现在我们国家已经进入黄金时代，政通人和，百业兴旺。所以我们都要感谢共产党，我们需要努力工作，把自己的知识贡献给国家，加快完成我国的小康社会建设。

三、寄语后学，继续奋进

我最后还想讲一讲我们学校的情况。自从“211工程”启动以后，北京科技大学的面貌发生了很大的变化：高楼四起，校园绿化美丽舒适；实验设备更新，科研条件更完备和先进；名师云集，师资力量更壮大。教学和科研条件都具备了，但是我们不能满足，应该向前看，向国外名校学习。刚才徐金梧校长讲北京科技大学要办成国内一流、国际知名的研究型大学。这个目标真是很了不起的。借这次机会，我想提两点想法。

第一，学校的工作千头万绪，我想有两方面是比较重要的：一个是学科建设问题。北京科技大学过去是单学科的，现在发展成为多学科，学科范围扩展了。目前我们只有两个一级重点学科，一个是冶金，一个是材料，这两个一级学科，我们的学术水平、研究能力都很高，国内其他高校都是公认的。但我个人总觉得作为一所多学科性的重点高校，一级重点学科只有两个是不是少了一点？我觉得是少了。因此，我建议学校领导要考虑学科建设，把现有的学科分析挑选，分门别类，培养出新的一级重点学科。这是第一个问题。

第二，学校要抓师资队伍的建设。一所高校有了一批好的教师，才能教出一大批好的学生，才能培养出英才、栋梁之才。这个道理大家都是知道的。我的建议是，学校领导要经常考虑为教师们，尤其是为青年教师创造条件，鼓励他们提高教学和研究水平，不断出高水平的研究成果。现代科学技术的发展日新月异，我们若稍有松懈，就可能跟不上科技前沿，我们就会落伍掉队；若要让教师跟上时代，甚至走在时代前面，学校领导还得为他们准备一定的条件，这些条件是什么，希望学校要设法考虑研究。总之，第二个问题是创造条件帮助老师提高，帮助老师各方面进步并做出优秀成果。

以上两点是我的愿望与建议。

在这次盛会上听了各位同志讲了许多恭维我的话，太提高我了，实在不敢当。

这次设立的科技教育基金，以我个人的名字命名，这是给我的一个很高的荣誉，我实在不敢当。我想借这次机会向捐赠的各企业、单位、个人和社会各界，对热心支持及对冶金科技教育人才培养的关心和扶植的科技教育基金，表示衷心的感谢！

我还要向筹备这次盛会的北京科技大学、九三学社、中国金属学会等单位表示衷心的谢意！

我希望北京科技大学的广大师生鼓起劲来向前看。祝愿我们学校前程万里，更铸辉煌！

参考文献

魏寿昆. 2006-09-08. 好好学习，努力工作，报效祖国. 北京科技大学校刊

附录 A 魏寿昆活动年表*

1907 年 9 月 16 日出生于天津市，名寿昆，字镇雄；父亲魏恩俞，母亲魏周氏，魏家长子。

1914 年 2 月至 1916 年 12 月天津金宅私塾读书，读《孟子》，受教益。

1917 年至 1919 年 7 月天津育德庵高等小学毕业。

1919 年 8 月至 1923 年 7 月天津铃铛阁官立中学（现天津三中）毕业，受五四运动的影响，读书期间阅读胡适、陈独秀、鲁迅的文章和书籍，参加反对“二十一条”卖国条约等爱国活动。

1923 年 8 月至 1924 年 7 月天津北洋大学预科，学业优秀转入本科。

1924 年 8 月至 1929 年 7 月北洋大学矿冶系毕业，获工学学士学位，品学兼优，获斐陶斐金钥匙会徽奖章。在校期间，参加第二次“驱冯运动”，校长冯熙运被迫辞职，刘仙洲继任。开始准备出国留学。
1929 年 4 月 20 日，父亲魏恩俞病逝，享年 44 岁。

1929 年 8 月至 12 月，辽宁省海城县大石桥滑石矿任助理工程师；
1930 年 2 月，北洋大学矿冶系助教，协助何杰教授和冯景兰教授工作；
1930 年秋，考取天津市公费留德学色染化学；与未婚妻杨英梅订下婚约。

1931 年 5 月，柏林德语学校取得入学前德语及格证书；
柏林工科大学化学系专攻物理化学和有机化学及这两门课规定的实验；

---

* 该年表由魏寿昆提供，吴石忠补充并整理

1932 年暑假在德国 I. G. 色染工业公司莱沃库森色染实验室实习 4 周。

1932 年 9 月，德国德累斯顿工业大学化学系色染与纺织研究所学习并准备工程师论文，导师为所长柯尼希教授；
1933 年暑假德国 I. G. 色染工业公司赫克斯特工厂色染实验室实习 6 周；
12 月通过工程师考试，获最优；博士论文题目是《用化学分析法研究羊毛的结构》；
1934 年暑假因实验受挫，游览布鲁塞尔、伦敦、巴黎；
1935 年 6 月，通过博士论文答辩，获工学博士学位，成绩极优；
7～8 月，德国埃森城好望公司炼铁、炼钢、铸锭、轧钢、分析检测等部门实习 8 周。

1935 年 9 月至 1936 年 6 月德国亚琛工业大学钢铁冶金研究所进修 1 年，自选课程有埃兰德教授讲的“钢铁冶金”、乌利希教授讲的“冶金过程物理化学”；购买申克教授专著《钢铁冶金物理化学》上下两册；
在《北洋理工季刊》发表专文《谈德国之大学教育》。

1936 年 7 月 1 日起程回国，由德国经意大利坐轮船由海路抵达中国上海，9 月初回到天津，历时两个月；
1936 年 9 月起任天津北洋工学院矿冶系冶金及化学教授；
1937 年 1 月 2 日同杨英梅完婚，魏寿昆 30 岁，杨英梅 24 岁；
1937 年 7 月 7 日“七七事变”爆发；8 月随北洋工学院西迁西安。

1937 年 11 月 18 日西安临时大学开学，任矿冶系冶金教授；
1938 年 2～4 月和雷祚雯、张伯声率领 30 余名学生，调查汉水流域金沙资源的储量、分布及采掘情况，撰写调查报告并发表；
1938 年 4 月，西安临时大学南迁至陕南汉中，更名为西北联合大学；
1938 年 4～7 月西北联合大学矿冶系主任、冶金教授；
7 月底，西北联合大学解散，北洋工学院并入新成立的西北工学院。

1938 年 7 月西北工学院工科研究所矿冶研究部主任、冶金教授；
1939 年 1 月 14 日长女文莹出生。

1939 年 8 月西昌西康技艺专科学校矿冶科及化工科主任，化学与冶金教授，任教2年；
1940年1月3日儿子文宁出生。

1941年8月贵州农工学院矿冶系主任兼教务主任，冶金教授，任教1年；
1941年10月23日，参加在贵阳召开的“北洋同学会全国各地校友临时大会”，讨论北洋大学复校事宜。

1942年秋，重庆国民政府经济部矿冶研究所化验组主任，1943年秋，任该研究所钢铁研究室主任，取得3项专利；
1944年秋至1945年夏，重庆国民政府兵工署材料实验室冶金组主任，取得2项专利；
1942年秋至1946年夏，重庆大学矿冶系兼职冶金教授；
1945年3月15日，母亲魏周氏病逝于天津，享年61岁，闻噩耗痛苦不已；
8月15日日本投降，抗日战争胜利；
1945年秋至1946年夏，重庆国民政府矿冶研究所代理所长兼钢铁研究室主任，负责该所内迁筹备工作。

1946年秋至1948年底，天津北洋大学冶金系及采矿系主任、冶金教授；其中1946年秋至1947年夏兼任唐山交通大学冶金系教授。

1949年1月15日天津解放，北洋大学复课；任北洋大学工学院院长、冶金系主任、教授、校务委员会委员；
1951年暑假，全国政协西南土改团川南队参加土改3个月。

1951年9月11日次女文津出生；
1951年9月，北洋大学和河北工学院奉令合并组建天津大学，直属教育部；任天津大学副教务长、冶金教授。

1952年4月，北京钢铁工业学院建校筹委会委员，教学小组负责人，暂借住清华大学；
10月，加入九三学社；
1953年8月，迁入海淀区满井村北京钢铁工业学院新建校址；
1953年8月至1966年，北京钢铁工业学院教务长、一级教授，主管6个系、6个科室、6个公共教研室及图书馆。

1953年12月至1955年，全面学习苏联高等教育阶段，主管编制、调整、修订教学计划及教学大纲，安排学生课堂教学和厂矿实习；

1954年，《平炉炼钢厂设计》专著出版（商务印刷馆）；

1956年1月，冶金物理化学专业设置，为该专业唯一教授及主要创始人；

1956年9月，发表《活度的两种标准状态与热力势》及《活度在钢铁冶金二相的气体——金属液化学平衡反应的应用》，高温活度理论研究取得重要成果；

1957年5月，"反右"斗争开始，平安度过；

1957年2～6月，为钢57级讲授平炉构造及其车间布置及指导毕业设计各一学期；

1958年初，《专业炼钢学——平炉构造及其车间布置》由冶金工业出版社出版。

1958年5月起北京钢铁学院开展教育革命，主持修订教学计划，安排学生课堂及厂矿教学活动；

1959年，为冶金物理化学和冶金两个教研室教师举办讲座；

1962年上学期为冶金物理化学专业首届毕业班，下学期为研究生班各讲授"活度在冶金物理化学中的应用"，同时又为研究生班增开"脱硫理论"；

1964年3月，专著《活度在冶金物理化学中的应用》由冶金工业出版社出版。

1966～1970年，"文化大革命"中受到不公正待遇，关"牛棚"，被抄家，1970年恢复教学和科研工作；

1971年2月，河北安平"五七干校"劳动1年，回校后任冶金物理化学教研室教授；

1972年2月至1974年8月，宣传推广固体电解质电池钢液快速定氧技术；

1974年9月，为冶金物化专业72届工农兵学员班讲授"物理化学"2学期；

1975年9月，为炼钢二年制工人班讲授"炼钢物理化学"2学期；

1976年6月，开始研究含钒铁水炼钢等矿产资源综合利用中的物理化学问题，陆续发表学术论文。

1979 年 2 月至 1983 年，北京钢铁学院副院长兼图书馆馆长；

1979 年春，参加冶金工业部联邦德国高等教育考察团 3 周；

1979 年冬，应邀参加联邦德国钢铁学会年会 1 周；

1980 年，当选为中国科学院学部委员（1993 年改称院士），现为资深院士；

1980 年 10 月，专著《冶金过程热力学》由上海科技出版社出版；

1979～1988 年，国家科学技术委员会冶金学科组常务副组长；

1981～1988 年，国务院学位委员会（工科）第一、二届评议组成员；

1980～1984 年，中国大百科全书矿冶卷冶金编委会副主任，兼冶金物理化学分支学科编写组主编；

1981 年 1 月，被聘为首届博士生导师；

1981～1988 年，完善“选择性氧化理论”；

1981 年 8 月，应山西九三学社之邀赴太原讲学、参观 1 周；

1983 年卸去学校领导职务；

1984 年夏，应九三学社贵州省委员会、贵州科学院、贵州省金属学会的邀请赴贵阳讲学 2 周；

1985 年春，赴日本东京参加日本钢铁学会春季年会暨成立 75 周年庆祝会，被选为日本钢铁学会名誉会员，历时 1 周；

1985 年秋，赴美国参加固体电解质国际会议，历时 10 天；

1986 年 6 月起，任《中国科学技术专家传略・工程技术编・冶金卷 1》的编委，该书于 1995 年出版。

1988 年，北京钢铁学院更名为北京科技大学，继续任冶金物理化学教授、博士生导师，至 1999 年；

1988 年 1 月，《冶金过程热力学》获得国家教育委员会教材优秀奖；

1988 年，“共生矿分离基础理论研究——铌在铁液及钢渣中热力学行为的研究”获国家教育委员会科学技术进步奖二等奖；

1988～1989 年，与王之玺等专家调查我国铁矿、焦煤的储量，提出《我国发展钢铁工业原料路线的建议》报告；

1990 年，“锰基合金热力学行为及其脱磷的研究”课题获国家教育委员会科学技术进步奖一等奖；

1990～1991 年，与王之玺等专家调查我国沿海 6 个港口建设大型钢铁公司的条件，提出《我国钢铁工业长期发展中若干战略问题的研究》报告，这两个报告均上报冶金部和中国科学院；

1990年，自编《魏寿昆选集》由冶金工业出版社出版；

1992年，“华南铁矿冶炼脱砷的基础理论研究——钢铁脱砷及砷在铁液中的热力学行为”获国家教育委员会科学技术进步奖一等奖；

1992年11月26日，赴日本千叶参加第6届日本——中国双边铁钢学术年会，历时1周；

1992～1999年，《冶金学名词》审定委员会主任，该书于2001年出版；

1994年7月20日，魏夫人杨英梅患脑溢血去世，享年81岁；

1997年，获“何梁何利基金科学与技术进步奖”；

1989年起，发表回忆文章10余篇。

2001年春，《科技导报》发表《漫谈博士及科研工作》一文；

2006年8月，《魏寿昆院士百岁寿辰纪念文集》由科学出版社出版；

2006年9月，《师者如兰》由冶金工业出版社出版；

2006年9月6日，“魏寿昆科技教育基金”正式启动；同日，“庆祝魏寿昆院士百岁华诞暨从教77周年座谈会”在人民大会堂河北厅举行，会上发表长篇即席谢辞；

2007年第二届冶金学名词审定委员会顾问；

2008年10月起，为《魏寿昆传》撰写提供资料、审读初稿；

2009年5月，参加中央电视台“科技人生”栏目《三位院士的世纪人生》的摄制，该片已于当年7月播出；

2009年9月11日，首届“魏寿昆科技教育奖”颁奖典礼在北京科技大学举行，魏寿昆亲自参加并讲话，祝贺首届获奖人员并希望参加下届颁奖仪式。

附录 B　魏寿昆著作目录*

一、专门著作

魏寿昆．1954. 平炉炼钢厂设计．上海：商务印书馆

魏寿昆．1958. 专业炼钢学——平炉构造及其车间布置．北京：冶金工业出版社

魏寿昆．1964. 活度在冶金物理化学中的应用．北京：中国工业出版社

魏寿昆．1980. 冶金过程热力学．上海：上海科学技术出版社

魏寿昆（选），许家仪（编）．1990. 魏寿昆选集．北京：冶金工业出版社

二、学术论文

魏寿昆，刘承彦．1929. 长城煤矿最近调查记．矿冶，2（7-8）：267～281

Wei Shoukun. 1933. Studien über die Erzeugung und Eigenschaften vom Naphtol-AS Färbungen auf edler Seide，Diplom-Arbeit，T. H. Dresden. 105 pages

魏寿昆．1934. 光化作用与染色．科学，18（10）：1311～1315

魏寿昆．1935. 人造染料工业演进简史．科学，19（5）：695～717

Wei Shoukun. 1935. Neue Beiträge zur Kenntnisse der Einwirkung von Nascierender Salpetriger Säure auf Wolle，Dr. — Ing. Dissertation，T. H. Dresden. Herm. Prinz，Bückeburg，126 pages

魏寿昆．1936. 偏苏汽油．北洋理工季刊，4（4）：1～11

Wei Shoukun，Hsuan C.（宣昭）. 1937. A Study of the Ching-Hsing Motor Benzol-a Proposal to Increase Its Yield by Using the Dilute-Acid or the Inhibitor Washing Process. 中国化学工程学会太原年会论文. 1～17

---

* 该附录摘自《魏寿昆院士百岁寿辰纪念文集》，由胡晓军提供

魏寿昆，雷祚雯，张适骏等．1938. 安康行政区砂金勘察简报．矿冶半月刊，1（7）：1～10
魏寿昆．1939. 炼铁炉炉身之设计．科学，23：601～615
张适骏，魏寿昆．1939. 陕西风县地质矿产初勘报告．地质评论，4（2）：109～122
魏寿昆．1942. 贵州铝矿提炼氧化铝新法之研究．矿冶复刊号，（1）：15～20
魏寿昆．1943. 黔省铝矿的冶炼问题．矿冶复刊号，（2）：19～40
魏寿昆．1943. 贝色麦法炼钢去磷问题．矿冶复刊号，（3）：1～22
陆宗贤，魏寿昆．1944. 德昌瓷土产区及陶瓷工业．工业中心，11（1-2）：1～12
Wei Shoukun. 1944. The decalcification of Szechuan dolomite. J. Chinese Chem. Soc.，11（1）：34～49
魏寿昆．1944. 四川白云石提制镁氧烧制镁砖之研究．矿冶复刊号，（4）：92～117
魏寿昆．1945. 人造镁氧烧制镁砖之研究．钢铁专刊．76～81
魏寿昆．1945. 马丁炉之设计．钢铁专刊．61～72
魏寿昆．1945. 铁合金．钢铁专刊．45～60
魏寿昆．1945. 小型新式炼铁炉之设计与作业．钢铁专刊．11～34
魏寿昆．1945. 国产钼矿提钼及钼化合物并试制钼铁钼钢之研究．钢铁专刊．84～104
魏寿昆．1945. 黄酸盐之制造．国防科学研究策进会得奖论文．
魏寿昆．1947. 二十年来中国之冶金工程研究，科学，31：67～72
魏寿昆．1951. 炼铁炉内型曲线之设计．天津工程，（7）：437～446
魏寿昆．1956. 活度的两种标准状态与热力势．北京钢铁学院学报，（3）：103～114
魏寿昆．1956. 活度在钢铁冶金二相的气体-金属液化学平衡反应的应用．北京钢铁学院学报，（3）：115～135
魏寿昆，王鉴，王光雍等．1962. 碱性侧吹转炉中的气化去硫．北京钢铁学院1952～1962论文集（炼刚部分）．1～20
魏寿昆．1963. 冶金过程物理化学发展的情况及今后我国结合生产开展研究的方向．中国金属学会第二次代表大会（青岛）论文集．1～9
魏寿昆．1964. 炉渣氧化铁含量对脱硫的作用．金属学报，7：157～164
魏寿昆．1964. 炼钢过程中铁液内磷碳等元素氧化的热力学．金属学报，

7：240～249

魏寿昆，王国枕．1965. 空气顶吹过程中熔渣的气态脱硫．金属学报，8：419～434

魏寿昆．1966. 高炉型渣脱硫的离子理论．金属学报，9：127～141

北京钢铁学院．1972. 钢液直接快速定氧的固体电解质电池．内部资料. 1～14

北京钢铁学院物理化学教研组．1973. 浓差电池快速直接定氧法．内部资料．1～11

魏寿昆．1973. 回转炉氧气吹炼冰镍的物理化学（稿遗失）

北京钢铁学院物理化学教研组．1974. 浓差电池快速定氧法．分析化学，(2)：59～69

北京钢铁学院物化专业．1976. 浓差定氧电池最近的进展和在炼钢生产中的应用．内部资料．1～33

魏寿昆．1976. 含钒铁水炼钢的一些物理化学问题．攀钢技术质量处. 1～20

魏寿昆．1977. 半镇静钢气泡生成的理论分析．全国半镇静钢会议（包头）论文（稿遗失）

魏寿昆．1978. 稀土钢冶炼的物理化学问题．全国稀土钢冶炼工艺和稀土加入方法会议（柳州）论文．1～15

魏寿昆．1978. 近四年来固体电解质电池的进展及今后的发展趋势．内部资料．1～33

魏寿昆．1980. 钢水凝固过程中的物理化学问题．河北省金属学会炼钢学术会议论文．1～25

魏寿昆．1980. 固体电解质定氧电池的近况．应用及展望．钢铁，15（8)：54～64

魏寿昆，洪彦若．1981. 镍锍选择性氧化的热力学及动力学．有色金属，33（3)：50～60

Wei Shoukun. 1981. Thermodynamics on the selective oxidation of elements in molten matte and metals. Preprint of the First China－USA Bilateral Metallurgical Conference，Beijing（稿遗失）

魏寿昆，李文超．1981. 冶金过程物理化学国内外动态及结合我国生产深入开展该方面研究工作的意见．中国金属学会各专业学术委员会综合论述汇编．219～222

魏寿昆．1982. 熔锍及熔融金属中元素选择性氧化的热力学．金属学报，

18：115～126
魏寿昆．1982. 选择性氧化——理论与实践．北京钢铁学院科学研究论文选集——庆祝建校三十周年．上册．201～206
魏寿昆．1983. 固体电解质电池测定热力学参数的应用和研究．中国第二届快离子导体学术讨论会论文．无锡．1～31
Wei Shoukun，Zhang Shengbi，Tung Ting et al. 1983. A study of the activity of Nb in molten Fe with the electrochemical method. The 2nd Japan-China Symposium on Science and Technology of Iron & Steel，Tokyo，Japan，Nov. 14～16，1～14
魏寿昆，张圣弼，佟亭等．1983. 利用固体电解质电池测定 Fe-Nb 熔体中铌的活度的研究．稀有金属（季刊），2（1）：11～20
张圣弼，佟亭，王济芳．1984. 含 Nb 及 Mn 铁液中 Mn 对 Nb 活度系数影响的研究．金属学报，20：A348～A356
魏寿昆，张圣弼，佟亭等．1984. 电化学法测定 Fe-Nb 熔体中 Nb 的活度．钢铁，19（7）：1～8
彭育强，董元篪，李丽芬，朱元凯，魏寿昆．1984. 铁水脱砷的热力学研究．全国第五届冶金过程物理化学年会论文集上册．西安．166～175
董元篪，彭育强，李丽芬等．1984. Fe-As-X-C 中 As 活度和活度系数的研究．全国第五届冶金过程物理化学年会论文集上册．西安．217～226
佟亭，王刚，魏彦林，张对弼，魏寿昆．1984. 低 Nb 渣的预处理与物相分析以及含 Nb 铁水的钠盐处理的初步试验．全国第五届冶金物理化学年会论文集下册．西安．421～435
李文超，魏寿昆．1984. 展望 2000 年的冶金物理化学．高等教育研究，(1)：1～3
魏寿昆．1984. 活度．见：中国大百科全书编委会．中国大百科全书矿冶卷．北京：中国大百科全书出版社．279～280
魏寿昆．1984. 火法冶金．见：中国大百科全书编委会．中国大百科全书矿冶卷．北京：中国大百科全书出版社．281～282
魏寿昆．1984. 还原-氧化反应．见：中国大百科全书编委会．中国大百科全书矿冶卷．北京：中国大百科全书出版社．271～272
魏寿昆．1984. 冶金过程物理化学．见：中国大百科全书编委会．中国大百科全书矿冶卷．北京：中国大百科全书出版社．739～741
魏寿昆，黄希祜，胡新．1984. 冶金过程动力学．见：中国大百科全书编委会．中国大百科全书矿冶卷．北京：中国大百科全书出版

社，735～738

魏寿昆，1984. 自由焓 . 见：中国大百科全书编委会 . 中国大百科全书矿冶卷 . 北京：中国大百科全书出版社 . 878～879

魏寿昆 . 1984. 自由能 . 见：中国大百科全书编委会 . 中国大百科全书矿冶卷 . 北京：中国大百科全书出版社 . 880

Zhu Yuankai，Dong Yuanchi，Peng Yuqiang，Wei Shoukun. 1985. A Study on the Chemical Equilibrium between Ca and As in Steel Melt. The 3rd China-Japan Symposium on Science and Technology of Iron & Steel，Loyang. April 26～29. 187～197

魏寿昆，倪瑞明，方克明等 . 1985. 还原脱磷 . 铁合金，(2)：1～7

魏寿昆，倪瑞明，方克明等 . 1985. 钢及铁合金还原脱磷的新进展 . 钢铁，20 (8)：67～73

魏寿昆，倪瑞明，方克明等 . 1985. 低磷钢的生产 . 钢铁钒钛，(4)：1～7

杜嗣琛，张家芸，李英，魏寿昆 . 1985. 顶吹气体射流冲击下熔池中液体流动的数学物理模型 . 北京钢铁学院学报，(4)：77～91

Wei S K，Zhang S B，Tung T et al. 1985. An electrochemical study of the activity of Nb in molten iron，Chin. J. Metal Sci. Technol，1：14～21

朱元凯，董元篪，彭育强，魏寿昆 . 1985. 钢液中 Ca 与 As 平衡的研究 . 钢铁，20 (10)：38～44

Zhang Jiayun ，Du Sishen，Wei Shoukun. 1985. Flow field in bath agitated by symmetrically placed impinging gas jet and submerged gas stream. Iron-making and Steelmaking，12：249～255

谭赞麟，魏寿昆 . 1985. SiO_2-MnO-Nb_2O_5 三元渣氯化动力学的研究 . 全国第三届冶金过程动力学和反应工程学学术会议论文集上册 . 化工冶金，(4)：14～21

谭赞麟，魏寿昆 . 1985. SiO_2-FeO-Nb_2O_5 三元渣及包头铌渣的氯化分离动力学的研究 . 全国第三届冶金过程动力学和反应工程学学术会议论文集上册，化工冶金，(4)：22～26

Wei Shoukun，Tung Ting，Zhan Shengbi et al. 1986. A study of the effect of Si upon the activity coeffcient of Nb in liquid Fe with the solid electrolyte oxygen cell technique. Solid State Ionics，18～19：1232～1236

董元篪，彭育强，魏寿昆等 . 1986. Fe-As 熔体中 As 的活度 . 钢铁，21 (10)：11～13

朱元凯，董元篪，彭育强，魏寿昆 . 1986. CaC_2-CaF_2 渣系对铁水脱 As 的

研究．北京钢铁学院学报，（2）：103～112
董元篪，魏寿昆，彭育强等．1986. Fe-C-As-j 熔体中 As 的活度的研究．金属学报，22：A537～A539
魏寿昆．1984. 冶金过程动力学和冶金反应工程学——对其学科内容及研究方法的某些意见的商榷．稀有金属（季刊），1986；5（1）：1～8
魏寿昆．1987. 评“过程冶金”评介——再论冶金过程动力学及冶金反应工程学．稀有金属，6（4）：241～248
倪瑞明，成武，魏寿昆．1986. 硅锰合金还原脱磷．全国第六届冶金过程物理化学学术会议论文集上册．重庆．157～165
杜嗣琛，张家芸，魏寿昆．1986. 顶吹气体射流冲击下熔池流动的数学模型．金属学报，22：B237～B239
魏寿昆．1986. 砷在钢中的作用及在铁熔体中的热力学行为．庆祝周志宏教授九十寿辰暨从事冶金工作七十年论文集．上海交通大学．74～81
佟亭，魏寿昆，张圣弼等．1987. Nb、Si 在铁液中活度相互作用的研究．金属学报，23：B47～B54
Wei Shoukun, Tan Zanlin, Zhu Yuankai. 1987. Demanganification of Nb-bearing slag from Baotou hot metal with chlorination. The 4th Japan-China Symposium on Science and Technology of Iron and Steel, Kobe, Japan, Nov. 26～27, 199～213
张家芸，杜嗣琛，李英，魏寿昆．1987. 底吹熔池流体流动的数学物理模型．北京钢铁学院学报，9（4）：111～117
Hong Yanruo, Hong Daomin, Peng Yuqiang, Li Liansheng, Wei Shoukun. 1987. The fabrication and properties of polycrystalline Ca β''-Al_2O_3 Tube. Solid State Ionics, 25: 301～305
何旭初，董一诚，杨永宜，魏寿昆．1987. 从包头含 Nb 矿的 Nb 还原规律看钛化物护炉的问题．炼铁，（6）：6～9
何旭初，董一诚，杨永宜，魏寿昆．1987. 一氧化碳分压对铁水含铌、锰、硅量的影响及其热力学分析．论文集——庆祝魏寿昆教授八十寿辰暨从事冶金教育工作五十七周年．北京：冶金工业出版社．1～9
Wei Shoukun. 1988. Selective oxidation of elements in metal melt and their multireaction equilibria. Steel Research, 59: 381～393
魏寿昆．1988. 从炉渣离子理论计算的硫分配比看攀钢钒钛铁矿中 TiO_2 的属性．钢铁钒钛，（4）：1～3，65
王建生，韩其勇，魏寿昆．1988. 纯铁液中 Ba-B. Ba-S 平衡的研究．1988

年全国冶金物理化学会议论文集．沈阳．206～211

Tan Zanlin，Wei Shoukun，Zhu Yuankai. 1989. Chlorination of Nb-bearing slag from Baotou hot metal and mechanism on Its demanganification. Rare Metals，8（1）：1～8

谭赞麟，魏寿昆，朱元凯．1989. 包头铁水铌渣的氯化及脱锰机理．稀有金属，13（2）：137～141

倪瑞明，成武，魏寿昆．1989. Ca 在金属 Mn 中的溶解度及 Al，Fe 对 Mn 液中 Ca 的活度系数的影响．金属学报，25：B1～B5

Ni Ruiming，Cheng Wu，Wei Shoukun. 1989. Solubility of Ca in Mn and interaction coefficients of Al and Fe on Ca in Mn at 1350℃. Acta Metallurgica Sinica（English Ed.）Series B，2：225～229

Wei Shoukun. 1989. The Ionization theory of desulfurization of the panzhihua blast furnance slag. Chin. J. Met. Sci. Technol.，5：313～318

Cheng Wu，Ni Ruiming，Ma Zhongting，Wei Shoukun. 1989. Thermodynamic bechavior of Ca in Mn-Ca-j melts. The 5th China-Japan Symposium on Science and Thechnology of Iron and Steel，Shanghai Dec. 5～6：322～329

Wei Shoukun，Ni Ruiming，Ma Zhongting et al. 1989. The solubility of Ca in Mn melt and the 3rd-element interaction effects. Steel Research，60：437～441

倪瑞明，成武，魏寿昆．1989. 金属钙对硅锰合金脱磷的研究．钢铁，24（9）：49～53

Tan zanlin，Wei Shoukun. 1990. Electrochemical study on the change in valency of niobium oxide in the $MnO\text{-}SiO_2\text{-}Nb_2O_5$ system. Rare Metals（Quarterly），9（1）：1～4

何旭初，董一诚，杨永宜，魏寿昆．1990. 铌在铁水包中纵向分布的探讨．稀有金属，14（2）：138～140

张圣弼，魏寿昆，王瑞茵，李立曼．1990. $Nb_2O_5\text{-}MnO\text{-}SiO_2$ 渣中 Nb_2O_5 和 MnO 活度的研究．金属学报，26：B11-B15

Ni Ruiming，Ma Zhongting，Wei Shoukun. 1990. Thermodynamics of Mn-Fe-C and Mn-Si-C system. Steel Research，61：113～116

Han Haiou，Lin Qin，Wei Shoukun. 1990. Binary system $MnO\text{-}Nb_2O_5$. Chin. J. Metal Sci. Technol.，6：98～102

Han Haiou，Lin Qin，Wei Shoukun. 1990. Binary system $4MnO \cdot Nb_2O_5\text{-}SiO_2$. Chin. J. Metal Sci. Technol.，6：136～138

倪瑞明，马中庭，魏寿昆．1990. Mn-C-j 熔体热力学性质的研究．金属学报，26：B87～B91

Zhang Shengbi，Wei Shoukun，Wang Ruiyin et al. 1990. Electrochemical study of activity of Nb_2O_5 and MnO in Nb_2O_5-MnO-SiO_2 system. Acta Met. Sinica（English Edition），3B：231～235

Ni Ruiming，Ma Zhongting，Wei Shoukun. 1990. Thermodynamics of Mn-C-j melts at 1350℃. Acta Met. Sinica（English Edition），3B：305～307

Han Haiou，Lin Qin，Wei Shoukun. 1990. Phase of two binary sections 4MnO・Nb_2O_5-2MnO・SiO_2 and MnO・Nb_2O_5-SiO_2 in the ternary system MnO-Nb_2O_5-SiO_2. Chin. J. Metal Sci.，6：450～452

范鹏，周渝生，杨天钧，董一诚，魏寿昆．1991. 碳饱和铁液中 Nb 的溶解度．金属学报，27：B143～B145

Fan Peng，Zhou Yusheng，Yang Tianjun，Dong Yicheng，Wei Shoukun. 1991. Nb solubility in molten Fe-C_{sat}-Nb alloy. Acta Met. Sinica（English Edition），4B：385～387

Wei Shoukun. 1992. Thermodynamic study of interaction coefficients in multicomponent metallic solution by the solubility method. Steel Research，63：159～165

Wei Shoukun. 1992. Interaction Coefficient in Multi-component Metallic Solutions at Constant Activity and Constant Concentration. The 6th Japan-China Symposium on Science and Technology of Iron and Steel, Chiba，Japan. Nov. 17～18，1～10

Duan S，Zhou C，Chao L，Qiao Z，Wei S. 1992. Study of the electrodeposition and surface metallization of yttrium. J. Alloys & Compounds，180：55～61

Duan Shuzhen，Zhao Lizhong，Wei Shoukun. 1992. Electrochemical reduction of yttrium Ions. J. Race Earths，10（3）：183～188

李文超，魏寿昆，张玉清等．1992. 冶金物理化学发展趋势及优先研究方向．中国科学基金，（4）：11～17

李文超，魏寿昆．1992. 冶金物理化学的发展与展望．见：周光召．科学进步与科学发展．下册．内部资料．503～507

Jiang Guochang，Xu Kuangdi，Wei Shoukun. 1993. Some advances on the theoretical researches in slag. ISIJ International，33（1）：20～25

王建生，韩其勇，魏寿昆等 . 1993. Fe 液中 Ba-C. Ba-S. Ba-P 平衡的研究 . 金属学报，29：B64～B69

Ma Zhongting，Ni Ruiming，Cheng Wu，Wei Shoukun. 1993. Thermodynamic behavior of P in Mn-Si-Ca-P melts. Steel Research，64：148～152

邢献然，乔芝郁，魏寿昆等 . 1993. $Sm_{1+x}Ba_{2}$-$xCu_{3}O_{y}$ 固熔体 . 北京科技大学学报，15：619～623

Qiao Zhiyu，Xing Xianran，Yuan Wenxia，Wei Shoukun et al. 1993. Phase relations and compounds in the Sm_2O_3-BaO-CuO system at 950℃ in air. J. Alloys & Compounds，202：77～80

Ni Ruiming，Cheng Wu，Ma Zhongting，Wei Shoukun. 1994. Dephosphorization of silicomanganese alloys under reducing atmosphere with metallic Ca. Steel Research，65：15～20

Xing Xianran，Qiao Zhiyu，Yuan Wenxia，Wei Shoukun et al. 1994. Solid solution $Sm_{1+x}Ba_{2-x}Cu_{3}O_{y}$ and effect of quench temperature on $SmBa_2Cu_3O_y$. J. Material Sci. Technol.，10：269～272

Chou Kuochih，Li Wenchao，Li Fushen，Wei Shoukun. 1995. A model for BOP decarburization under post combustion. The 7th China-Japan Symposium on Science and Technology of Iron and Steel，Hainan，China，Nov. 8～9. 95～101

Zhuang W，Qiao Z-Y，Wei S，et al. 1996. Thermodynamic evaluation of the Cu-R（R：Ce，Pr，Nd，Sm）binary systems. J. Phase Equilibria，17：508～521

Xing Xianran，Qiao Zhiyu，Wei Shoukun. 1996. Thermodynamic properties of complex oxides in the Sm-Ba-Cu-O system. Met. & Materials Trans B，27B：973～978

石青荣，赵立忠，段淑贞，魏寿昆 . 1997. 不同温度下 Randles-Servick 方程的变化规律及其应用 . 见：本书编委会 . 冶金物理化学论文集——庆祝魏寿昆教授九十华诞暨从事工程教育事业六十七年 . 北京：冶金工业出版社. 45～51

乔芝郁，邢献然，庄卫东，袁文霞，魏寿昆 . 1997. 氧化物高温超导体系的热力学和相关系的研究 . 见：本书编委会 . 冶金物理化学论文集——庆祝魏寿昆教授九十华诞暨从事工程教育事业六十七年 . 北京：冶金工业出版社. 59～66

周国治，魏寿昆 . 1997. 多元熔体性质的计算 . 见：本书编委会 . 冶金物

理化学论文集——庆祝魏寿昆教授九十华诞暨从事工程教育事业六十七年．北京：冶金工业出版社．147～151
Chou Kuochih，Wei Shoukun．1997. A new generation solution model for predicting thermodynamic properties of a multicomponent system from binaries. Met. & Materials Trans B，28B：439～445
陈宏，韩其勇，魏寿昆等．1999. 从含铌铁矿中提铌及制铌铁的新方法．钢铁，34（3）：14～19
Chen Chunlin，Zhou Tuping，Zhang Jiayun，Wei'Shoukun et al. 1999. Thermodynamic study on process in copper converters（the slag-making stage.）J. Univ. Science & Technology Beijing，6：187～192
刘建华，张家芸，魏寿昆．2000. 氧化型杂质或添加剂对铁氧化物还原动力学的影响．北京科技大学学报，22：198～201
Chen Chunlin，Zhang Jiayun，Bai Meng，Wei Shoukun. 2000. An Investigation on the Copper Content of Matte Smelting Slag in Peirce-Smith Converter. Proceedings of the 6th International Conference on Molten Slags，Fluxes and Salts，Stockholm-Sweden and Helsinkin-Finland，June 12～17.
刘建华，张家芸，周士平，魏寿昆．2000. Co_3O_4 的氢还原过程动力学研究．金属学报，36：837～841
魏寿昆．2001. 炼钢过程物理化学．中国冶金百科全书．北京：冶金工业出版社．369～372
Zhang Jiayun，Shu Qifeng，Wei Shoukun. 2001. Prediction of Surface Tension for Molten Ionic Systems. High Temperature Materials and Processes，20（3～4）：235～239
Chen Hong，Han Qiyong，Wei Shoukun，Hu Zhigao．2002. Separation of Nb from Nb-bearing iron ore by selective reduction. Steel Research，73：169～174

三、其他论著

魏寿昆．1936. 谈德国之大学教育．北洋理工季刊，4（3）：1～8
魏寿昆．1943. 冶金工程的范围及其学习方法．读书通讯，（69）：7～9
魏寿昆．1954. 贯彻统一的教学计划是推进教育改革的基本环节．高等教育通讯，（14）：4～6

魏寿昆．1959－09－26. 冶金工程教育今昔谈．光明日报
魏寿昆．1963. 为卓越地完成五年学习任务做好准备．教学和研究，(33)：5～7
魏寿昆．1985. 前言．见：张松龄（主编译）．直接还原铁生产和应用的技术与经验．浙江省冶金总公司及大冶钢厂科学技术协会．Ⅲ-Ⅳ
魏寿昆．1986. 怀念冯叔捷老师．见：冯叔捷教授纪念文集编委会．冯叔捷教授纪念文集．河北：沧州日报社．9～11
魏寿昆．1986. 序．见：张圣弼，李道子．相图——原理计算及在冶金中的应用．北京：冶金工业出版社．Ⅰ
魏寿昆．1987. 庆祝《稀有金属》杂志创刊十周年．见：稀有金属编委会．稀有金属创刊十周年专辑．4
魏寿昆．1987. 序．见：赵天从．锑．北京：冶金工业出版社
魏寿昆．1989. 北洋大学的回忆片断．见：左森．回忆北洋大学．天津：天津大学出版社．26～31
魏寿昆．1989. 编写《冶金过程热力学》的体会．高等教育研究：教材建设研究专辑（北京科技大学）．14～16
王之玺，魏寿昆．1989. 发展我国钢铁工业原料路线的建议．中国科学院学部委员咨询报告．北京：中国科学院技术科学部．12～22
魏寿昆，查金荣，朱元凯．1989. 包头白云鄂博铁矿资源综合利用调查报告．北京：中国科学院技术科学部．66～89
魏寿昆．1989. 勤劳的一生，奋进的一生：悼念著名土木水利专家．工程教育家李书田博士．校友通讯．天津：北洋大学-天津大学校友总会．(8)：34～36
魏寿昆．1990. 怀念敬爱的刘仙洲校长．见：《刘仙洲纪念文集》编写小组．刘仙洲纪念文集．北京：清华大学出版社．168～171
魏寿昆．1992. 关于提高我国钢质量及推广新技术的诹议．未刊稿. 中国科学院咨询报告
魏寿昆．1992. 中国钢铁工业必由之路．百科知识，(8)：55～57
魏寿昆，查金荣，韦刚．1992. 上海宝钢综合经济效益和新技术应用及推广情况的调查报告．未刊稿．中国科学院咨询报告
王之玺，魏寿昆．1993. 我国钢铁工业长期发展中若干战略问题的研究．冶金计划统计，(3)：2～7
魏寿昆．1993. 怀念李荣梦同学．见：云南省水利厅及长江科学院．李梦荣博士纪念文集．内部资料．1～2

魏寿昆．1994．序．见：殷瑞钰，王泰昌．世纪之交钢厂结构的模式研究．中国金属学会．内部资料
魏寿昆．1996．功绩显辉煌．一代师表——著名教育家潘承孝百岁华诞专辑．天津：天津人民出版社．295～296
魏寿昆．1996．自述（从私塾到留学）．见：中国科学院学部联合办公室．中国科学院院士自述．上海：上海教育出版社．952～953
魏寿昆．1996．序 1．见：蒋国昌．纯净钢及二次精炼．上海：上海科学技术出版社．
魏寿昆．1996．中国金属学会成立前后及建国前学会活动的回顾．庆祝中国金属学会建会四十周年．中国金属学会．69～71
魏寿昆．1996．前言．见：杨显万，李文超，谢刚．96’全国冶金物理化学学术年会论文集．昆明
魏寿昆．1999．关于“碳”“炭”二词的用法．科技术语研究．(4)：33～34
魏寿昆．2000．活到老．学到老；苟日新．日日新．见：李士．心迹——中国院士实话实说．北京：科学普及出版社，D 册．212～223
魏寿昆．2000．追忆 30 年代留德生活．见：季羡林等．旅德追忆．北京：商务印书馆．69～84
魏寿昆．2001．漫谈博士及科研工作．科技导报，(3)：13～15
魏寿昆．2002．序一．见：天津第三中学校史资料编辑委员会．官立中学堂-天津市第三中学校史，天津三中印刷厂．1～4
魏寿昆．2002．统一名词应考虑科学涵意及习惯用法——再论“碳”“炭”二词的用法．科技术语研究，4 (4)：13～16
魏寿昆．2003．读书与任教期间的几个片断的回忆．见：汤佩松等．资深院士回忆录．第 1 卷．上海：上海科技教育出版社．255～287
魏寿昆．2005．机遇与前半生的回忆．见：中国科学院院士工作局．科学的道路（下）．上海：上海教育出版社．1883～1889
魏寿昆．2005．母校的再追忆．见：杨渝钦．莘莘学子母校情——天津大学（北洋大学）建校 100 周年纪念文集．天津：天津大学出版社．291～296

附录C 魏寿昆重要文稿两篇

谈德国之大学教育（节选）

国内大学程度是否比得上德国的大学程度，我的结论是：我们的大学程度不比他们低（至少指我们的北洋讲）。不过德国有两种优点：一是教授都富有学识经验，二是实验室的设备齐全。我们的大学教授不能和德国的名教授比，但我所讲的，并不是在此，是在因他们富有学识经验而产生的讲书方法。他们一点钟所听讲的东西，有时比我们国内三四点钟听到的还多（注意：学生是能否完全领略，是另一个问题），他们教授有完全自由，遇见他自己有兴趣的问题，讲起来滔滔不绝，不管学生懂不懂。愈是有名的教授，讲起书愈是杂乱无章。他们很少指定一本教科书，每门课程至少有三四本书在手里，虽然并不是每本书都去详细地读，但是总需要他们作参考。教授的讲书法，引起来你有多查书的欲望。这是比我们国内学校好的。再后谈到设备的问题。德国大学诸实验的设备，因为他们都有相当长的历史，是我们国内大学所不及的。德国大学的实验室设备，是全而不美。什么设备都有，以求其全，但细看起来，一切都穷做起来的。我们以前在国内做实验，有时结果不好，大骂仪器不佳，那才是冤枉了我们学校的美设备！我们实验室的生活是花花公子的生活，仪器是新的，要什么有什么，德国大学初级的学生哪里有这样的福气，他们的仪器都破旧的很，样样药品都要自己付钱去买，他们的目的是在学习使用仪器的方法，愈是坏仪器，愈能学到东西。反较我们当大学生时的阔绰，想起来真的自愧呀！

德国大学每年不知造就出多少位博士，各个图书馆每年不知收到多少本论文。所以德国大学，以一个博士的荣位，驱使了多少青年学子致力于研究，其目的并不在收效于立时，乃在为后来学者开辟新途径。著名的教授常常有很大的系统式的问题在脑子里，不知可供若干学生去研究。并不是每位学生研究的结果，都要合教授所意想到的，往往教授指示的途径不通。研究的目的，是在得确定的结果，“是”是结果，而“否”亦是结果。

天下的学问无穷，人生的精力有限。来德垂将五年，扪心自问，实在没有学到什么东西。我并非这五年之内荒废了时日，亦更不是自谦；我所讲没学到什么东西，是因学问无穷所得到只是其沧海一粟，比较上而言。以前未到国外来，常常对留学一层，觉得有莫大的神秘，以为留学归来，便什么都会，可称万能。现在想起来，才晓得当年未免太崇拜留学生了。其实留学生是一“可造之才”，并非万能。比如有一件事，同时让一位中学和一位大学毕业生去做，二者比较，则经过相当时期后，大学毕业生做事效率高，多读过几年书，不过将来服务社会的能力大一点而已。

我们从小时读了十几年到二十年的书，而若自问，究竟存在脑子里的能力有几何？人生的记忆力有限；而且健全的脑筋，重能随事随忘。我们读书的目的，不在记书，是在以后能查书。重要的是在训练脑力有分辨是非，提纲挈领的能力、推绎的能力。这便是读书的功用。至研究一个科学的问题，写一篇论文，其目的亦不过籍以得到如何搜查材料，如何应用科学上的研究方法之能力。这里更与人之智慧无关，博士的头衔，任何人都可得到，只不过时间上的问题而已。

（《北洋理工季刊》第四卷第三期）

提高钢质量和推广新技术的几点建议（节选）

根据分析，可以看出：

(1) 近二十年来发达国家的钢铁工业虽被称为“夕阳工业”，但在钢铁冶炼新技术研究方面仍系“朝阳旭日”，蓬勃前进，取得辉煌成就。新技术的应用推广，满足了要求日益提高的石油工业、汽车工业及宇航工业的需要。

(2) 我国的钢铁工业一直处于“朝阳工业”的发展阶段。但由于过去在认识上过度地重视钢铁产量的发展，致使在钢质量和品种上存在很大问题。

为此，特提出我国提高钢质量、推广新技术的战略设想如下：

(1) 由于我国各钢铁厂生产规模、技术准备水平、生产的钢铁品种、原材料及操作维护条件，甚至管理水平、人员素质等相差很大，在今后的发展战略上，应根据具体情况，严格分出层次，合理进行分工，综合考虑投资及经济效益予以发展，不能采取“一刀切”的方针。

(2) 从认识上把提高钢质量放在第一位。按钢材品种确定钢质量的具体要求，相应地积极推广适用的炉外精炼新技术。

（3）我国地方钢铁厂钢材产量占全国钢材总产量的三分之一（粗钢产量占全国粗钢产量四分之一），但设备陈旧，工艺落后，原材料不稳定，应根据各省的具体条件，按市场调节的需要，确定产品品种及技术改造的方针。它们一般以发展民用普通钢材为主，不宜生产优质高精产品，如汽车深冲薄板、石油工业的油井管等。炉外精炼工艺设备的选择，目的在于提温、减少偏析、改善表面质量，以提高连铸坯质量。更应从节能、降低物耗、减少废品率入手，以提高经济效益。对于长期亏损产品滞销的小厂应根据市场调节规律进行调整。

（4）大型钢铁厂应进行技术改造，补充现代化设备，采用“高炉—铁水炉外处理—转炉—二次精炼—连铸—连轧”的流程，生产以优质板管钢材为主，以符合石油工业，汽车工业，宇航工业等的需要，逐步做到钢材全部国产化，杜绝进口。

（5）钢铁工业是一个复杂的系统工程。提高钢质量必须抓住每一个生产环节。必须稳定矿石、煤炭等原料的来源，重视原料的混匀工作，取得高炉稳产顺产。大力推广生产过程自动控制炉外精炼新技术，重视去除钢水有害杂质的每个环节，以达到高性能高净化钢的目的。

（6）国内尚未过关或尚未能生产的品种应责成具有现代化设备的大厂，如宝钢、武钢等，分工负责，计划生产。

（7）根据地方条件和市场需要，可以采用“预热钢铁原料—电炉—炉外精炼—连铸—连轧”的流程，建设年产百万吨左右的小型现代化钢铁厂，但必须先确定高质量的废钢或金属化球团等原料的来源，以保证能炼制高质量的钢材。

（8）重视钢材商品流通，减少库存，力求做到只有相当于一个月钢产量的库存，以提高钢铁工业的经济效益。

（9）逐步消灭小转炉及平炉，逐步提高连铸比。

（10）大力加强科学研究工作。国外名牌的高精优质产品，其内控的实物标准往往高于公开规定的标准水平。这是为了保证名牌产品质量。但实际上究竟内控实物标准高于公开规定的标准水平多少，应根据国内具体情况进行科研工作予以确定。

（《关于提高我国钢质量及推广新技术的刍议》第四部分，1992年2月）

后　记

我曾为《钢铁绘华章》一书写过一篇1万多字的魏寿昆小传，题目是《献身科教，奋斗不息》。

文章开头写道：

> 2000年7月末，苦夏难度。
>
> 年已93岁高龄的魏寿昆教授与我对坐在卧室的两张木椅上，落地风扇不停地吹来带有温热的风。起初，我的额头还在沁出汗珠，渐渐地沉浸在他讲的故事之中。
>
> 雨果说："有些人是铁，有些人则是磁石。"
>
> 魏寿昆教授正是这样的一块磁石。他以博学严谨、宽宏诚信、豁达谦和的人格魅力，深深地吸引着我。

我于1960年3月由北京钢铁学院轧钢专业提前毕业留校任教，分配到刚成立不久的物理化学系冶金物理化学专业，与魏先生在同一个专业，但分属两个不同的教研室。我搞稀有金属冶金，他搞钢铁冶金，那时他是教务长。40年中，我一直对他心怀敬重，却不存特别的情感。他可能知道我的名字却不一定认识我。因为在写那篇文章之前，我也曾为他写过几篇小文章，例如，电视片《院士风采》中关于魏寿昆的解说词，登载在《材料科学与工程》上的《苍龙行雨，老树著花》等介绍魏寿昆的文章。这些文章都是按他提供的资料写成的，我并没有访问过他。

那次在魏先生家里的深度交谈及领导审读初稿时发生的两件事，让我对他有了更深的了解，而且产生了不可名状的感动。

有位领导读了初稿后，建议文章中应该浓墨重彩地写一写中国科学院院士大会结束后，江泽民总书记与全体院士合影时魏先生坐在江总书记旁边的激动心情。我问他要不要写进文章。他淡淡地说："那是因为在出席院士会议的人员中，我的年龄最大，让我坐在第一排，又正巧坐在总书记的旁边，这种事平常得很，有什么可以拿来做文章的。你不要写进文章。"

另一件事是，有位前任校领导打电话责问我为什么文章题目不用“大师”、“泰斗”、“权威”这些有分量的词，如果写魏先生的文章不用，后面的文章题目这些词就不好用了。我又去问魏先生，他说：“我够不上‘大师’、‘泰斗’、‘权威’，我只是一个普通的教育工作者和科技工作者。如果把我称什么‘大师’之类，太抬高我了，实在不敢当。”

这两件事让我思考很久。这篇《献身科教，奋斗不息》的文章由于我涉世不深，对老一辈科学家关于人生价值的认识和感悟尚浅薄，很难写出一个爱国爱党敬业的科学家、教育家的内心世界和心路历程。

光阴荏苒，转眼间我自己也到了古稀之年。自那次访问以后，我同魏先生不曾再有过来往。他后来的情况基本上都是同事们告诉我的。这段时间我读了几本中国古代和西方有关人生哲学的名著以及名人传记，觉得思想上有所长进。

2008年10月下旬，我刚完成中国管理学会约我编辑的《管理大辞典》工作，这部大辞典600余万字，我修改了两年半时间才完成分派给我的400余万字的任务。

一天，魏先生打电话给我，邀我为他写一部自传，约20万字。我立刻答应了。放下电话后我又责怪自己不该这样草率，因为多次听说目前魏先生的身体已大不如八年前，这次写传记恐怕是一次冒险行为。

我如约敲开魏家的门，在门外我听到文莹、文宁告诉爸爸说是我来了。开门后，我看到魏先生拄着拐杖，蹒跚地走来，紧紧地握着我的手，此时此刻，一种责任感和紧迫感油然而生。我没有任何理由推辞，更没有理由拖延。

关于传记的写作，魏先生说让我做主，他只是配合。我们的谈话很坦诚、很轻松。他同意我提出写作传记的三点意见：一是采用纪实性的文体；二是尊重他一生中发生事件的历史事实；三是选用的事实尽可能翔实。

我知道，写好一本传记并不容易，不仅仅要叙述传主的成功与失败、享誉与失誉、快乐与痛苦等，还要透过一个个故事的背后，悟出传主的历练过程，以及历练后心境的变化。

2006年暑假的一天，《师者如兰》一书写作组张卓然等4位学生来到我家采访。问到：“魏先生最让您敬佩的品德是什么？”我脱口而出，“平淡、智慧”，随后改用“静水深流”。钱穆在《略述刘邵〈人物志〉》中说：“注意人才而求其大用，则务先自其天性平淡处去察看。”“惟其平淡，故可大受，而当大任。”“亦可说平淡即是不好名，不求人知。”

不好名的人即使得到盛名，不求人知的人即使成为公众人物，虽然名至实归，但他们仍以平常之心，守道不渝，自强不息；在别人看来，他们依然平常，并无特别之处，然而，真要赶上他们，却很难做得到。我想这就是魏寿昆先生最让后辈学习和继承的品德。

我们有一个高效和谐的工作小组。它的负责人是本校冶金与生态工程学院耿小红副院长，她是传记撰写工作的校内组织者，负责与学校内外的联系，负责我手写稿件的录入、排版和初校，帮助收集部分资料。我与她多次讨论过魏先生的人生经历，她总能以现代青年人的眼光提出她的看法，常让我受到启发。我心里知道，她和我同样怀着对魏先生的敬重之心和强烈的责任感而承担着这份厚重的工作。因此我们的合作是十分默契、顺利和愉快的。

姜曦是学院科学技术史专业的在读博士生，是由魏先生中途推荐加入撰写小组的。魏先生告诉我：姜曦收集了很多有关我国冶金方面的资料，对传记写作一定会有所帮助，姜曦也表示愿意当我的助手。于是一位精力旺盛、思想活跃的女博士成为工作小组的新成员。

编辑工作小组：耿小红是负责人；魏寿昆是传记的主人公，即传主；姜曦负责各种资料和图片的收集；我是传记的执笔人。

让我感动的是，学校有关单位知道我要写魏寿昆先生的传记，纷纷提供资料：档案室的全部校史；团委的《师者如兰》全部采访录音打印材料；统战部的北京九三学社纪念文册；校报的庆祝魏寿昆百岁华诞专刊。此外，魏先生把代表性的学术论文及《中国金属学会建会五十周年纪念刊》借给我，冶金与生态工程学院提供了《魏寿昆院士百岁寿辰纪念文集》，姜曦从国家图书馆复印了《北洋大学—天津大学校史资料选编(一)》，从网上下载了大量的其他有用资料。丰富翔实的历史资料是写好这本传记的物质基础。

由于我本人是一个冶金教育工作者和学术期刊编辑，承蒙魏寿昆先生的厚爱、充分信任与鼓励，由我执笔来撰写魏寿昆传记。但由于本人阅历颇浅，文学素养有限，虽然主观上力求事实可靠，引述翔实，但心中总觉忐忑。因此恐怕错误和不当之处在所难免，还望读者不吝指教，万分感谢。

这本传记虽由我执笔，却是撰写小组成员集体的成果，若没有魏先生亲自审读把关，若没有耿小红副院长和姜曦博士鼎力相助，凭我个人的微薄之力，实在难以顺利完成。因此我应该感谢编写团队各位的支持和鼓励。

借此机会，我要感谢北京科技大学团委、档案室、统战部、冶金学院、校报，以及关心魏寿昆传记写作的同事、朋友们。感谢林勤教授审读第六章至第八章内容并提出宝贵的意见，感谢李福燊教授、张家芸教授提供很可贵的资料。由于本人安排不当，该书出版过程曾一时受阻，幸好本书责任编辑科学出版社樊飞同志力担全部图文编排工作，才得以顺利进行。为此，我要特别感谢樊飞同志的鼎力支持和热情帮助。

本书全部照片由魏寿昆先生家人及田实同志提供，深表谢意。

吴石忠

2011年7月20日

魏寿昆教课程之精细，导师研究之巅峰，育品格之健全，师德风范，殊为楷模。见证一世纪，耕耘七十载。先生是中国冶金工业界的光荣和骄傲，也是中国科技教育界的光荣和骄傲。

——罗干（学生，原中共中央政治局常委）

先生作为冶金领域的一代宗师，为我国的钢铁冶金工业发展的许多重要领域做了大量奠基性工作，取得了许多开创性的成就。特别是改革开放以来，作为国家资深专家，先生积极参与我国冶金、港口等大型项目建设，深入开展资源综合利用等重大问题的调查研究和科学论证，为我国现代冶金工业和国民经济持续、快速发展做出了重要贡献。

——刘淇（学生，中共北京市委书记、原冶金工业部部长）

70 多年来，魏寿昆先生矢志不移，始终追求科学发展与创新，苦心研究，笔耕不辍，取得了优异的学术成就，为我国冶金科学与工业的发展做出了重要的贡献，是我国乃至世界冶金学界的杰出代表。

——黄孟復（学生，全国政协副主席）

魏寿昆先生在冶金理论和工艺、资源综合利用、冶金熔体理论上取得了开拓性研究成果。魏寿昆先生在冶金科学和工程教育上的贡献及其治学之道，彰显大师风范。

——路甬祥（原中国科学院院长，全国人大常委会副委员长）

魏先生首次提出的“转化温度”概念及运用活度理论，为红土矿脱铬、金川矿提镍、包头矿提铌、攀枝花钒铁磁铁矿提钒、华南铁矿脱砷、贫锰矿脱磷等反应中金属的提取和分离工艺，奠定了理论基础。

——朱继民（首钢集团党委书记、董事长）

魏先生对学部委员（院士）的选择十分重视和执著。有一次他与学部委员对一名学部委员候选人发生了严重分歧意见，魏先生调来这位候选人的著作，进行了深入分析，根据这个人的实验数据，画出曲线，并提出自己的看法，平息了与会学部委员的争论，从而可以看出魏先生在培养人才、选拔人才方面是多么认真！

——师昌绪（原中国科学院副院长，中国科学院、中国工程院资深院士）

几十年来，多次聆听您的教诲，深切感到您作为一位著名的科学家、慈祥的长者和充满睿智的哲人，培养和影响了我们一代代的后学者。您的道德风范、高水平的学术修养和对冶金材料科学和高等教育事业的巨大贡献，是我们学习的楷模。

——王淀佐（中国科学院、中国工程院院士）

魏老是一位杰出的冶金学家，是我国冶金物理化学学科的奠基人之一；魏老又是一位伟大的教育家，他对年轻一代循循善诱，热情帮助，带领他们为祖国建功立业。魏先生是我们学习的榜样，他以渊博的学识和优秀的品质，影响了我们整整一代人。

——周国治（学生，中国科学院院士，北京科技大学教授）

魏寿昆先生对我国钢铁工业的发展和九三学社的建设做出了重要的贡献，受到全社同志的敬仰和爱戴。

——洪绂曾（原九三学社中央副主席）

在魏先生的精心培育和指导下，先生所手植的冶金物理化学学科这株幼苗已经茁壮成长，结出盈枝硕果，成为北京科技大学的重要优势和特色学科之一，广为学界赞誉。更为重要的是，先生志行诚笃、勤奋探索的态度，讲信修睦、磊落光明的品格，求真务实、严谨好学的学风，爱国奉献、拼搏创新的精神，仁和关爱、诲人不倦的德行，为我校注入了深厚的文化血液，为我校形成“学风严谨，崇尚实践”的传统做出了奠基性贡献。

——徐金梧（学生，北京科技大学校长）

您是中国人民的宝贝，您也是我们日本人民的宝贝。

——不破佑（日本科学院院士，著名冶金学家）

魏寿昆教授的著作《冶金过程热力学》是迄今为止世界上最好的一部冶金热力学著作。

——后藤和弘（日本著名冶金学家）

魏寿昆教授作为科学家应该打满分的。一个科学家的学问能做到魏寿昆教授这样的程度是很不容易的。

——万古志郎（日本东北大学教授）